Kille Enna und Georg Schweisfurth

Der echte Geschmack

Natürlich & saisonal kochen

CHRISTIAN

Inhalt

Frühling:
zart, jung und grün 14

Wenn Eis und Schnee schmelzen, sprießen nicht nur Schneeglöckchen! Junger Salat, zarte Frühlingsgemüse, erste Kräuter … Es braucht nur einen Hauch von Dressing, um den Geschmack des Frühlings auf der Zunge zu spüren. Und an den letzten kühlen Tagen wärmen feine Suppen und köstlich gewürzte Fleischgerichte von innen.

Besuch auf dem Knauer-Hof 58

Sommer:
das duftet und schmeckt 60

Jetzt ist sie da – die ganze Fülle des Sommers und es heißt einsammeln und Freunde bekochen: kühle Fruchtsorbets, leckere Marmelade, heißen Toddy, verführerische Beerenkuchen – und vorher vielleicht einen Wildlachs in zarter Kräuterkruste, ein paar würzige Spareribs oder ein leichtes Curry?

Ein Besuch im Garten von Olga und Eugen 108

Herbst:
schlemmen und vorsorgen 110

Kürbisse und Tomaten, Äpfel, Birnen und Quitten lassen den Einkaufskorb schier platzen. Was tun mit den herrlichen Früchten, den vollen Aromen, der ganzen Fülle eines Jahres? Ab in Suppen, Aufläufe, Schmortöpfe, Pies, Muffins und Gläser! Jetzt wird gekocht, eingemacht, entsaftet, gebacken, geschlemmt, gefeiert und für den Winter vorgesorgt.

Gut für Mensch & Pflanze: Die Gärtnerei Hollern 156

Winter:
wenn der Ofen wärmt 160

Gemütlich ist es nun in der Küche, die sich mit dem Duft von selbst gebackenem Brot und Kuchen füllt. Auf dem Herd brodeln dicke Eintöpfe, fleißig werden cremige Pürees gerührt, heiße Suppen gekocht, Waffeln gebacken und neue Rezepte ausprobiert.

Die Herrmannsdorfer Landwerkstätten 202

Vorwort

Vor einigen Jahren war ich zu einem Vortrag nach Dänemark eingeladen und lernte dort die beiden bekannten Köchinnen Camilla Plum und Kille Enna kennen.

Kille lud mich zu einem Abendessen ein – »very special, very spicy«, hieß es. In ihrem kleinen Haus nördlich von Kopenhagen zauberte sie ein Menü mit erstaunlichen Kompositionen und Kombinationen, das sehr stark auf der raffinierten Verwendung von frisch gemahlenen Gewürzen basierte und das die Geschmacksnerven auf das Vorzüglichste kitzelte. Das war für mich völlig neu!

Wir hatten gleich gemeinsamen Redestoff: Wir hatten beide den wohltuenden Einfluss von Kräutern und Gewürzen auf das Wohlbefinden der Menschen erlebt und sind überzeugt, dass sie durch die Basenbildung einer Übersäuerung entgegenwirken. Die belebende Wirkung von einheimischen Kräutern wie Schnittlauch, Petersilie, Minze und Melisse, das herrliche Aroma von Basilikum, Koriander, Thymian, Salbei oder Bronzefenchel ist nicht nur eine Offenbarung für die Geschmacksnerven und Sinne. Viele Würzkräuter sind auch Heilkräuter, haben eine lange Tradition in der Volksmedizin unserer Länder und erfrischen oder beruhigen Körper und Geist. Ein Jammer, dass so viele nicht wissen, wie man mit Gewürzen kocht – das war gleich das Fazit dieses ersten Abends. Und: Kille setzt sich genauso wie Camilla seit Jahren in Dänemark für den ökologischen Landbau und die handwerkliche ökologische Verarbeitung ein, was sich »Spitzenköche« in Deutschland aus irgendwelchen Gründen nicht trauen (mit wenigen zumeist weiblichen Ausnahmen). Klar: die besten Geschmäcker bringt der Ökolandbau hervor.

Später dann beim gemeinsamen Winterurlaub in unserem kleinen Haus am Hallstätter See in den österreichischen Bergen verbrachten Kille und ich die langen Abende kochend und diskutierend in der Küche, meinem Lieblingsplatz. Dort entstand auch die Idee zu diesem gemeinsamen Buch: den intensiven Geschmack erstklassiger, ökologisch erzeugter Produkte potenzieren durch den unsparsamen, aber ausgewogenen Gebrauch von Gewürzen. Denn nur so kann das entstehen, was es fast nicht mehr gibt: der echte Geschmack.

Kille nennt mich immer Mr. Biofleisch, ich sie Mrs. Spice, und so ist sie auch: lebendig, blitzschnell, redegewandt und welterfahren – spicy und echt eben. Ich wünsche Ihnen, dass Sie beim Einkaufen und beim Kochen nach Killes Rezepten ebenso viel Spaß haben wie wir beide, dass Ihnen die Gerichte, die Sie in diesem Buch finden, Genuss bereiten und Ihr Leben dadurch reicher und intensiver wird.

Sonnenhausen, im Sommer 2010
Ihr Georg Schweisfurth

Einführung

Essen, das glücklich macht

Genuss ist nichts Elitäres. Er beginnt schon beim Biss in einen herrlich saftigen, aromatischen, unbehandelten Apfel – direkt vom Baum. Manche Apfelsorten bleiben nur ein paar Tage frisch, manche eine Woche und andere lassen sich sogar monatelang lagern. Das ist nur natürlich und gilt genauso für andere Nahrungsmittel. Auch sie lassen sich unterschiedlich lange lagern – zumindest ohne Konservierungsstoffe. Saisonale Produkte bieten im Wandel der Jahreszeiten einen intensiven Geschmack und ein volles Aroma und stillen unsere Sehnsucht nach geschmacklicher Abwechslung.

Diese Sehnsucht nach einem bestimmten Geschmack, zum Beispiel ein plötzliches Verlangen nach frischen Erdbeeren – lange vor der Saison –, kennen Sie bestimmt auch. Gerne greift man dann schon im Januar nach Erdbeeren aus Übersee und erhofft sich ein tolles Geschmackserlebnis. Leider vergeblich. Um den vollen Erdbeergeschmack genießen zu können, braucht es etwas Geduld. Denn erst Anfang Juni sind Erdbeeren hierzulande richtig reif und verwöhnen uns dann mit ihrem wunderbaren süßen Geschmack.

Wenn Sie saisongerecht einkaufen, können Sie sich also jedes Jahr aufs Neue in herrlich aromatisches Obst und Gemüse verlieben und deren vollen Geschmack genießen. Und was gibt es Schöneres? Stammen die Produkte dann auch noch vom Wochenmarkt und aus regionalem Anbau, sind sie nicht nur besonders frisch, sondern entlasten auch unser CO_2-Konto. Und wenn Sie bei einem verantwortungsbewussten Biolandwirt einkaufen, der rücksichtsvoll und harmonisch mit Ackerboden, Pflanzen und Tieren umgeht, dann bekommen Sie gesunde, wohlschmeckende Nahrungsmittel, die glücklich und zufrieden machen. Wenn etwas gut schmeckt, löst dies in Körper und Seele ein echtes Wohlgefühl aus. Ich zumindest empfinde Glück, wenn mir etwas schmeckt.

Über die Rezepte

Bei den Rezepten in diesem Buch habe ich mich von einheimischen Obst- und Gemüsesorten der Saison inspirieren lassen. Mir geht es nicht darum, möglichst ausgefallene oder kostspielige Zutaten zu verwenden. Vielmehr habe ich mich an verfügbaren, saisonalen Produkten orientiert und sie mit frischen und getrockneten Kräutern verfeinert. Manche Rezepte sind geradezu verliebt in eine gewisse Säure und beziehen diese aus überreifen Früchten, naturtrübem Apfelsaft, halbsaurem Balsam-Apfelessig und frisch gepresstem Zitronensaft. Auch bittere, süße, scharfe, salzige und süße Geschmackserlebnisse sind wiederkehrende Themen in meinen Rezepten. Ich möchte damit unseren Geschmackssinn herausfordern und stimulieren, damit keine Langeweile aufkommt. Dieses Buch versucht, Sie zu einer geschmacklich

Einführung

vielfältigen Alltagsküche zu inspirieren. Dem, was uns schon immer sehr am Herzen lag, möchte ich einen frischen, modernen Anstrich verleihen. Begleiten Sie mich auf eine kulinarische Entdeckungsreise und erleben Sie den herrlichen Duft von kampferartigen Kardamomkapseln, echtem Ceylon-Zimt, pfeffrig brennendem Ingwer, säuerlich eingekochten Früchten, lieblich frischen Rosenblättern, harzartigen Wacholderbeeren, süß-aromatischem Piment und steinharten gelben Quitten!

Wir machen den Geschmack!

Gewürze verstärken das natürliche Aroma der Grundzutaten in einem Gericht und sorgen so für ein einzigartiges, neues Geschmackserlebnis. Verglichen mit anderen Zutaten, enthalten Gewürze aus Wurzeln, Samen oder Rinden die meisten Aromastoffe, dicht gefolgt von Kräutern. Da unser Geruchssinn stark mit Gefühlen verknüpft ist, können wir uns mithilfe von Gewürzen ruck, zuck in fremde Welten versetzen. Allein durch den Duft exotischer Gewürze fühlen wir uns wie in Indien, und ein kleiner Bissen oder Schluck reicht schon aus, um auf große Fahrt zu gehen – ganz ohne Reisebüro. Unglaublich, welch große Wirkung scheinbar kleine Dinge haben können!

Ungemahlene Gewürze besitzen viel Kraft und Intensität, die sich in gemahlenem Zustand leider rasch verflüchtigen. Das ist wie bei Kaffeebohnen: Kurz nach dem Mahlen ist ihr Geschmack noch kräftig und frisch. Wird das Pulver aber nicht sofort verwendet, verfliegt sein Aroma schneller, als uns lieb ist. Wenn also gemahlene Gewürze zu lange in ihren Gläschen aufbewahrt werden, bekommen wir zum vollen Preis leider nur noch den halben Genuss. Die richtige Lagerung ist daher sehr wichtig. Bewahren Sie Ihre Gewürze deshalb auf keinen Fall auf einer Ablage über der Dunstabzugshaube auf, vielleicht sogar noch in offenen Tütchen und umhüllt von einem goldgelben Fettschleier von all den leckeren Dingen, die im Laufe der Zeit darunter gezaubert wurden!

Geben Sie Ihren Gewürzen eine Chance! Ungemahlene Gewürze können durchaus ein ganzes Leben halten, selbst wenn ihr Aroma bereits nach 1/2 Jahr langsam nachlässt und auch Licht, Wärme und Feuchtigkeit ihre Qualität einschränken. Fertig gemahlene Gewürze halten zwar noch kürzer, die richtige Aufbewahrung verlängert aber ihre Lebensdauer. Verpacken Sie Gewürze möglichst in luft- und blickdicht verschließbaren Behältern, stellen Sie sie an einen dunklen, kühlen Ort und kaufen Sie immer nur kleine Mengen, die sie schnell verbrauchen können.

Ungemahlen, grob oder fein gemahlen?

Durch das Zerstoßen vergrößert sich die Oberfläche eines Gewürzes, sein Geschmack kann sich entfalten und das Gericht wird so rascher aromatisiert. Bedenken Sie, dass manche Körner und Samen, die im Ganzen verwendet werden, sehr hart sind und es etwas Zeit braucht, ihnen ihr Aroma zu entlocken. Deshalb sollten Sie vor dem Kochen immer den richtigen »Mahlgrad« der Gewürze wählen und auch mit einrechnen, wie lange die Entfaltung ihrer Aromen dauern wird. Wenn Sie beispielsweise einen indischen Chai-Tee aus unzerstoßenen Gewürzen zubereiten möchten, reichen 5 Minuten Kochzeit keinesfalls aus. In dieser Zeit kann sich das Aroma einfach nicht entfalten. Ein wenig Geschmack entwickelt

Einführung

sich zwar, die gesamte Aromenvielfalt lässt sich so aber nicht erleben. Zerstoßen Sie die Gewürze indes grob in einem Mörser, erhalten Sie schon nach knapp 10 Minuten Kochzeit ein wunderbares Ergebnis. Sie können die Gewürze für den Chai auch fein mahlen. In diesem Fall geben Sie sie direkt ins Glas und gießen heißes Wasser darauf. Das sieht zwar wegen der ganzen Schwebeteilchen nicht besonders appetitlich aus, doch der Geschmack ist einfach überwältigend. Lassen Sie den Tee 1 Minute ziehen und fügen Sie dann Honig und Milch hinzu. Langes Kochen ist hier Zeitverschwendung und verwässert nur den Geschmack.

Da das Aroma von frisch zerstoßenen Gewürzen kräftig und lebendig ist, sollten sie unter keinen Umständen lange im Topf oder im Backofen bleiben. Zu schnell verliert sich dann ihre Kraft. Fein gemahlene Gewürze schmecken intensiver und geradezu furios, wenn sie kurz erwärmt werden. Kocht man sie hingegen länger, passiert etwas fast Mystisches: Es entwickelt sich ein starker, ausdrucksvoller, sehr interessanter Geschmack mit zusätzlichen, neuen Geschmacksebenen und -nuancen. Möchten Sie eine Speise alternativ auf einem Geschmacksniveau halten, können Sie sie zu Beginn, während und noch einmal zum Abschluss der Zubereitung würzen.

Und hier noch ein toller Suppentipp: Falls Sie in einer Suppe etwa ganze Koriander- oder Fenchelsamen mitkochen und sie nachher nicht einzeln wieder herausfischen möchten, füllen Sie sie einfach in einen Gazebeutel und nehmen diesen am Ende wieder heraus. Oder Sie lassen die Samen in der Suppe und begeben sich auf ein kleines Geschmacksabenteuer. Ab und zu beißen Sie dann nämlich auf ein ausgekochtes Samenkorn und werden von Anis-, Orangen- oder Nussaromen überrascht, die sich dann mit den übrigen Geschmacksnuancen verbinden. Sehr zu empfehlen!

Sie können Körnern oder Samen auch mit einem schweren Gegenstand kurz eins auf den Kopf geben, beispielsweise mit dem Stößel eines Steinmörsers. So kann das Aroma leichter in das jeweilige Gericht einziehen. Diese Methode ist ideal für gekochte Speisen, die ohnehin abgeseiht werden. Beim schnellen Pfannenrühren in Wok oder Pfanne, also bei kurzem Garen bei hoher Temperatur, hingegen sind fein oder grob gemahlene Gewürze die bessere Wahl – mit Ausnahme von Zimtstange und Sternanis. Sie geben, im Ganzen mitgegart, Wokgerichten ein angenehm mildes Aroma.

Für kalte Saucen und Dressings, die nicht erwärmt werden, empfiehlt es sich, die Gewürze zuvor kurz in einer trockenen Pfanne anzurösten. So werden mehr Aromastoffe freigesetzt und ein eventuell bitterer Nachgeschmack abgemildert. Alternativ können Sie ganze oder zerstoßene Gewürze ein paar Minuten in Öl oder Butter anbraten und anschließend unter griechischen Joghurt oder eine säuerliche Vinaigrette rühren. Viele Gewürze entfalten ihr vollständiges Aromaprofil erst ab einer Temperatur von 75 °C.

Samen und Körner selbst zu rösten, ist übrigens ein Kinderspiel. Erhitzen Sie dazu eine Pfanne bei mittlerer Temperatur und rösten Sie die Gewürze etwa 15 Sekunden ohne Fett, bis sie zu duften beginnen. Aber Vorsicht: Sie verbrennen leicht! Die fertig gerösteten Gewürze sollten Sie sofort in eine große, flache Schale geben. Sie rösten sonst in der heißen Pfanne weiter und werden rasch schwarz. Anschließend zermahlen Sie sie – bei Bedarf in mehreren Portionen – in einer elektrischen Gewürzmühle, Kaffeemühle oder in einem Mörser zu einem feinen Pulver. Durch das Rösten werden die Gewürze spröder. Das erleichtert das Mahlen.

Ansonsten gilt: Bei Gewürzen, die durch Braten, Grillen, Backen oder Kochen ohnehin erhitzt werden, ist ein vorheriges Rösten nicht notwendig.

Fette

Die meisten Trockengewürze bestehen zu fünf bis zehn Prozent, manche sogar bis zu 15 Prozent aus ätherischen Ölen. Diese Öle sind zwar nur bedingt wasser-, dafür aber fettlöslich und sollten mit Öl, Essig, Alkohol, Milchprodukten oder Zucker kombiniert werden. Dadurch bekommen Gewürze ein intensiveres Aroma. Und nicht nur das. Ihr Aroma verbindet sich mit dem Fett und wird sozusagen eingefangen, gebunden.

Das Dosieren von Gewürzen

Die beste Zutat beim Kochen ist der gesunde Menschenverstand. Probieren Sie Ihr Essen daher immer und entscheiden Sie selbst, ob noch Gewürze hinzugefügt werden müssen oder nicht. Die im Handel angebotenen Gewürze oder Kräuter unterscheiden sich nämlich in Aroma und Qualität oftmals ganz erheblich voneinander. Hochwertige Koriandersamen etwa enthalten auch Nuss- oder Orangennoten. Schmeckt man diese, haben Sie beim Kauf ein glückliches Händchen gehabt. Ähnliches gilt auch bei Fenchelsamen. Auch hier werden sehr unterschiedliche Qualitäten angeboten. Für den Geschmack des fertigen Gerichts ist es aber entscheidend, welche Gewürzqualität Sie gekauft haben. Kosten Sie deshalb vor dem Kochen ein Körnchen. So vermeiden Sie einen bitteren Beigeschmack im Essen und lernen Ihre Gewürze zudem auch richtig gut kennen. Dasselbe gilt natürlich auch für frische Kräuter.

Einführung

Bei der Dosierung von Gewürzen verstehe ich übrigens überhaupt keinen Spaß. Werden nämlich einer Speise aus einer Laune heraus sechs Pfefferkörner, vier Gewürznelken, zwei Kardamomkapseln und eine halbe Zimtstange zusätzlich hinzugegeben, kommt ein vollkommen anderes Gericht dabei heraus – was rein zufällig auch gut schmecken kann. Zudem vermag ein Zuviel sogar alles zu verderben, wie manchmal bei Chili oder Ingwer. Was aber tun, wenn doch jeder Löffel je nach Design unterschiedlich viel fasst? Folgende einheitliche Maßangaben helfen Ihnen, das richtige Maß zu finden:

1 EL = 15 g
1 TL = 5 g
½ TL = 2,5 g
¼ TL = 1,25 g
⅛ TL = 0,625 g
1 Prise = ist etwa die Hälfte oder etwas weniger von ⅛ TL

Kardamomkapseln und Zimtstangen

Ganze Zimtstangen oder Kardamomkapseln in einer Gewürz- oder Kaffeemühle (ein Mörser ist nicht zu empfehlen) zu pulverisieren, ist schon eine kleine Herausforderung, da die Gewürze verhältnismäßig groß und hart sind. Brechen Sie Zimtstangen in kleine Stücke, um sich die Arbeit zu erleichtern. Sie können die Kardamomsamen natürlich auch aus den Kapseln lösen und erst dann mahlen. Doch das nimmt viel Zeit in Anspruch, und die Kapsel besitzt ohnehin keinen ausgeprägten Eigengeschmack. Klappt es mit dem Mahlen noch immer nicht, können Sie, je nachdem wofür das Gewürz eingesetzt werden soll, etwas Salz oder Zucker dazugeben. Dann läuft es wie geschmiert, und heraus kommt ein puderzuckerartiges, weißes Pulver.

Chiliflocken

Chiliflocken kommen in fast all meinen Rezepten zum Einsatz, und ich verwende sie wie Pfefferkörner. Dabei geht es mir nicht um ihre Schärfe, sondern darum, den Speisen ein wenig Charakter zu verleihen und überdies unsere Geschmacksknospen anzuregen. Wenn ich von einer Prise spreche, meine ich damit etwa die Hälfte oder etwas mehr als 1/8 Teelöffel. Probieren Sie und würzen Sie nach, wenn das Gericht noch zu fade schmeckt.

Chiliflocken lassen sich sehr leicht selbst herstellen. Da sie allerdings extrem scharf sein können, verwende ich dafür eher milde Chilisorten wie Ancho, Pasilla, Mulato oder Chipotle. Zunächst drehen Sie vorsichtig die Stiele von den getrockneten Chilischoten ab. Dann rollen Sie die Chilischoten zwischen den Fingern, damit alle Samen herausfallen. Legen Sie die Samen beiseite und entfernen Sie die Scheidewände. Falls die Chilischoten außen schmutzig sind, putzen Sie sie mit einem feuchten Tuch ab. Erhitzen sie eine Pfanne, in der alle Chilischoten problemlos Platz finden, und rösten Sie die Schoten darin behutsam, bis sich ihr Aroma entfaltet und sie schön weich werden. Das dauert nicht einmal ½ Minute. Lassen Sie sie aber nicht schwarz werden! Beim Abkühlen werden die Schoten dann wieder knusprig.

Nun hacken Sie die Chilischoten grob auf einem Schneidebrett und füllen das Fruchtfleisch und die Samen in einen Zerkleinerer – eine Gewürz- oder Kaffeemühle eignet sich hierfür nicht. Aber Vorsicht: Die größte Schärfe steckt in den Samen! Verwenden Sie also gegebenenfalls nur die Hälfte davon. Zerkleinern Sie die Chilischoten nur grob, Samen und Fruchtfleisch sollten noch erkennbar sein. Alternativ verar-

Einführung

beiten Sie alles zu einem feinen Pulver. Und bewahren Sie Chilipulver und -flocken wegen der enthaltenen Öle am besten im Kühlschrank auf.

Frische Kräuter

Frische Kräuter sind das Eau de Cologne des Sommers und werden immer beliebter. Denn im Sommer stecken sie randvoll mit intensiven Aromen, die unserem Essen ganz wundervolle Stimmungsnuancen verleihen. Beim Trocknen verlieren Kräuter aber nicht nur den Großteil ihres Wassers, das bis zu 90 Prozent ausmachen kann, sondern auch die meisten ihrer Aromen, da diese flüchtiger sind als Wasser. Deshalb können Sie mit der Menge und Anzahl frischer Kräuter gar nicht verschwenderisch genug sein, wenn sie Saison haben und vor Aroma nur so strotzen.

Ende März sprießen in meinem Garten die ersten Petersilien- und Minzeblätter, im Sommer folgt dann ein wahres Sammelsurium an herrlich duftenden Kräutern. Anfang September beginnt die Blüte der meisten Kräuter. Nun stecken sie all ihre Kraft in die Blüten, die Blätter lassen geschmacklich sehr nach. Wenn Sie die Blüten verwenden möchten, sollten Sie rasch zugreifen, bevor diese verwelkt sind. Frisch gepflückt lassen sie sich in Tees, Salaten, Eis, Kuchencremes und Säften verwenden. Im Dezember ist es dann Zeit, sich von frischen Kräutern zu verabschieden und sich den getrockneten Kräutern zuzuwenden, die uns mit ihren kräftigen Aromen durch die kalte Winterzeit helfen.

Geben Sie frische Kräuter möglichst erst gegen Ende der Garzeit zu einem Gericht, da ihr reiches Aroma durch zu langes Kochen rasch verfliegt. Einige robuste Kräuter wie Lorbeerblatt, Rosmarin, Salbei und Thymian können zwar schadlos von Beginn an mitgegart werden, besser ist es aber, sie erst in den letzten 15 Minuten hinzuzufügen. Zarte Kräuter wie Basilikum, Koriander, Minze, Petersilie, Bronzefenchel und Melisse hingegen dürfen erst – und immer großzügig – zugegeben werden, nachdem das Gericht vom Herd oder aus dem Ofen genommen wurde.

Viele verwenden zum Kochen nur die Blätter und werfen die Kräuterstängel weg. Doch auch die Stängel stecken voller Geschmack! Und die meisten Kräuterstängel mit einem gewissen Durchmesser wie die von Basilikum, Minze, Fenchel, Dill, Petersilie und Rosmarin eignen sich besonders gut für Suppen, Eintöpfe oder Tees, denen sie einen milderen Geschmack verleihen als die Blätter.

Frisch geputzte Kräuter können Sie durchaus 3–4 Tage im Kühlschrank aufbewahren. An den Schnittstellen bildet sich jedoch Ethen, ein farbloses Gas, das die Pflanzen langsam welken lässt. Werden Kräuter in einem fest verschlossenen Frischhaltebeutel aufbewahrt, beginnen sie daher schnell zu faulen. Besser falten Sie den Beutel nur locker unter den Kräutern zusammen, sodass noch etwas Luft eindringen kann, und geben kein Wasser hinzu.

Petersilie oder Minze bereite ich beim Kochen immer folgendermaßen vor: Ich streife zunächst die Blätter von den Stängeln und gebe sie anschließend in eiskaltes Wasser (gerne mit ein paar Eiswürfeln). Ich lasse sie kurz einweichen und erledige unterdessen andere Dinge. Dann kommen sie in die

Einführung

Salatschleuder – übrigens ein absolut unentbehrliches Küchenutensil, das in seinen Einsatzmöglichkeiten zwar beschränkt, aber in seiner Funktionalität unübertroffen ist. Nach ein paar Schleuderrunden sind die Kräuter trocken. Und das sollen sie auch sein. Denn wenn Sie Petersilie oder Minze nass hacken, verwässern Sie ihr Aroma schon auf dem Schneidebrett und verspielen es leichtfertig. Verwenden Sie zudem zum Hacken ein sehr scharfes Messer, damit Sie den kostbaren Geschmack nicht ins Schneidebrett einarbeiten. Eine Ausnahme bilden die empfindlichen Basilikumblätter. Die sollten mit den Fingerspitzen klein gezupft und sofort ins Gericht gegeben werden.

Kräuter, die es im Topf zu kaufen gibt, pflanzen Sie am besten gleich ins Beet oder in einen größeren Topf. Sonst überleben sie oftmals nicht die erste Ernte. Generell gilt: Dem zarten Grün von frischen Kräutertöpfen ist die Kultivierung im Haus und vielleicht noch bei hohen Temperaturen nicht sonderlich zuträglich; wer keine Gelegenheit hat, sie draußen zu ziehen, sollte die frischen Kräuter lieber bundweise kaufen.

Grüne Minze oder Pfefferminze

Verwenden Sie in einem Rezept statt frischer Grüner Minze (*Mentha spicata*, auch Spearmint genannt) frische Pfefferminze (*Mentha × piperita*), entsteht am Ende ein vollkommen anderes Gericht. Pfefferminze enthält viel Menthol und ist nicht so süß im Geschmack wie die Grüne Minze, die vor allem in der Küche des Mittleren Ostens sehr beliebt und meine absolute Lieblingsminze ist. Glücklicherweise lässt sich sehr einfach herausfinden, ob man Grüne Minze oder Pfefferminze gekauft hat. Reiben Sie ein Blättchen ein wenig zwischen den Fingern oder probieren Sie es kurz. Bei Pfefferminze dominiert der Mentholgeschmack, bei Grüner Minze die Süße.

Zitrone

Ich empfehle Ihnen, bei Zitrusfrüchten zu unbehandelten Bioprodukten zu greifen. Denn in der herkömmlichen Landwirtschaft wird die eigentlich eher matte Schale der Zitrone mit einer wachsartigen Schutzschicht, die Konservierungsmittel enthält, zum Glänzen gebracht und sollte besser nicht mitgegessen werden. Ich verarbeite in meinen Rezepten aber meist die Schale, den Saft und das Fruchtfleisch von Zitronen. Vielfach hört man, dass der weiße Teil der Schale bitter schmecke und keinesfalls zum Kochen verwendet werden solle. Das ist meiner Meinung nach Quatsch. Gerade Bitterstoffe heben den Geschmack der übrigen Zutaten in einem Gericht. Wird in einem Rezept nicht nur der Zitronensaft, sondern auch die Schale verwendet, entstehen überdies viel mehr verschiedene Geschmacksnuancen. Daher lege ich Ihnen die Zitronen-Pickles (Seite 43) hiermit wärmstens ans Herz. Für mich ist es das vielseitigste Rezept dieses Buches und passt zu vielen Gerichten.

Bei den meisten Zitrusfrüchten beginnt die Saison kurz vor Weihnachten und endet im Laufe des Monats März. In dieser Zeit sollten Sie Zitronen-Pickles in rauen Mengen zubereiten, da sie sich problemlos bis zum nächsten Jahr halten. Ich lasse Zitronen immer ein paar Tage bei Zimmertemperatur liegen, bevor ich sie verwende, damit sie noch ein wenig nachreifen und saftiger werden können.

Kille Enna

Einführung

Saisonkalender

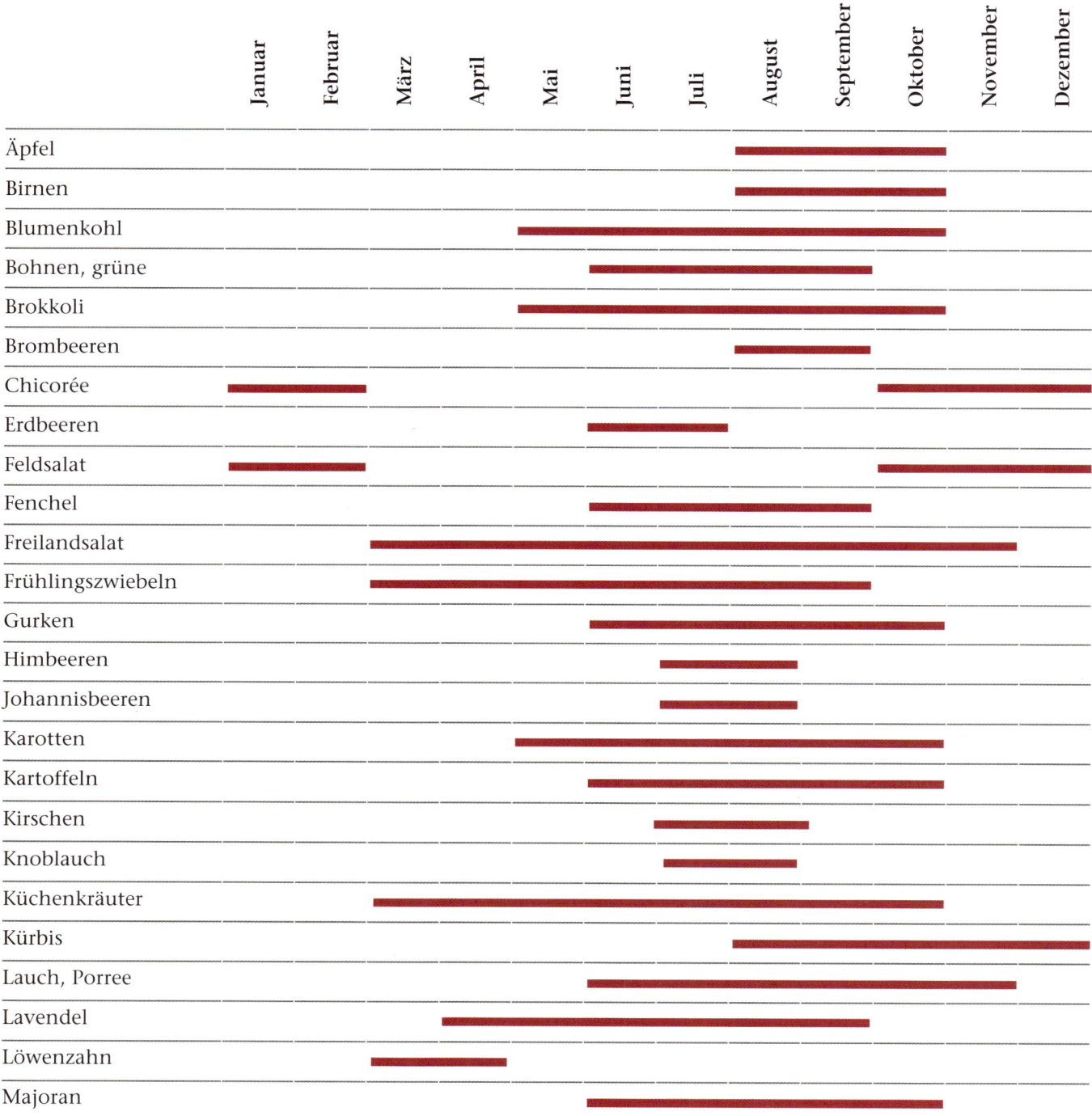

Einführung

	Januar	Februar	März	April	Mai	Juni	Juli	August	September	Oktober	November	Dezember
Pastinaken									■	■	■	■
Petersilienwurzeln										■	■	
Pflaumen						■	■	■				
Quitten									■	■	■	
Radieschen		■	■	■	■	■	■	■	■			
Rettich				■	■	■	■	■	■			
Rhabarber				■	■	■	■					
Rosenblätter					■	■	■	■				
Rosenkohl									■	■	■	■
Rote Bete					■	■	■	■	■	■		
Rotkohl	■	■				■	■	■	■	■	■	■
Rucola				■	■	■	■	■	■	■		
Schwarzwurzeln	■	■	■	■						■	■	■
Sellerie							■	■	■	■		
Spargel, grüner und weißer				■	■	■						
Spinat	■	■	■	■	■	■	■	■	■	■	■	■
Spitzkohl				■	■	■	■	■	■	■	■	■
Stachelbeeren						■	■	■				
Stangensellerie					■	■	■	■	■	■		
Tomaten						■	■	■	■	■		
Topinambur								■	■	■	■	
Weißkohl	■	■	■	■	■	■	■	■	■	■	■	■
Zwiebeln				■	■	■	■	■	■	■		
Zuckermais							■	■	■	■		

Frühling

Miesmuschel-Suppe mit gelben Tomaten

Salatsuppe

Löwenzahnsalat mit Vollkorn-Croûtons & Rhabarber-Pickles

Blattsalate mit Petersilien-Joghurt-Dressing

Blattsalate mit Tomaten-Basilikum-Vinaigrette

Sauerteigbrot mit Einkorn und Dinkel

Gebratene junge Zwiebeln & rohe Radieschen mit warmer Bacon-Vinaigrette

Brot mit Radieschen-Apfel-Räucherkäse-Creme & Räucherschinken

Gebratenes Schweinefleisch mit Gemüse

Gebratene Heringe mit Zitronen-Pickles, Senf & Dill

Aromatische süßsauer eingelegte Zwiebeln

Bohnen mit Senf-Blauschimmelkäse-Creme

Äpfel, Quitten und Käse

Knackige süßsaure Rhabarber-Pickles

Zitronen-Pickles

Süße Rhabarber-Pickles

Ofengetrockneter Rhabarber

Schoko-Holunderblüten-Sorbet

Erdbeer-Rhabarber-Sorbet mit Lavendel

Citronfromage mit Safran

Schoko-Cookies mit Rhabarber und Minze

Rhabarber-Tartes

Rhabarber-Kardamom-Saft

Frühling

Miesmuschel-Suppe mit gelben Tomaten

Zutaten
Hauptspeise
für 3 Personen
(etwa 800 ml Suppe
inklusive Muscheln)

400 g vollreife gelbe
Tomaten
50 g junge Zwiebeln oder
Frühlingszwiebeln
1 Knoblauchzehe
1 kg küchenfertige
Miesmuscheln
etwa 200 ml Wasser
1 Prise Chiliflocken
fein abgeriebene Schale und
Saft von ½ unbe-
handelten Zitrone
Meersalz
1 große Handvoll frische
Kräuter wie Basilikum,
Minze, Estragon
und Koriander

1 Tomaten putzen, waschen und grob zerkleinern. Zwiebeln schälen oder Frühlingszwiebeln putzen und waschen. Knoblauch schälen. Zwiebeln und Knoblauch jeweils in dünne Scheiben schneiden.

2 Muscheln nebeneinander in eine große, trockene, sehr heiße Pfanne geben und darin ein paar Minuten »hüpfen« lassen. Wasser hinzufügen und dann Tomaten, Zwiebeln, Knoblauch, Chiliflocken, Zitronenschale, -saft und Meersalz hinzugeben. Alles umrühren und sofort den Deckel auf die Pfanne setzen.

3 Sobald sich die Muscheln nach 3–5 Minuten geöffnet haben, die Muscheln mit einer Schaumkelle aus der Pfanne nehmen. Ungeöffnete Muscheln wegwerfen. Muschelsud weiterköcheln lassen.

4 Muscheln aus den Schalen lösen und mit den abgespülten und gezupften Kräutern wieder in den Sud geben. Vom Herd nehmen und die Suppe eventuell mit selbst gebackenem Sauerteigbrot (Seite 27) servieren.

Frühling

Salatsuppe

Zutaten
Vorspeise für 4–5 Personen
(ergibt etwa 1,3 l)

250 g Frühlingszwiebeln
mit etwas Grün
2 Knoblauchzehen
Olivenöl
zum Braten
Meersalz
frisch gemahlener
schwarzer Pfeffer
2 TL fein gehackter
Rosmarin
Basilikumstängel von den
Basilikumblättern zum
Garnieren, abgespült und
trocken getupft
½ l kochendes Wasser
400 ml Vollmilch
200 g grüne Blattsalate,
geputzt, gewaschen und
grob gehackt

Zum Garnieren:
etwa 100 g grüne
Blattsalate
reichlich Basilikumblätter,
abgespült und trocken
getupft

Eine schnelle und preisgünstige Sommersuppe mit Biss und mildem Geschmack. Die Vollmilch hinterlässt einen cremigen Schmelz auf der Zunge. Für Hobbygärtner ist diese Suppe überdies eine geniale Art, um der üppig wachsenden Kopfsalate Herr zu werden, die oft riesige Ausmaße annehmen. Werfen Sie die Basilikumstängel nicht weg, sondern kochen Sie sie in der Suppe mit.

1 Zwiebeln putzen, waschen und fein hacken. Knoblauch schälen und ebenfalls fein hacken. Einen Topf erhitzen und etwas Olivenöl hineingeben. Zwiebeln, Knoblauch, Meersalz und frisch gemahlenen Pfeffer darin bei mittlerer Temperatur 15–20 Minuten braten, bis die Zwiebeln hellgelb geworden sind.

2 Rosmarin, Basilikumstängel, kochendes Wasser, Milch und grob gehackte Salatblätter hinzufügen. Alles zugedeckt zum Kochen bringen und 5 Minuten kochen. In einen Mixer geben und fein pürieren. Anschließend wieder in den Topf gießen.

3 Zum Garnieren: Blattsalate putzen, waschen und in dünne Streifen schneiden. Die Suppe erhitzen und die Salatstreifen hineingeben. Die Suppe in tiefen Tellern servieren und mit reichlich Basilikumblättern bestreuen.

Frühling

Zutaten
Vorspeise für 4 Personen

etwa 150 g altbackenes
Vollkornbrot mit Rinde
Olivenöl zum Braten

Für den Salat:
125 g Löwenzahnblätter
25 g Zwiebeln
100 g süßsaure Rhabarber-
Pickles (Seite 41)
etwa 5 EL Einlegeflüssigkeit
von den süßsauren Rhabar-
ber-Pickles
2 EL kalt gepresstes Olivenöl
eventuell etwas Meersalz

Löwenzahnsalat mit Vollkorn-Croûtons & Rhabarber-Pickles

Frische Löwenzahntriebe wachsen ab Ende April. Pflücken Sie immer nur Löwenzahn-blätter von Pflanzen, die noch nicht blühen, denn diese sind noch nicht bitter – es sei denn natürlich, Sie mögen es bitter. Ich bereite diesen Salat immer dann zu, wenn mein selbst gebackenes Vollkornbrot anfängt, trocken zu werden. Er eignet sich also wunder-bar für die Resteverwertung. Statt Löwenzahn können Sie natürlich auch grünen Salat verwenden.

1 Vollkornbrot in Würfel von 1 × 1 Zentimeter schneiden. Eine Pfanne erhitzen und etwas Olivenöl hineingeben. Die Brotwürfel darin unter ständigem Rühren knusprig rösten.

2 Für den Salat: Löwenzahnblätter putzen und waschen. Zwiebeln schälen und fein hacken. Alle Zutaten in einer großen Salatschüssel mischen. Zum Schluss die lauwarmen Brotwürfel hinzufügen und den Salat servieren.

Blattsalate mit Petersilien-Joghurt-Dressing

Zutaten
Vorspeise für 4–6 Personen

etwa 200 g grüne Blattsalate
eventuell Meersalz
eventuell frisch gemahlener schwarzer Pfeffer

Für das Joghurtdressing
(ergibt etwa 150 ml):
½ TL Kreuzkümmelsamen
20 g glatte Petersilie
100 g griechischer Joghurt
1 EL kalt gepresstes Olivenöl
Meersalz
frisch gemahlener schwarzer Pfeffer

Anstelle von Petersilie schmeckt in diesem Dressing auch Grüne Minze sehr gut. Eine Mischung aus Estragon, Basilikum, Minze und Dill ist ebenfalls lecker. Die Kreuzkümmelsamen dürfen aber nur kurz angeröstet werden, da sie ansonsten zu viel Aroma verlieren. Richtig gut wird dieser Salat auch mit schön reifen Birnen oder Äpfeln, die uns ab Ende September das Leben versüßen.

1 Für das Joghurtdressing: Eine Pfanne erhitzen und Kreuzkümmelsamen darin ein paar Sekunden anrösten. Dann in einem Mörser zerstoßen. Petersilie abspülen und trocken tupfen. Die vorbereiteten Zutaten zusammen mit den restlichen Zutaten in einen Mixer geben und glatt pürieren.

2 Blattsalate putzen, waschen und in mundgerechte Stücke zupfen. Salat in eine große Salatschüssel geben. Das Joghurtdressing darübergießen, die Salate darin wenden und eventuell mit Meersalz und frisch gemahlenem Pfeffer würzen.

Frühling

Blattsalate mit Tomaten-Basilikum-Vinaigrette

Zutaten
Beilage oder Salat
für 8 Personen

10 große Handvoll zarte, grüne Blattsalatblätter, geputzt, gewaschen und klein gezupft

Für die Tomaten-Basilikum-Vinaigrette
(ergibt 500 ml):
40 g gelbe oder grüne Rosinen
½ TL fein gehackte grüne Jalapeños oder 1 Prise Chiliflocken
1 Knoblauchzehe, geschält und zerdrückt
30 g frische Basilikumblätter, abgespült und trocken getupft
15 g rote Zwiebeln, geschält und fein gehackt
1 EL kalt gepresstes Olivenöl
2 TL Balsam-Apfelessig
500 g vollreife Tomaten
Meersalz
frisch gemahlener schwarzer Pfeffer

Dieser Salat schmeckt wundervoll zu lauwarmem Sauerteigbrot (Seite 27) oder auch zu gegrilltem Fisch oder Steak. Wer mag, kann statt Basilikum auch Minze verwenden. Dann wird's etwas exotischer im Geschmack.

1 Für die Tomaten-Basilikum-Vinaigrette: Zunächst Rosinen in einer Schale mit kochendem Wasser übergießen. 5 Minuten ziehen lassen, dann abseihen.

2 Rosinen mit Chili oder -flocken, Knoblauch, Basilikum und roten Zwiebeln in eine Küchenmaschine oder einen Zerkleinerer geben und kurz zerkleinern. Dann Olivenöl und Apfelessig hinzufügen und alles zu einer glatten Masse verarbeiten. Tomaten putzen, waschen, grob hacken und zugeben. Mit Meersalz und frisch gemahlenem Pfeffer würzen. Dann alles fein pürieren.

3 Die Salatblätter in eine große Salatschüssel geben, mit dem Dressing mischen und genießen.

Übrig gebliebenes Dressing hält sich im Kühlschrank problemlos ein paar Tage – sollte aber immer 30 Minuten vor der Verwendung aus dem Kühlschrank genommen werden. Rechnen Sie etwa 3 Esslöffel Vinaigrette und ein paar Handvoll gezupfte Salatblätter pro Person.

Erdbeer-Vanille-Rosen-Konfitüre

Zutaten
Ergibt 350 g

250 g reife Erdbeeren
100 g heller Rohrzucker
1/8 Vanillestange, Mark ausgekratzt
10 g frische Rosenblütenblätter (bitte auf unerwünschte Insekten untersuchen)
1 EL frisch gepresster Zitronensaft
hochprozentiger Alkohol für die Gläser

Eins meiner absoluten Rezept-Highlights ist diese unvergleichlich leckere Konfitüre. Auch Sie werden sich garantiert in sie verlieben.

1 Erdbeeren putzen, waschen und mit Rohrzucker und Vanillemark samt -stange in einen kleinen Topf geben. Langsam zum Kochen bringen und dabei die Erdbeeren mit einem Schneebesen grob zerdrücken.

2 Wenn der Zucker aufgelöst ist, Rosenblüten fein oder mittelfein hacken und mit Zitronensaft in den Topf geben. Den Topf vom Herd nehmen und die Masse umrühren.

3 Marmeladengläschen mit hochprozentigem Alkohol ausspülen und die kochend heiße Konfitüre auf die Gläschen verteilen. An einem trockenen, kühlen, dunklen Ort lagern. Nach dem Öffnen ist die Konfitüre nur noch begrenzt haltbar und sollte im Kühlschrank aufbewahrt werden.

Sauerteigbrot mit Einkorn und Dinkel

1 Für den Sauerteig-Grundansatz: Sauerteig, Wasser und Dinkelmehl vermischen und in ein Schraubglas füllen. Den Teig 1–2 Tage bei Zimmertemperatur stehen lassen, bis er beginnt, Blasen zu werfen und sauer zu riechen – so wird er »zum Leben erweckt«. Die benötigte Teigmenge abnehmen und den restlichen Sauerteig (im Schraubglas) im Kühlschrank aufbewahren. Nach 5 Tagen ohne Verwendung muss er »aufgefrischt« und erneut aktiviert werden. Dazu den Teig mit gleich vielen Teilen Dinkelvollkornmehl und lauwarmem Wasser mischen und abermals ein paar Tage bei Zimmertemperatur stehen lassen, bis sich Blasen bilden. Erst dann verwenden. Den nicht benötigten Teig wieder in den Kühlschrank stellen.

2 Für den Teig: Sauerteig, Wasser, Einkornvollkornmehl, Weizenmehl und Dinkelmehl in einer Schüssel mischen. Den Teig auf eine leicht bemehlte Arbeitsfläche legen oder in eine Küchenmaschine geben und 15 Minuten kneten. Der Teig ist recht feucht und klebrig und daher schwer zu kneten: Also nicht nachlassen! Meersalz hinzufügen und weitere 5 Minuten kneten.

3 Einen eventuell mit Leinen ausgelegten Gärkorb am Boden und an den Seiten großzügig mit Dinkelmehl bestäuben und den leicht feuchten Teig hineinlegen. Den Gärkorb in einen großen Plastikbeutel schieben (es muss Platz zum Gehen vorhanden sein) und die Öffnung des Plastikbeutels locker unter dem Korb feststecken, sodass noch ein wenig Luft eindringen kann. Aber Vorsicht: Der Teig darf nicht beginnen, eine trockene Kruste zu bilden, sonst geht er nicht mehr richtig auf.

4 Den Teig bei Zimmertemperatur (etwa 20 °C) gehen lassen, bis er sein Volumen verdoppelt hat. Das kann je nach Temperatur und Aktivitätsgrad des Sauerteigs 6–14 Stunden dauern. Einen Brotbackstein aus Keramik oder ein umgedrehtes Backblech unten in den Backofen stellen und den Backofen auf 250 °C vorheizen.

5 Den gegangenen Teig nochmals vorsichtig auf eine leicht mit Dinkelmehl bestäubte Holzplatte legen, oben mit einem scharfen Messer ein paarmal einritzen und sofort auf den heißen Brotbackstein oder das Backblech setzen. Das Brot 10 Minuten bei 250 °C backen. Dann die Temperatur auf 200 °C reduzieren und die Backofentür 15 Sekunden geöffnet lassen. Die Tür wieder schließen und das Brot weitere 25 Minuten backen. Die Unterseite sollte dieselbe Farbe haben wie die Oberseite und leicht hohl klingen, wenn man dagegenklopft. Ist der Laib noch nicht fertig, weitere 10 bis 15 Minuten backen. Das Brot aus dem Backofen nehmen und auf einem Kuchengitter auskühlen lassen.

Diesen Teig bereiten Sie am besten kurz vor dem Zubettgehen vor und lassen ihn über Nacht gehen. Nichts ist doch schlimmer als ein Teig, der plötzlich doppelt so lange zum Gehen braucht wie angenommen – und auf das Gehen kommt es schließlich an. Auf dem Bild links ist Erdbeer-Vanille-Rosen-Konfitüre zu sehen, eine unschlagbare Kreation, die besonders gut zu Sauerteigbroten passt.

Zutaten
Ergibt 1 großes Brot

300 g Sauerteig
(siehe unten)
225 ml lauwarmes Wasser
250 g Einkornvollkornmehl
125 g Weizenmehl
125 g Dinkelmehl Type 630
15 g grobes Meersalz
etwas Dinkelmehl Type 630
für den Gärkorb

Für den Sauerteig:
150 g Roggensauerteig
(aus dem Bioladen oder
dem Reformhaus)
150 ml lauwarmes Wasser
150 g Dinkelvollkornmehl

Gebratene junge Zwiebeln & rohe Radieschen mit warmer Bacon-Vinaigrette

Die köstliche Bacon-Vinaigrette können Sie zu Kartoffelpüree, als Salatdressing oder zu Wurzelgemüse reichen. Zu Meeresfrüchten schmeckt sie ebenfalls richtig gut.

1 Für die Bacon-Vinaigrette: Baconscheiben in einer Pfanne oder in einem auf 200 °C vorgeheizten Backofen sehr knusprig braten. Bacon dann auf ein Schneidebrett legen. Den Bratensatz in der Pfanne mit dem kochenden Wasser lösen und beides in eine kleine Schüssel geben. Baconscheiben mit einem Messer sehr fein hacken und mit in die Schüssel geben. Apfelessig unterrühren, dann Knoblauch, Estragon, Zitronenschale, Chiliflocken und Olivenöl hinzufügen. Gut verrühren und mit Meersalz und frisch gemahlenem Pfeffer würzen.

2 Etwas Olivenöl in einer Pfanne erhitzen und die Zwiebeln (im Ganzen) darin bissfest braten. Mit Meersalz und frisch gemahlenem Pfeffer würzen.

3 Zum Servieren die gebratenen Zwiebeln mit den Radieschenscheiben belegen und mit der warmen Bacon-Vinaigrette begießen.

4 Die Vinaigrette hält sich im Kühlschrank bis zu 1 Woche. Vor der Verwendung sanft in einem kleinen Topf erwärmen, bis das Fett geschmolzen ist. Nicht zu stark erhitzen.

Zutaten
Olivenöl zum Braten
400 g junge Zwiebeln, geschält
Meersalz
frisch gemahlener schwarzer Pfeffer
150 g Radieschen, geputzt, gewaschen und in sehr feinen Scheiben

Für die Bacon-Vinaigrette
(ergibt etwa 100 ml):
120 g Baconscheiben
1 TL kochendes Wasser
1½ EL Balsam-Apfelessig
1 Knoblauchzehe, geschält und fein gehackt
2 TL fein gehackter Estragon
2 TL fein abgeriebene unbehandelte Zitronenschale
Chiliflocken
3 EL kalt gepresstes Olivenöl
eventuell Meersalz
frisch gemahlener schwarzer Pfeffer

Frühling

Brot mit Radieschen-Apfel-Räucherkäse-Creme & Räucherschinken

Zutaten
Für 6–7 Personen

2–3 Scheiben Brot, sehr dünn geschnitten
3–4 Scheiben Räucherschinken, halbiert
1/4 TL frisch gemahlener Kreuzkümmel

Für die Creme:
50 g dänischer Räucherkäse (Rygeost) oder anderer Räucherstreichkäse
50 ml kaltes Wasser
2 EL feine Schnittlauchröllchen
75 g Radieschen
50 g Äpfel
Meersalz
frisch gemahlener schwarzer Pfeffer

Schneiden Sie das Brot möglichst dünn, damit der Radieschen-Apfel-Geschmack besser zur Geltung kommt. Den Räucherschinken können Sie prima durch Räuchermakrele, Räucherlachs oder geräucherten Hering ersetzen und die Creme schmeckt auch für sich alleine wunderbar aufs Brot.

1 Für die Creme: Räucherkäse, Wasser und Schnittlauch in eine Schüssel geben. Radieschen putzen, waschen und in dünne Scheiben schneiden. Äpfel putzen, waschen und das Kerngehäuse entfernen. Äpfel mit Schale fein hacken. Alle Zutaten miteinander vermischen und mit Meersalz und frisch gemahlenem Pfeffer würzen.

2 Brotscheiben toasten. Dann jede Scheibe in drei Stücke schneiden, mit Räucherschinken belegen und mit der Radieschen-Apfel-Räucherkäse-Creme krönen. Mit frisch gemahlenem Kreuzkümmel bestreuen und sofort genießen.

Frühling

Gebratenes Schweinefleisch mit Gemüse

Zutaten
Hauptspeise für 2 Personen

300 g Schweinegulasch,
in ½ cm dicke
Scheiben geschnitten
Meersalz

Für das Gemüse:
50 g Zwiebeln, geschält
1 Knoblauchzehe, geschält
100 g Karotten, geschält
Olivenöl zum Braten
1 Prise Chiliflocken
Meersalz
frisch gemahlener
schwarzer Pfeffer
250 g Kartoffeln, gekocht
1–2 EL Balsam-Apfelessig
1 große Handvoll Basilikumblätter, abgespült und
trocken getupft
150 g grüne Blattsalate
(kleine und große Blätter),
geputzt und gewaschen

1 Für das Gemüse: Zwiebeln, Knoblauch und Karotten und in dünne Scheiben schneiden. Eine große Pfanne erhitzen. Etwas Olivenöl hineingeben und Zwiebel-, Knoblauch-, Karottenscheiben und Chiliflocken darin 5 Minuten braten, bis alles fast gar und goldgelb ist. Mit Meersalz und frisch gemahlenem Pfeffer würzen. Alles aus der Pfanne nehmen und beiseite stellen. Gekochte Kartoffeln in Scheiben schneiden und in derselben Pfanne goldgelb braten. Dann ebenfalls herausnehmen.

2 Eventuell noch etwas Olivenöl in die Pfanne geben und das Fleisch darin bei hoher Temperatur maximal 10–15 Sekunden anbraten und mit Meersalz würzen. Sofort aus der Pfanne nehmen.

3 Apfelessig in die Pfanne gießen und das Gemüse hinzufügen. Alles gut vermischen, dann Basilikum und Salatblätter hinzugeben. Das Fleisch auf dem Gemüse servieren.

Frühling

Gebratene Heringe mit Zitronen-Pickles, Senf & Dill

Gebratener Hering ist ein dänisches Nationalgericht, das hier mit den Zitronen-Pickles einen interessanten neuen Pfiff erhält.

1 Falls nötig, die Flossen von den Heringen abschneiden. Heringsfilets mit der Hautseite nach unten auf ein Schneidebrett legen und mit Zitronen-Pickles und mit Senf bestreichen. Filets mit Dill bestreuen und mit reichlich Meersalz und frisch gemahlenem Pfeffer würzen.

2 Filets nun von hinten nach vorne klappen, sodass die Hautseite außen liegt. Roggenmehl in einen tiefen Teller geben und die Fischfilets darin von beiden Seiten gut bemehlen. Überschüssiges Mehl abschütteln.

3 Eine große Pfanne erhitzen und reichlich Olivenöl hineingeben. Heringe darin von beiden Seiten goldbraun und knusprig braten. Das dauert je nach Dicke der Filets und nach Temperatur der Pfanne 5–8 Minuten. Heringe noch am selben Tag mit einer Scheibe geröstetem Roggenbrot und sehr viel Zwiebelringen genießen.

Zutaten
Vorspeise für 6 Personen

6 frische Heringsfilets
6 TL Zitronen-Pickles
(Seite 43)
6 TL Senf
etwa 1 EL fein gehackter Dill
Meersalz
frisch gemahlener
schwarzer Pfeffer
etwa 50 g Roggen-
oder Dinkelmehl
kalt gepresstes Olivenöl
zum Braten

Als Beilagen:
Roggenbrot
rohe Zwiebelringe

Aromatische süßsauer eingelegte Zwiebeln

Diese süßen Zwiebeln mit dem aromatischen Sirup passen toll zu reifem Käse. Ebenfalls lecker ist es, sie zu braten und zusammen mit Fleisch, Geflügel oder Wurzelgemüse zu servieren. Oder hacken Sie sie fein und machen Sie ein Salatdressing daraus. Für dieses Rezept können Sie normale Haushaltszwiebeln, rote Zwiebeln, Schalotten oder Perlzwiebeln verwenden. Am besten klappt es aber mit kleinen Zwiebeln, die nicht mehr als 30 Gramm wiegen. Die eingelegten Zwiebeln halten sich übrigens monatelang und sollten vor dem Verzehr mindestens 1 Woche durchziehen. Je länger sie ziehen, desto besser werden sie.

1 Zwiebeln vorsichtig schälen und dabei Spitze und Wurzelansatz intakt lassen. Einen Topf erhitzen und etwas Olivenöl hineingeben. Zwiebeln darin bei hoher Temperatur nur ein paar Minuten goldgelb braten. Rotwein, Wasser, Kirschessig, Rohrzucker und Gewürze hinzufügen und alles zum Kochen bringen. Dann sanft köcheln lassen, bis die Zwiebeln fast gar, aber noch fest sind und ihre Form halten. Das dauert je nach Zwiebelart höchstens 5–10 Minuten.

2 Ein Einmachglas gründlich mit hochprozentigem Alkohol ausspülen. Zwiebeln aus dem Topf nehmen und in das Einmachglas geben. Kochsud einkochen lassen, bis ein dünner Sirup entsteht. Den kochenden Sirup über die Zwiebeln gießen und das Glas verschließen. Abkühlen lassen.

3 Die Zwiebeln an einem trockenen, kühlen, dunklen Ort lagern. Geöffnete Gläser sollten im Kühlschrank aufbewahrt werden, wo sie sich 2–3 Monate halten.

Zutaten

Für 1 mittelgroßes Einmachglas

1 kg kleine Zwiebeln
Olivenöl zum Braten
200 ml Rotwein
100 ml Wasser
200 ml Kirschessig
300 g heller Rohrzucker
2 EL gelbe Senfkörner
12 Gewürznelken, grob zerstoßen
12 Wacholderbeeren, grob zerstoßen
20 schwarze oder weiße Pfefferkörner, grob zerstoßen
2 Ceylon-Zimtstangen, halbiert
1 EL grobes Meersalz
hochprozentiger Alkohol für das Glas

Frühling

Bohnen mit Senf-Blauschimmelkäse-Creme

Diese köstlichen Bohnen brauchen eigentlich keinen Begleiter, eventuell können Sie sie mit frisch gebackenem Sauerteigbrot servieren. Als Beilage zu Fisch oder Fleisch schmecken sie ebenfalls wunderbar. Die Senfcreme harmoniert auch gut mit allen Wurzelgemüsesorten.

1 Für die Senfcreme: Gewürzgurken fein hacken. Alle Zutaten in einem Mixer oder einer Küchenmaschine zu einem cremigen Püree verarbeiten. Die Creme ist im Kühlschrank 4–5 Tage haltbar.

2 Bohnen putzen, waschen in leicht gesalzenem Wasser bissfest kochen, abgießen und in der Senfcreme wenden. Sofort servieren.

Zutaten
Vorspeise oder Beilage
für 4 Personen

etwa 700 g grüne Bohnen
Meersalz

Für die Senfcreme
(ergibt 50 ml):
25 g Gewürzgurken
1 TL fein gehackter Salbei
1 TL körniger Senf
1 EL Balsam-Apfelessig
oder Sherryessig
1 EL kalt gepresstes Olivenöl
25 g zimmerwarmer
Blauschimmelkäse
Meersalz
frisch gemahlener
schwarzer Pfeffer

Äpfel, Quitten & Käse

Eine tolle Alternative zur gewöhnlichen Käseplatte.

Quittenbrot, Äpfel und Käse in Würfel von 2 × 2 Zentimetern schneiden und in Zitronensaft, den grob zerstoßenen Wacholderbeeren und eventuell ein wenig Fleur de Sel wenden.

Zutaten
Für 2–3 Personen

60 g Quittenbrot
(Seite 136)
125 g Äpfel, mit Schale,
gewaschen und entkernt
50 g würziger Schnittkäse
2 EL frisch gepresster
Zitronensaft
4–6 Wacholderbeeren
eventuell Fleur de Sel

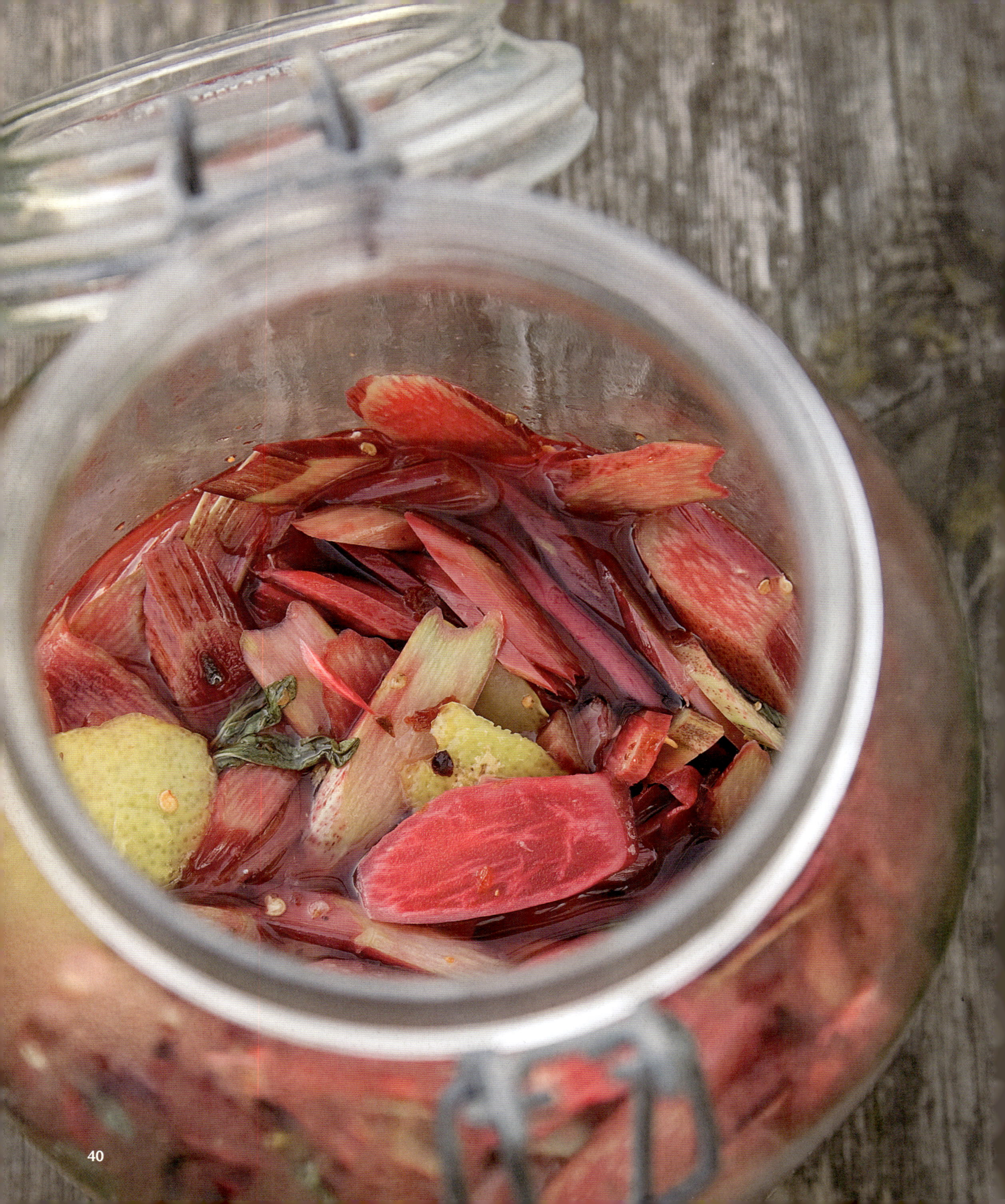

Frühling

Knackige süßsaure Rhabarber-Pickles

Rhabarber einzumachen ist eine tolle Beschäftigung für regnerische Tage im Mai, Juni und Juli. Ich bereite immer eine ordentliche Portion zu und falle dann im Herbst darüber her. Der Geschmack ist spritzig-säuerlich und herrlich frisch. Im Mai sprießen neue Triebe an meiner Grünen Minze im Garten, die ganz wunderbar zum Rhabarber passt. Aber natürlich können Sie auch Estragon, Dill, Fenchelkraut oder Zitronenverbene verwenden. Ich übergieße den Rhabarber mit doppelt so viel Sud wie nötig. Auf diese Weise erhalte ich ganz nebenbei eine feine Vinaigrette für Salate, Fischgerichte oder einen warmen Kartoffelsalat.

1 Rhabarber putzen, waschen und in dünne Scheiben schneiden. Wird er zu dick geschnitten, wirkt alles zu klobig. Minze abspülen und trocken tupfen. Nun schichtweise Rhabarber und Minze in ein sauberes Einmachglas füllen und alles mit Zitronensaft übergießen.

2 Für den süßsauren Essigsud: Alle Zutaten in einem Topf zum Kochen bringen und kochen lassen, bis der Zucker aufgelöst ist. Den heißen Sud über den Rhabarber gießen und die Rhabarberstücke mit einem Löffel (keinesfalls die Finger nehmen) zusammendrücken, damit alle Stücke mit Sud bedeckt sind.

3 Vor dem Verzehr ein paar Tage durchziehen lassen. Im Kühlschrank hält sich der eingelegte Rhabarber bis zu ½ Jahr.

Zutaten
Ergibt 1 mittelgroßes Einmachglas

250 g Rhabarberstangen
10 g frische Grüne oder Marokkanische Minze
2 EL frisch gepresster Zitronensaft

Für den süßsauren Essigsud:
200 g heller Rohrzucker
200 ml Apfelessig
20 g Meersalz
breite Streifen der Schale von ½ unbehandelten Zitrone
1 Prise Chiliflocken

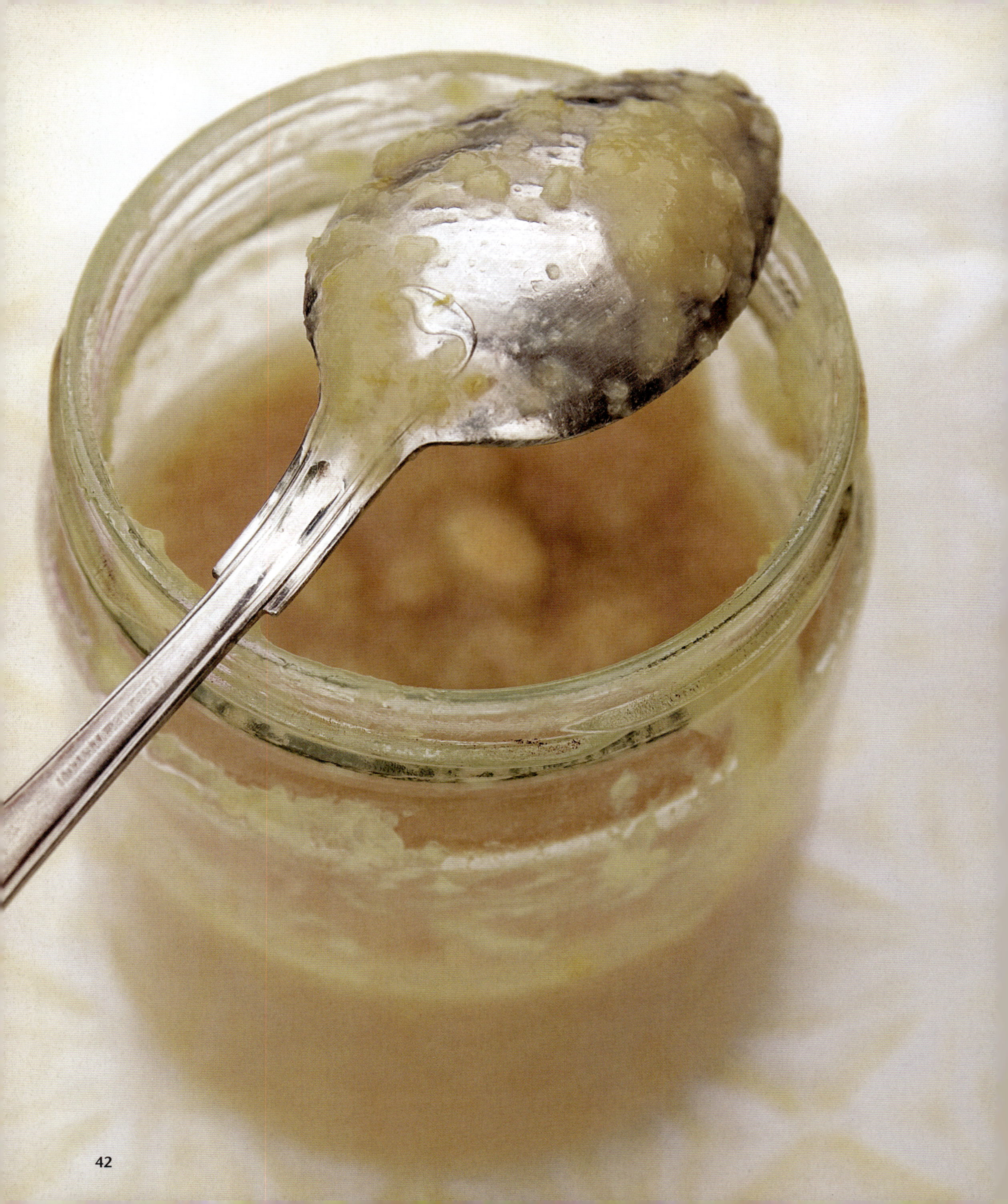

Frühling

Zitronen-Pickles

Die Zitronen-Pickles mit ihrer säuerlichen Note sind so etwas wie der Inbegriff meiner Küche. Darum tauchen sie in diesem Buch auch immer wieder auf. Der Geschmack ist raffiniert, sehr anpassungsfähig und harmoniert mit den meisten Gerichten – ganz gleich, ob süß oder herzhaft. Suchen Sie dafür aber stets die absolut besten Zitronen oder Limetten aus, die Sie finden können. Da das Hacken viel Zeit in Anspruch nimmt, verwenden Sie dafür möglichst einen Zerkleinerer.

Zutaten
Ergibt etwa 300 g

500 g vollreife unbehandelte Zitronen
40 g Fleur de Sel
175 g heller Rohrzucker
250 ml Wasser

1 Zitronen heiß abwaschen, in dünne Scheiben schneiden, alle Kerne entfernen und Zitronenscheiben sehr fein hacken. Fleur de Sel untermischen und Zitronen bei Zimmertemperatur bis zum nächsten Tag (etwa 24 Stunden) durchziehen lassen.

2 In einen Topf geben, Rohrzucker und Wasser hinzufügen und zum Kochen bringen. 20–30 Minuten sanft köcheln lassen, bis eine dicke Masse entsteht, die leicht durchsichtig ist.

3 Zitronen-Pickles in ein sauberes Einmachglas füllen und an einem trockenen, kühlen, dunklen Ort lagern. Geöffnete Gläser sollten im Kühlschrank aufbewahrt werden. Hier halten sich die Pickles problemlos bis zu einem halben Jahr.

Süße Rhabarber-Pickles

Zutaten
Ergibt 1 kleines Einmachglas

150 g Rhabarberstangen
75 g Zucker
75 ml Wasser
1/4 Vanillestange, Mark ausgekratzt
Meersalz
1 TL frische Zitronenthymian- oder Thymianblätter
1½ TL Zitronen-Pickles (Seite 43)

Die Kombination von eingelegten Zitronen und Vanille harmoniert einmalig mit dem Rhabarber. Diese kleinen Rhabarberstreifen schmecken auch in Salaten sehr gut. Der Rhabarbersud ist übrigens lecker zu Eis oder frischen Sommerbeeren, Sie können mit ihm aber auch einen Kuchen tränken oder ein Dressing aromatisieren.

1 Rhabarber putzen, waschen, sorgfältig in streichholzgroße Juliennestreifen schneiden und in ein sauberes Einmachglas füllen.

2 Zucker, Wasser, Vanillemark samt -stange und Meersalz in einem kleinen Topf zum Kochen bringen. Ein paar Minuten kochen, bis der Zucker aufgelöst ist. Zitronenthymian- oder Thymianblätter mit Zitronen-Pickles hinzufügen. Den Topf vom Herd nehmen.

3 Den heißen Sud über den Rhabarber gießen und alles gut vermischen. Nur Geduld, der Rhabarber fällt schon noch zusammen. Nach 10–15 Minuten beginnt er weich zu werden, und es gibt dann mehr als reichlich Sud, um alles zu bedecken. Diese süßen Rhabarber-Pickles sind im Kühlschrank bis zu 1 Woche haltbar.

Ofengetrockneter Rhabarber

Schneiden Sie den Rhabarber zum Trocknen so zu, wie es Ihnen gefällt: Entweder schneiden Sie ihn in dünne Scheiben oder spalten ihn längs und stellen so dünne Streifen her. Dieser ofengetrocknete Rhabarber verleiht Kuchen, Eis, Keksen, Muffins, Käsekuchen, Obsttartes, Früchtebroten, Salaten und Dressings das gewisse Etwas.

1 Rhabarberstangen putzen, waschen und in 8–10 Zentimeter lange Stücke schneiden. Diese dann längs in sehr dünne Scheiben schneiden. Die Reste am besten für Kompott, Eis oder Ähnliches verwenden.

2 Rhabarberstücke nebeneinander auf ein mit Backpapier belegtes Backblech legen. Den Backofen auf 100 °C vorheizen und Rhabarber darin 1½–2 Stunden trocknen. Nach 1 Stunde Rhabarberstücke vorsichtig wenden und weitertrocknen, bis sie fast knusprig sind. Sie dürfen aber nicht braun werden oder Farbe annehmen. Sehr, sehr dünn geschnittener Rhabarber ist schon nach 1 Stunde fertig, dickere Stücke erst nach 2½ Stunden. Also zwischendurch immer wieder einen Blick in den Backofen werfen.

3 Den getrockneten Rhabarber in einen luftdicht verschließbaren Behälter geben und trocken und dunkel lagern. So ist er problemlos 5–6 Monate haltbar. Er lässt sich am besten mit einer Schere zerkleinern.

Zutaten
Ergibt etwa 50 g getrockneten Rhabarber

550–600 g Rhabarberstangen

46

Schoko-Holunderblüten-Sorbet

Dieses Sorbet ist schnell gemacht und preisgünstig, schmeckt aber sensationell. Wenn der Holunder Ende Mai bis Anfang Juli blüht, können Sie sich und Ihre Lieben immer wieder aufs Neue mit dieser Köstlichkeit verwöhnen. Um ein wirklich gutes Ergebnis zu erzielen, sollten Sie allerdings ein hochwertiges Kakaopulver verwenden und eine Eismaschine – ohne sie gelingt dieses Sorbet leider nicht.

1 Holunderblütenrispen grob hacken. Mit Wasser und Rohrzucker in einem Topf aufkochen. 5 Minuten kochen lassen und dann den Topf vom Herd nehmen.

2 Zitronensaft und Kakaopulver hinzufügen und kräftig unterrühren, bis der Kakao aufgelöst ist. Dann alles völlig auskühlen lassen. Durch ein feinmaschiges Sieb abseihen und in eine Eismaschine geben.

Zutaten
Ergibt etwa 600 g

50 g Holunderblütenrispen
500 ml Wasser
200 g heller Rohrzucker
etwa 75 ml frisch gepresster Zitronensaft
50 g ungesüßtes Kakaopulver
(100 % Kakaoanteil)

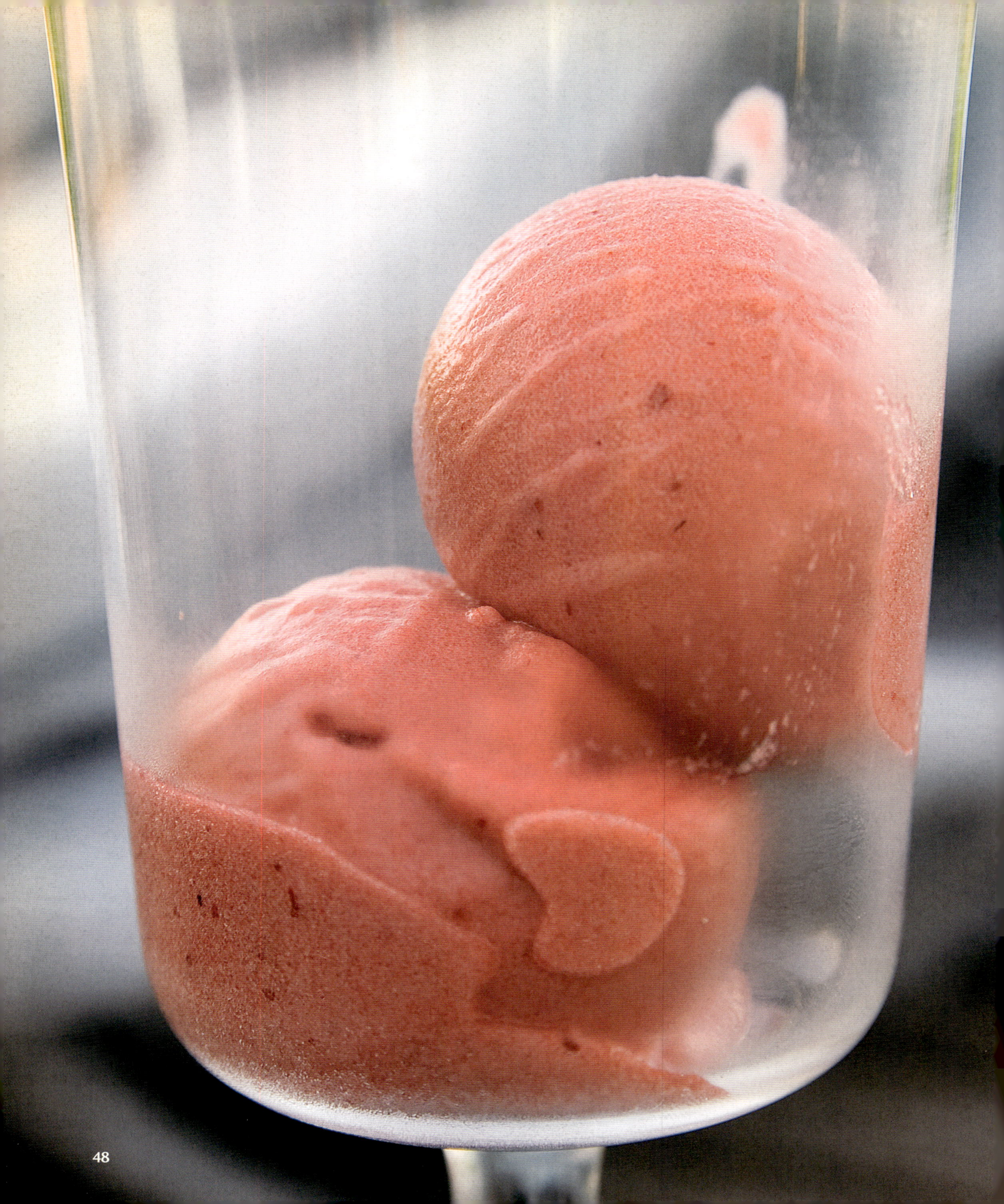

Erdbeer-Rhabarber-Sorbet mit Lavendel

Obst und Lavendel sind eine Kombination der ganz besonderen Art. Für dieses Rezept können Sie zwar auch auf den Rhabarber verzichten, er verleiht dem Eis jedoch noch eine verführerische, feine Säure. Bei sehr süßen Erdbeeren sollten Sie die Zuckermenge leicht reduzieren.

1 Rhabarber putzen, waschen und in dünne Scheiben schneiden. Mit Wasser, Rohrzucker und Lavendelblüten in einen kleinen Topf geben. Zum Kochen bringen und etwa 5 Minuten kochen lassen, bis der Zucker aufgelöst ist. Den Topf vom Herd nehmen und alles völlig auskühlen lassen.

2 Erdbeeren putzen und waschen. Rhabarber und Erdbeeren in einem Mixer sehr fein pürieren. Das ist wichtig, da die Früchte nicht mehr durchpassiert werden. Abkühlen lassen und dann in einer Eismaschine zu Sorbet verarbeiten.

Manche Reformhäuser oder Bioläden haben getrocknete Lavendelblüten im Angebot. Auf Wochenmärkten oder in Feinkostgeschäften werden Lavendelblüten teilweise auch frisch angeboten. Wichtig ist, zu Echtem Lavendel (Lavandula angustifolia) zu greifen.

Zutaten
Ergibt etwa 1 l

250 g Rhabarberstangen
½ l Wasser
225 g heller Rohrzucker
etwa 2 TL frische oder getrocknete Lavendelblüten ohne Stiel
250 g Erdbeeren

Citronfromage mit Safran

Zutaten
Ergibt 4 Portionen

3 Blatt Gelatine
1 Prise Safranfäden
2 TL kochendes Wasser
3 Eier
75 g Zucker
75 ml frisch gepresster Zitronensaft
100 ml Sahne

Citronfromage, diese klassische dänische Zitronencreme, habe ich hier mit Safran verfeinert. Unvergleichlich lecker!

1 Gelatine in kaltem Wasser nach Packungsanleitung quellen lassen. Safranfäden mit kochendem Wasser übergießen und vollständig abkühlen lassen.

2 Eier trennen. Eigelbe und Zucker in einer Schüssel schaumig schlagen. Die Hälfte des Zitronensafts und die Safranfäden samt Einweichwasser hinzufügen.

3 Eiweiß in einer separaten Schüssel steif schlagen. Sahne in einer dritten Schüssel ebenfalls steif schlagen.

4 Gelatine aus dem Wasser nehmen, leicht ausdrücken und in einem kleinen Topf unter Rühren auflösen. Restlichen Zitronensaft hinzufügen und diese Mischung unter ständigem Rühren sofort in einem dünnen Strahl zur Eigelbmasse gießen. Die Eigelbcreme in den Kühlschrank stellen. Sobald die Masse zu stocken beginnt, vorsichtig Eischnee und Sahne unterheben.

5 Die Creme in vier Gläser verteilen und bis zum Verzehr in den Kühlschrank stellen.

51

52

Frühling

Schoko-Cookies mit Rhabarber und Minze

Diese Kekse schmecken frisch am besten. Der Teig lässt sich hingegen bis zu 1 Woche im Kühlschrank aufbewahren.

1 Butter, Meersalz und Rohrzucker in einer Schüssel cremig rühren. Ei hinzufügen und kräftig unterschlagen. Mehl unterrühren. Weinstein oder Backpulver in einer kleinen Schale mit kochendem Wasser übergießen und zum Teig geben.

2 Rhabarber mit einer scharfen Schere klein schneiden. Schokolade grob hacken. Minze abspülen, trocken tupfen und ebenfalls fein hacken. Rhabarber, Schokolade und Minze zum Teig geben und alles gründlich vermischen. Dann über Nacht oder mindestens für 1 Stunde in den Kühlschrank stellen.

3 Den Teig zu 28–30 Kugeln (etwa 20 Gramm pro Kugel) formen. Zwei Backbleche mit Backpapier belegen. Die Teigkugeln darauf verteilen und flach drücken, bis sie einen Durchmesser von 6 Zentimetern haben. Den Backofen auf 175 °C vorheizen und die Cookies darin 8–12 Minuten backen, bis sie an den Rändern leicht goldbraun sind. Die Cookies aus dem Backofen nehmen und auf einem Kuchengitter auskühlen lassen.

Zutaten
Ergibt 28–30 Cookies

125 g Butter
1/4 TL Meersalz
150 g heller Rohrzucker
1 Ei
225 g Weizenmehl
½ TL Weinstein oder Backpulver
½ TL kochendes Wasser
etwa 25 g getrockneter Rhabarber (Seite 45)
100 g Zartbitterschokolade (mindestens 80 % Kakaoanteil)
10 g frische Grüne Minze oder Pfefferminze

Frühling

Rhabarber-Tartes

Zutaten
Ergibt 4 kleine Tartes

15 g frische Hefe
150 ml lauwarme Milch
6 Kardamomkapseln,
frisch gemahlen
50 g flüssiger Honig oder
heller Rohrzucker
etwa 275 g Weizenmehl
1 Prise Meersalz
125 g kalte Butter
1 Ei
etwa 20 g zerlassene Butter
für die Formen
etwa 75 g grober Rohr-
zucker für die Formen

Für die Füllung:
300 g Rhabarberstangen
2 EL Zitronen-Pickles (Seite
43) oder fein abgeriebene
unbehandelte Zitronenschale

**Zum Bestreichen
und Bestreuen:**
1 Ei, verquirlt
etwas grober Rohrzucker

Ein Kuchen aus Hefeteig ist einer der größten Leckerbissen im Kuchenuniversum. Die Vorbereitung dauert zwar etwas länger, dafür ist das Ergebnis aber unvergleichlich. Der Teig ist recht klebrig, verwenden Sie daher eine Küchenmaschine.

1 Für den Teig: Hefe, Milch, Kardamom und Honig oder Rohrzucker in einer Küchenmaschine vermischen und 5 Minuten gehen lassen. Die Hefemischung kurz verrühren und mit Mehl und Meersalz zu einem glatten Teig verkneten. Butter würfeln und unterkneten. Ei verquirlen und ebenfalls unter den Teig kneten, bis ein glatter, klebriger Teig entsteht.

2 Den Teig bei Zimmertemperatur gehen lassen, bis sich sein Volumen verdoppelt hat. Das kann je nach Temperatur 2–3 Stunden dauern.

3 Vier kleine Tarteformen (etwa 15 Zentimeter Durchmesser) gut mit Butter fetten und rundum mit reichlich grobem Rohrzucker ausstreuen.

4 Für die Füllung: Rhabarber putzen, waschen und in fünf Zentimeter lange Stücke schneiden. Am besten von Hand in einer Schüssel mit Zitronen-Pickles mischen. Die Schüssel beiseite-stellen.

5 Den Teig vierteln und zu Kreisen von 15–17 Zentimetern Durchmesser ausrollen. Den Teig in die vorbereiteten Formen legen, Rhabarber darauf verteilen und in den Teig eindrücken.

6 Die Formen mit Frischhaltefolie abdecken und den Teig bei Zimmertemperatur nochmals gehen lassen, bis sich sein Volumen verdoppelt hat. Das dauert ein paar Stunden.

7 Für eine schöne Kruste: Die Tartes mit dem verquirlten Ei bestreichen und mit grobem Zucker bestreuen. Den Backofen auf 160 °C vorheizen und die Tartes darin 25–30 Minuten backen, bis die Oberseite goldbraun und knusprig geworden ist. Die Tartes aus den Formen lösen und auf einem Kuchengitter auskühlen lassen. Sie schmecken kalt am besten.

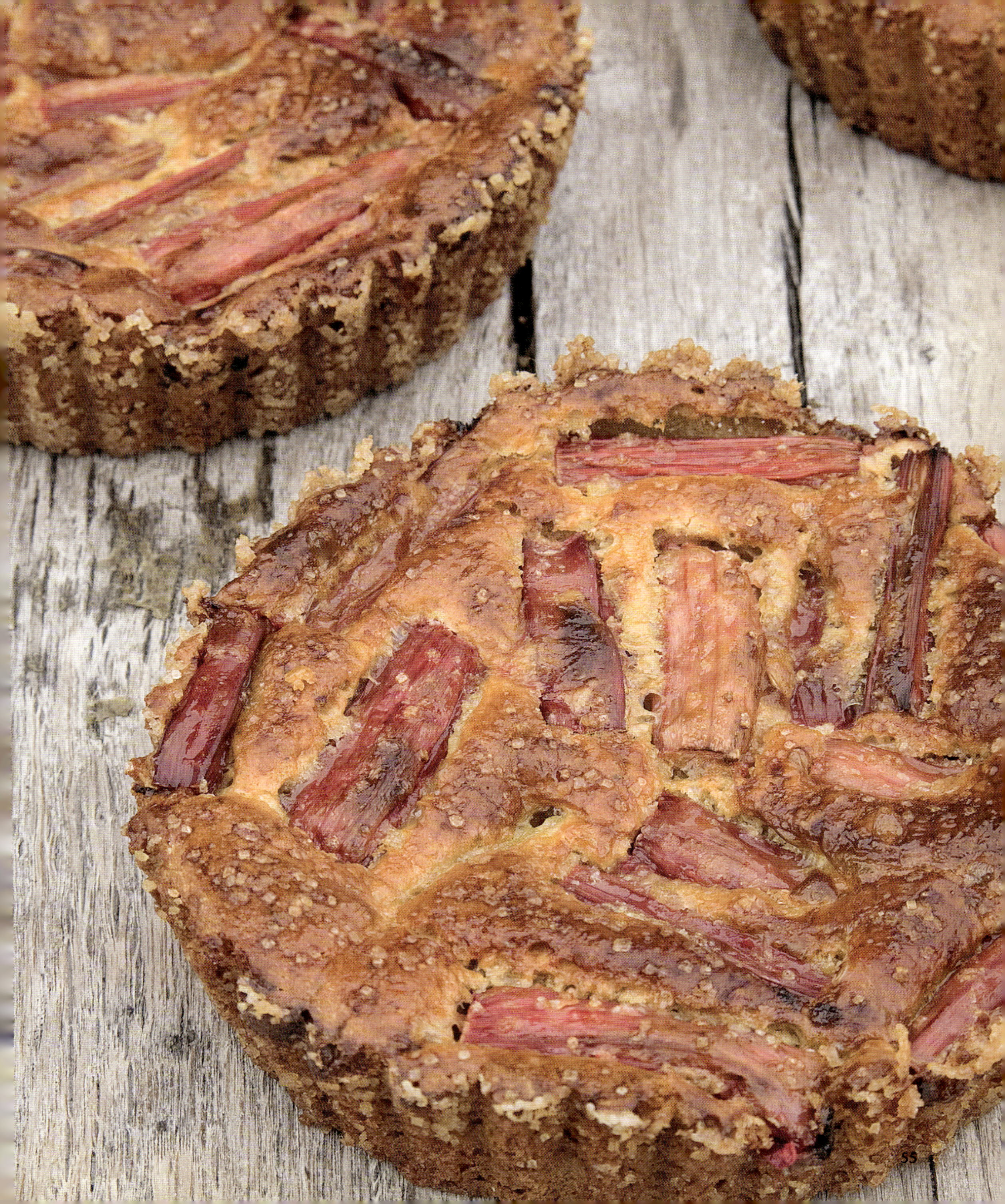

Frühling

Rhabarber-Kardamom-Saft

Zutaten
Ergibt etwa 1,3 l

½ kg Rhabarberstangen
6–8 Kardamomkapseln
200–250 g
heller Rohrzucker
1 l Wasser
100 ml frisch gepresster
Zitronen- oder Limettensaft
eventuell Wasser oder
Mineralwasser zum
Verdünnen

Dieser köstliche Saft muss eiskalt serviert werden. Er schmeckt mild-aromatisch und lockt mit seiner unwiderstehlichen Farbe. Zuckern Sie ihn ganz nach Gusto – es gibt bei Rhabarber immer große Unterschiede im Geschmack. Lassen Sie den Saft mit allen Zutaten über Nacht im Kühlschrank ziehen, um den Geschmack zu intensivieren. Oder verarbeiten Sie ihn in einer Eismaschine zu Sorbet.

1 Rhabarber putzen, waschen und in dünne Scheiben schneiden. Kardamomkapseln, Rhabarber, Rohrzucker und Wasser in einen großen Topf geben. Alles zum Kochen bringen und ein paar Minuten zugedeckt weiterkochen lassen. Den Topf vom Herd nehmen und den frisch gepressten Zitrussaft unterrühren. Den Saft vollständig abkühlen lassen.

2 Nun abseihen und nur den Saft zurückbehalten. Mit Wasser oder Mineralwasser verdünnen, falls der Saft zu kräftig im Geschmack ist. Im Kühlschrank hält sich der Saft etwa 1 Woche.

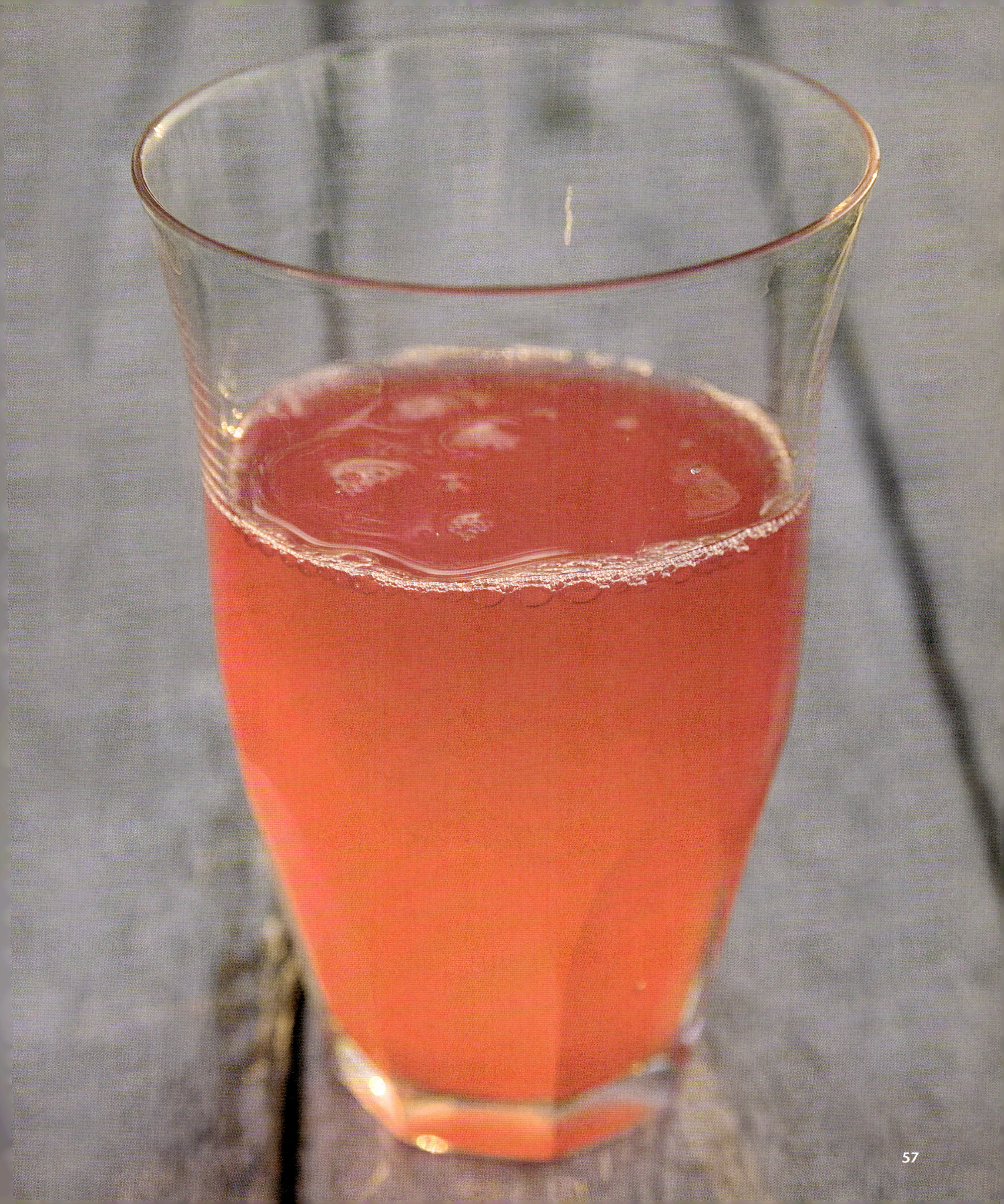

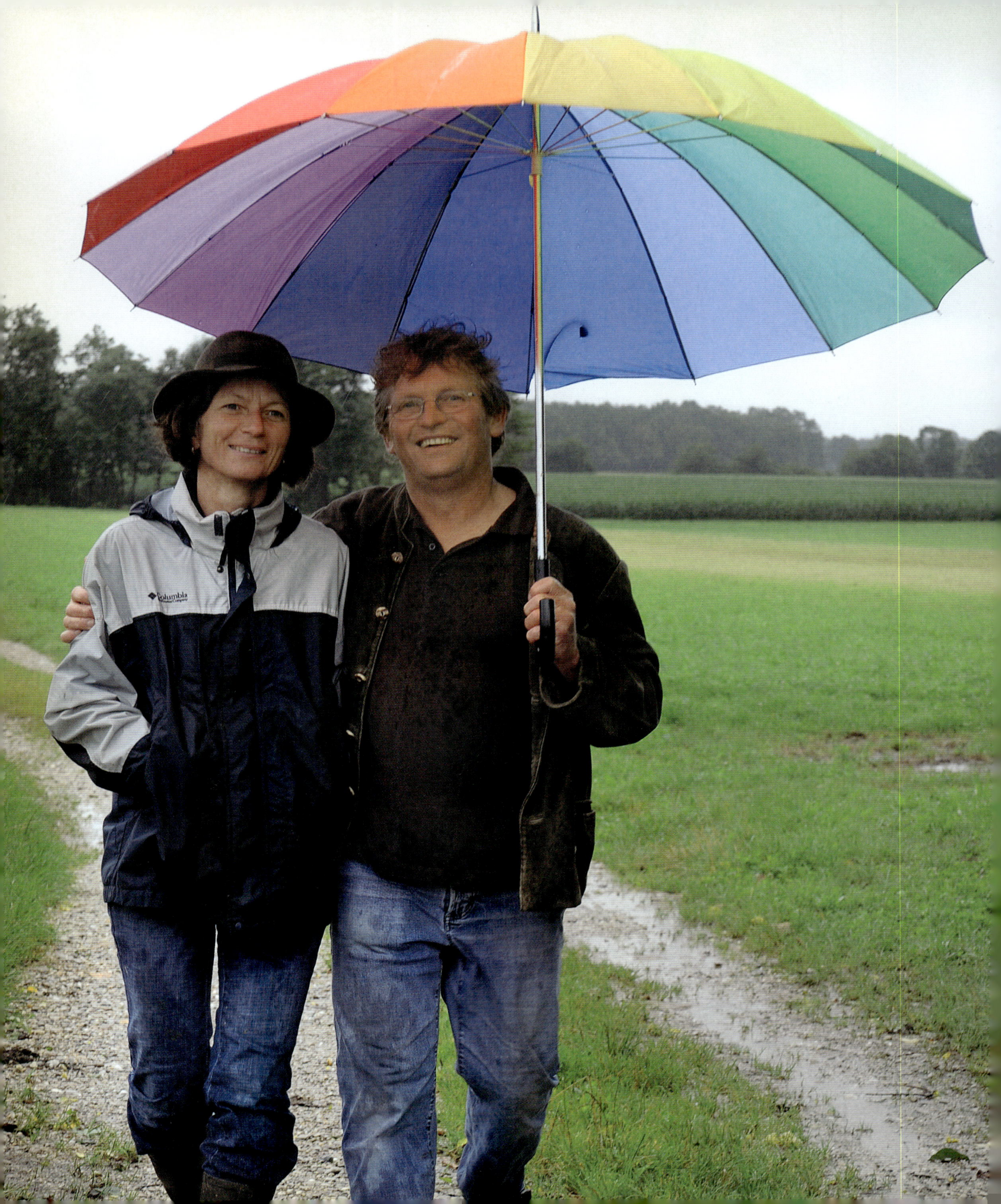
Columbia

Porträt

Der Knauer-Hof

Das Sommergetreide steht kurz vor der Ernte und es ist höchste Zeit, zum Bio-Hof von Josef und Inge Knauer zu kommen. Wir fahren also hinaus in den Münchener Nordosten nach Taing – mitten im Sommer im strömenden Regen. Josef (Pe) empfängt uns mit einem freudigen Strahlen im Gesicht und leuchtenden Augen. Und dieses Leuchten wird auch während unserer Stunden auf dem Knauer-Hof nicht mehr vergehen. Pe ist ein Typ, wie man sich einen Bio-Bauern vorstellt: mit Leib und Seele dem Ökolandbau verschrieben; ein Überzeugungstäter, der sagt: »Nie würde ich jemals »rückumstellen« auf konventionellen Landbau. Im Leben nicht!«

Der 100-ha-Betrieb, der inzwischen einen großen Bio-Bruder mit 200 ha in Mecklenburg-Vorpommern hat, ist ein Ackerbaubetrieb, wie er in der Münchener Schotterebene üblich und sinnvoll ist – was den Bodenaufbau- und Untergrund angeht: Kiesböden unter dem Mutterboden lassen das Regenwasser bei starken Regengüssen gut versickern, der Boden »säuft nicht ab«, und man muss nicht sehr lange warten, bis man wieder mit dem Traktor auf die Felder fahren kann, wie in den alpennäheren Gebieten. Der Boden ist ideal für Getreide und Kartoffeln. Pes Ur-Ur-Großvater ackerte hier schon.

Der Agraringenieur Pe hat in Weihenstephan studiert und dabei seine Passion für das Bodenleben entdeckt: Ihm geht es nicht nur einfach um den kurzfristigen Ertrag, sondern darum, durch eine interessante Fruchtfolge, ausgeklügelte Zwischensaaten und eine Gründüngung (oberflächliches Eingrubbern von Grün- und Wurzelmasse) den Humusanteil im Boden langsam Jahr für Jahr aufzubauen – damit der Boden auch für spätere Generationen noch Ertrag bringt und ihr Überleben sichert.

Pes Frau Inge ist studierte Landespflegerin, die mit Pe und dem Großvater die beiden Kinder Pauli und Rosa aufgezogen hat. Inges Reich sind die kleine Backstube und die winzige Käsemanufaktur in den Kellerräumen des Bio-Hauses, das sie 1994 selbst geplant hat (ohne ein Gramm Beton …). Hier produziert sie für die Märkte in München, die sie dreimal pro Woche donnerstags, freitags und samstags mit ihrem Verkaufswagen besucht. Dort bietet sie selbst gezogenes Feld- und Feingemüse, Obst und Kartoffeln, Fleisch von den eigenen Tieren, selbst gebackenes Brot und allerlei selbst gemachte Käsesorten an. Ohne diese Direktvermarktung und eine derartige Diversifikation am Hof könnten die Knauers nicht so gut leben wie heute – auch nicht als Bio-Bauern.

Pe hat seinen Eltern 1984 erfolgreich »die Pistole auf die Brust gesetzt« und gefordert, den Hof auf Bio umzustellen. Zu dieser Zeit kümmerten sich nur ganz wenige um den Ökolandbau. Mutig war das, aber auch konsequent. Schließlich wurde Pes Ökoherz im »Arbeitskreis ökologischer Landbau« an der Uni geformt. Sein Credo lautet: Ein gesunder Boden bringt eine gesunde Pflanze hervor. Am Knauer-Hof wurde fortan viel ausprobiert: Ölleinen, Buchweizen, verschiedene Futtergemenge und allerlei mehr. Heute wird Futter für Milchrinder angebaut, vor allem Triticale, ein schmackhaftes Futtergemenge aus Hafer, Gerste und Erbsen (Stickstoffsammler). Auf einem Viertel der Fläche wächst Getreide für Futterzwecke und fürs Backen. Durch den »gemischten« Betrieb der Knauers mit »Viechern« und Getreide ist immer genug Stroh zum Einstreuen für die Ställe da. Und umgekehrt gibt es reichlich gute Gülle für den Acker, weil sie mit EM (effektiven Mikroorganismen), Gesteinsmehl und Kalk behandelt wird. Ein ausgewogener Mischbetrieb wie dieser ist heutzutage eher eine Seltenheit.

In der 6- bis 7-jährigen Fruchtfolge erscheint der Weizen nur einmal, gefolgt von 2 Jahren Kleegras. Auch Mais baut Pe anschließend an, obwohl er sagt, dass sich Mais und guter Boden eigentlich ausschlössen. Zwei Herzen schlagen da in seiner Brust, denn Mais bringt nun einmal einen hohen Flächenertrag. Nach Mais folgt die Triticale. Zwischenfrucht nennt man die Gemenge, die zwischen den intensiveren Saaten wie Getreide und Mais eingesetzt und entweder frisch als Futter geerntet oder als Gründüngung untergepflügt werden. Pe arbeitet derzeit mit einem Gemenge aus Erbsen, Wicken, Senffrucht, Facelia und Ölrettich. Sonnenblumen kommen noch dazu, damit das Auge im Herbst auch etwas Schönes hat, wie er sagt.

Während wir mit Inge und Pe über die Felder marschieren, fühlen wir die Leidenschaft für Qualität, die sich bei den beiden über die Jahre entwickelt hat. Während andere Bauern nur auf Menge setzten, erlaubten sich die beiden den Luxus, einen Hof zu betreiben, der vor Vielfalt nur so strotzt, auf dem Qualität noch einen Stellenwert hat und der sie trotz der vielen Mühe und Arbeit mit Glück erfüllt.

Sommer

Gebackene Zwiebelsuppe aus jungen Zwiebeln
Hühner-Kartoffel-Suppe mit Spinat
Sommersalat mit Erbsen, Roten Beten & Stachelbeeren
Warmer Einkornsalat mit Rosenblüten
Tomaten, Äpfel und Gurken in Honig-Senf-Dressing
Gebratener Fenchel mit Zitrone und Roter Bete
Tomaten-Apfel-Focaccia
Gelbe-Tomaten-Quiche
Gebackener Wildlachs mit würziger Kruste
Stachelbeersauce für Fischgerichte
Apfel-Spareribs nach Louisiana-Art
Kartoffel-Erbsen-Curry
Johannisbeer-Zitronenverbene-Sorbet
Himbeer-Rosmarin-Eis
Erdbeer-Schwarze-Johannisbeeren-Sorbet mit Minze
Erdbeer-Vanille-Rosen-Konfitüre – ohne Foto
Stachelbeer-Estragon-Sorbet
Holunderbeer-Birnen-Toddy
Kirsch-Brioches
Köstlicher Kirschstreuselkuchen
Dreierlei Beerentorte
Käsekuchen mit Schwarzen Johannisbeeren
Erdbeer-Holunder-Saft
Himbeerbuttermilch mit Jasmintee
Rosensirup

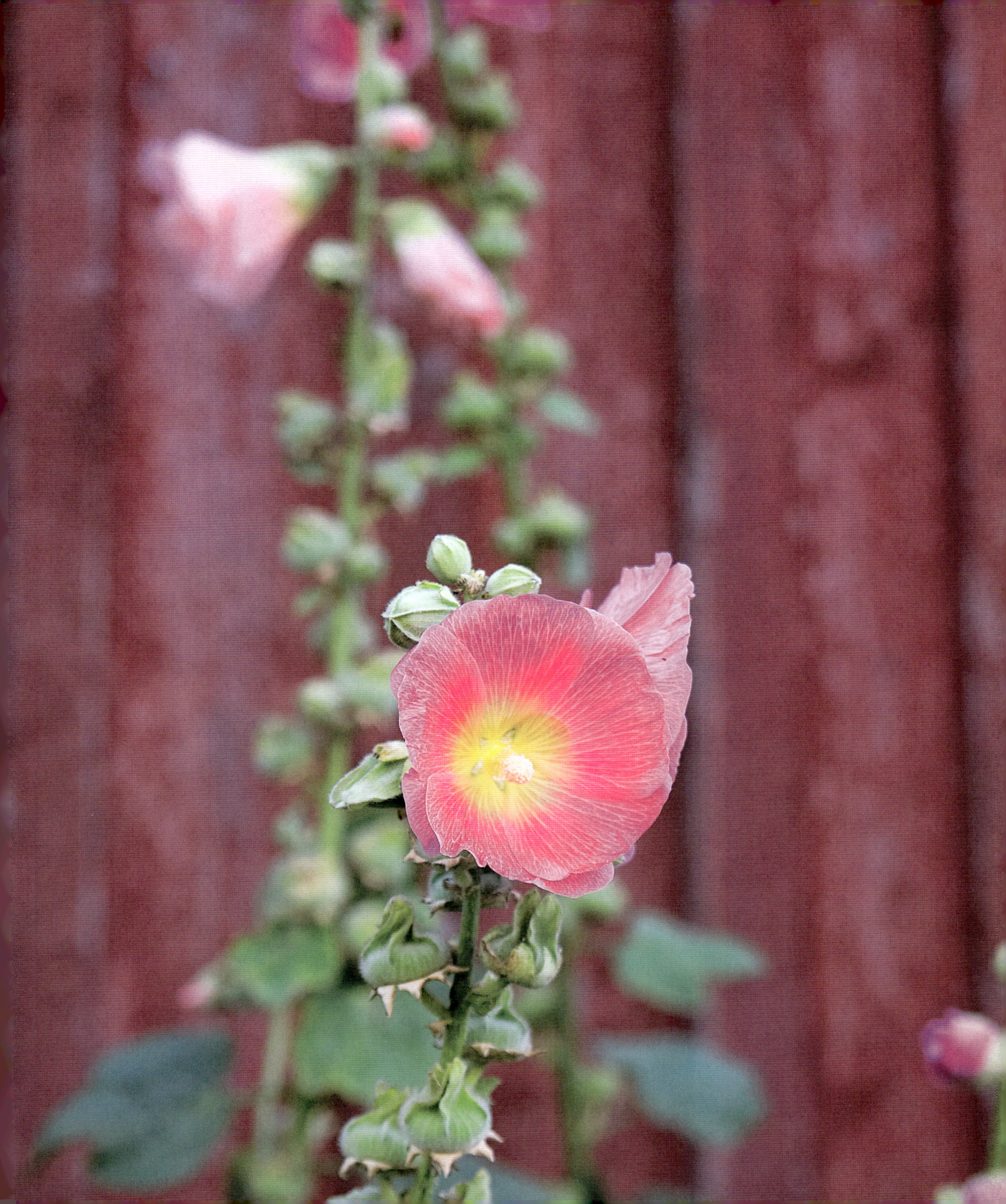

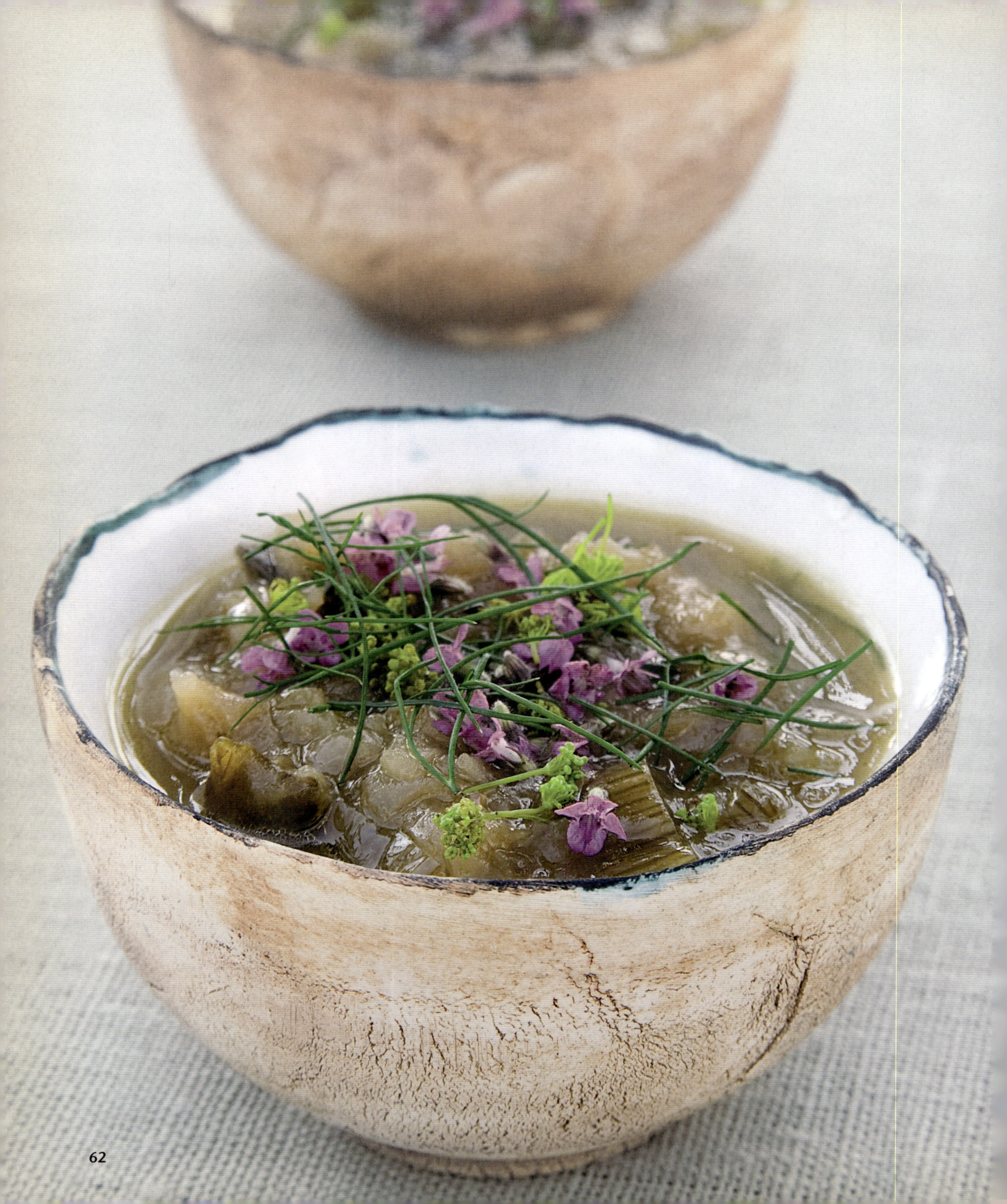

Sommer

Gebackene Zwiebelsuppe aus jungen Zwiebeln

Diese Suppe können Sie zwar das ganze Jahr über servieren, doch im Juli, wenn die jungen Zwiebeln endlich erntereif sind, wird sie am allerbesten. Ich mag übrigens diese mit Käse überbackene Scheibe Brot nicht sonderlich, die üblicherweise in der Zwiebelsuppe schwimmt. Viel besser schmeckt es meiner Meinung nach mit lauwarmem Naan-Brot oder gegrilltem Fladenbrot zum Dippen. Die Kräuter können Sie je nach Jahreszeit variieren und auch großzügig einsetzen. Dann wird es unverschämt lecker.

1 Zunächst einen Römertopf mindestens 1 Stunde in kaltem Wasser wässern.

2 Zwiebeln schälen, halbieren und in hauchdünne, gleichmäßige Ringe schneiden. Butter in einem Topf schmelzen. Wenn sie leise zu zischen beginnt, Zwiebeln hinzufügen. Großzügig mit Meersalz und schwarzem Pfeffer würzen. Nun 20–30 Minuten unter gelegentlichem Rühren anbraten, bis die Zwiebeln leicht karamellisiert und goldgelb sind.

3 Zwiebeln in den Römertopf geben und das kochende Wasser angießen. Dann zugedeckt auf der mittleren Schiene in den kalten Backofen stellen. Den Backofen auf 225 °C einstellen und die Zwiebelsuppe $1^{3}/_{4}$ Stunden garen.

4 Zum Garnieren: Die Suppe in tiefe Suppenschalen füllen und mit den frischen Blüten und Kräutern bestreuen. Dazu eventuell lauwarmes Naan-Brot servieren.

Zutaten
Vorspeise für 6–8 Personen
(ergibt etwa 2 l)

2 kg neue Zwiebeln
mit etwas Grün
125 g Butter
Meersalz
frisch gemahlener
schwarzer Pfeffer
2 l kochendes Wasser

Zum Garnieren:
Thymianblüten
Dillblätter und -blüten

Als Beilagen:
eventuell Naan-Brot
(Seite 178)

Sommer

Hühner-Kartoffel-Suppe mit Spinat

Zutaten
Vorspeise für 5 Personen
(ergibt etwa 1,3 l)

150 g Zwiebeln
kalt gepresstes Olivenöl zum Braten
1 TL frisch gemahlene Kreuzkümmelsamen
1 TL frisch gemahlene Fenchelsamen
1 Prise Chiliflocken
Meersalz
frisch gemahlener schwarzer Pfeffer
300 g Kartoffeln
250 g frisches Hähnchenfleisch, in Streifen geschnitten
etwa 1 l Wasser
etwa 200 g Spinat mit Stielen

Zum Garnieren:
kleine Zwiebelringe oder Frühlingszwiebel, geputzt, gewaschen und in dünne Ringe geschnitten

1 Zwiebeln schälen und in dünne Ringe schneiden. Einen Topf erhitzen und etwas Olivenöl hineingeben. Zwiebeln und Gewürze hinzufügen und mit Meersalz und frisch gemahlenem Pfeffer würzen. Bei mittlerer Temperatur 20 Minuten braten, bis die Zwiebeln etwas Farbe angenommen haben.

2 Kartoffeln waschen, schälen und in dünne Scheiben schneiden. Zusammen mit Hähnchenstreifen und Wasser in den Topf geben. Alles zugedeckt zum Kochen bringen. Die Suppe 20–25 Minuten kochen, bis die Kartoffeln und das Fleisch gar sind.

3 Spinat putzen, waschen, grob hacken und ein paar Minuten mitkochen. Die Suppe in tiefen Tellern servieren und eventuell mit Frühlingszwiebelringen bestreuen.

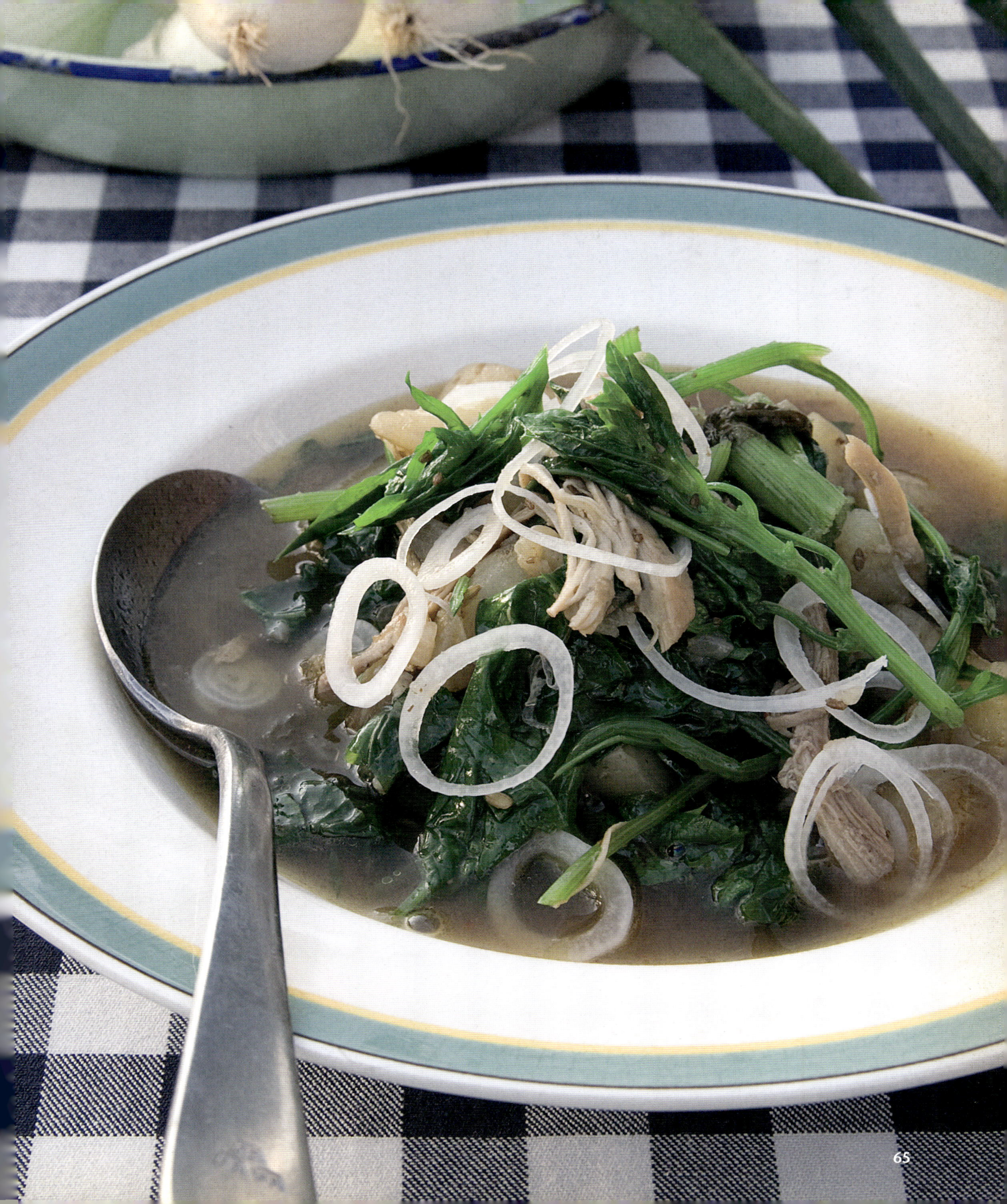

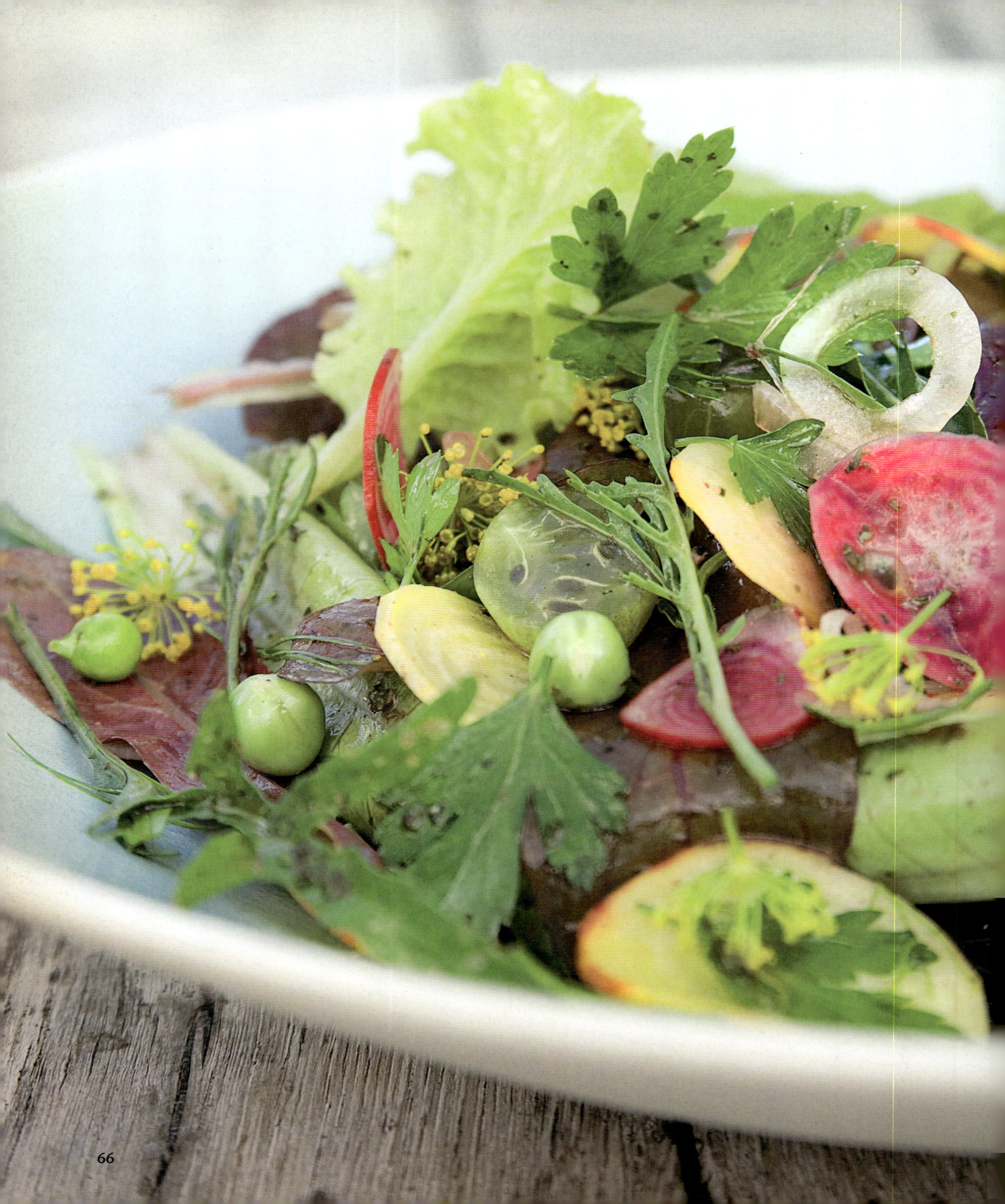

Sommersalat mit Erbsen, Roten Beten & Stachelbeeren

In der Welt der herzhaften Speisen werden frische Stachelbeeren leider oft übersehen. Dabei schmecken sie, besonders wenn sie ungekocht zum Essen hinzugegeben werden, einfach wundervoll.

1 Für die Vinaigrette: Apfelessig und Erdnussöl in einer Schüssel verquirlen. Mit Muscovado-Zucker, Paprika, Meersalz und frisch gemahlenem Pfeffer würzen. Dann fein gehackte Kräuter unterrühren.

2 Für den Salat: Stachelbeeren putzen, waschen und halbieren. Rote Bete und Zwiebeln in dünne Scheiben schneiden. Stachelbeeren, Rote Bete, Zwiebeln und Erbsen in eine Salatschüssel geben. Kräuter, nach Belieben Dill und klein gezupfte Salatblätter unterheben. Die Vinaigrette über den Salat gießen und den Salat in der Vinaigrette wenden.

Zutaten
Für 2 Personen

etwa 100 g vollreife Stachelbeeren
etwa 100 g Rote Bete, geputzt und gewaschen
25 g Zwiebeln, geschält
50 g Erbsen, frisch gepalt
1 kleine Handvoll Kräuter wie Dill, Basilikum, Estragon und glatte Petersilie, abgespült und trocken getupft
nach Belieben 2 EL Dillblüten
150 g Salatblätter, geputzt, gewaschen und klein gezupft

Für die Vinaigrette:
1½ EL Balsam-Apfelessig
2 EL kalt gepresstes Erdnussöl
2 TL Muscovado-Zucker
1 Prise Paprikapulver edelsüß
Meersalz
frisch gemahlener schwarzer Pfeffer
2 TL frisch gehackte Kräuter wie Minze, Dill, Oregano, Thymian und Salbei

Sommer

Warmer Einkornsalat mit Rosenblüten

Zutaten
Vorspeise für 4–6 Personen

Für die warme Einkornmischung:
Olivenöl zum Braten
75 g Zwiebeln, geschält und fein gehackt
2 Knoblauchzehen, geschält und fein gehackt
1 Prise Chiliflocken
Meersalz
350 g Einkorn, gekocht
75 g süßsaure Rhabarber-Pickles (Seite 41)

Für den Salat:
75 ml Sahne
50 ml frisch gepresster Zitronensaft
1 EL heller Rohrzucker
Meersalz
frisch gemahlener schwarzer Pfeffer
60 g Rucola, geputzt und gewaschen
ein paar Handvoll Eisberg-, Herz- und/oder Romanasalatblätter, geputzt, gewaschen und in mundgerechte Stücke gezupft
15 g entstielter Dill, abgespült und trocken getupft
15 g entstielte glatte Petersilie, abgespült und trocken getupft
etwa 10 g frische Rosenblütenblätter

Damit die Rosenblätter ihr einzigartiges Aroma entfalten und es an die anderen Zutaten weitergeben können, sollte das gekochte Einkorn immer warm zum Salat gegeben werden. Sind die Körner kalt, entwickeln die Rosenblüten einen eher bitteren Geschmack, der Salat wird weniger süß und duftet auch nicht so verlockend. Einkorn stammt vom wilden Weizen ab, wurde schon in der Steinzeit kultiviert und schmeckt unglaublich lecker. Da die Körner unpoliert sind (die äußere Schale wurde nicht entfernt), müssen sie recht lange, etwa 1 Stunde, in reichlich Wasser und mit geschlossenem Deckel kochen. Bereiten Sie also am besten gleich eine größere Menge Einkorn zu. Sie hält sich im Kühlschrank problemlos bis zu 5 Tagen. Einkorn kann übrigens auch in Broten verbacken und im Müsli oder als Beilage zu Fisch oder Fleisch gereicht werden.

1 Für die Einkornmischung: Olivenöl in einer Pfanne erhitzen und Zwiebeln, Knoblauch und Chiliflocken darin goldgelb anbraten. Dann salzen.

2 Gekochtes Einkorn hinzufügen und 5 Minuten weiterbraten, bis die Körner hellgelb sind. Rhabarber-Pickles fein hacken, mit in die Pfanne geben und ein paar Minuten mitbraten.

3 Für den Salat: Sahne, Zitronensaft und Rohrzucker in einer Salatschüssel verquirlen. Mit Meersalz und schwarzem Pfeffer würzen. Rucola, andere Salatblätter, Dill und Petersilie im Dressing wenden.

4 Die warmen Getreidekörner unter den Salat heben, mit Rosenblütenblättern bestreuen und sofort servieren.

69

Sommer

Tomaten, Äpfel und Gurken in Honig-Senf-Dressing

Zutaten
Vorspeise für 4–5 Personen

30 g rote Zwiebeln, geschält
100 g Salatgurke, geputzt und gewaschen
80 g Äpfel, gewaschen und Kerngehäuse entfernt, aber mit Schale
500 g vollreife Kirschtomaten
etwa 50 g Salzlakenkäse aus Ziegen- oder Kuhmilch

Für das Honig-Senf-Dressing:
1 EL Honig
1 EL körniger Senf
½ EL frisch gepresster Zitronensaft
½ EL kalt gepresstes Olivenöl
½ EL fein gehackter frischer Dill oder frische Minze
1 Prise Paprikapulver edelsüß
Meersalz
frisch gemahlener schwarzer Pfeffer

Kaufen Sie einen Gemüsehobel – ruhig einen billigen aus Plastik aus einem Asia-Laden. Damit können Sie alles wunderbar gleichmäßig dünn hobeln, was nicht nur sehr hübsch aussieht, sondern auch noch im Handumdrehen erledigt ist.

1 Rote Zwiebeln, Gurke mit Schale und Äpfel dünn hobeln oder in sehr dünne Scheiben schneiden. Dann in eine große Salatschüssel geben. Tomaten putzen, waschen, halbieren und hinzufügen.

2 Für das Honig-Senf-Dressing: Honig, Senf, Zitronensaft und Olivenöl in einer Schüssel verquirlen. Dill oder Minze und Paprika unterrühren und mit Meersalz und frisch gemahlenem Pfeffer würzen.

3 Das Dressing über Gemüse und Äpfel gießen und alles gut vermischen. Mit zerbröckeltem Salzlakenkäse servieren.

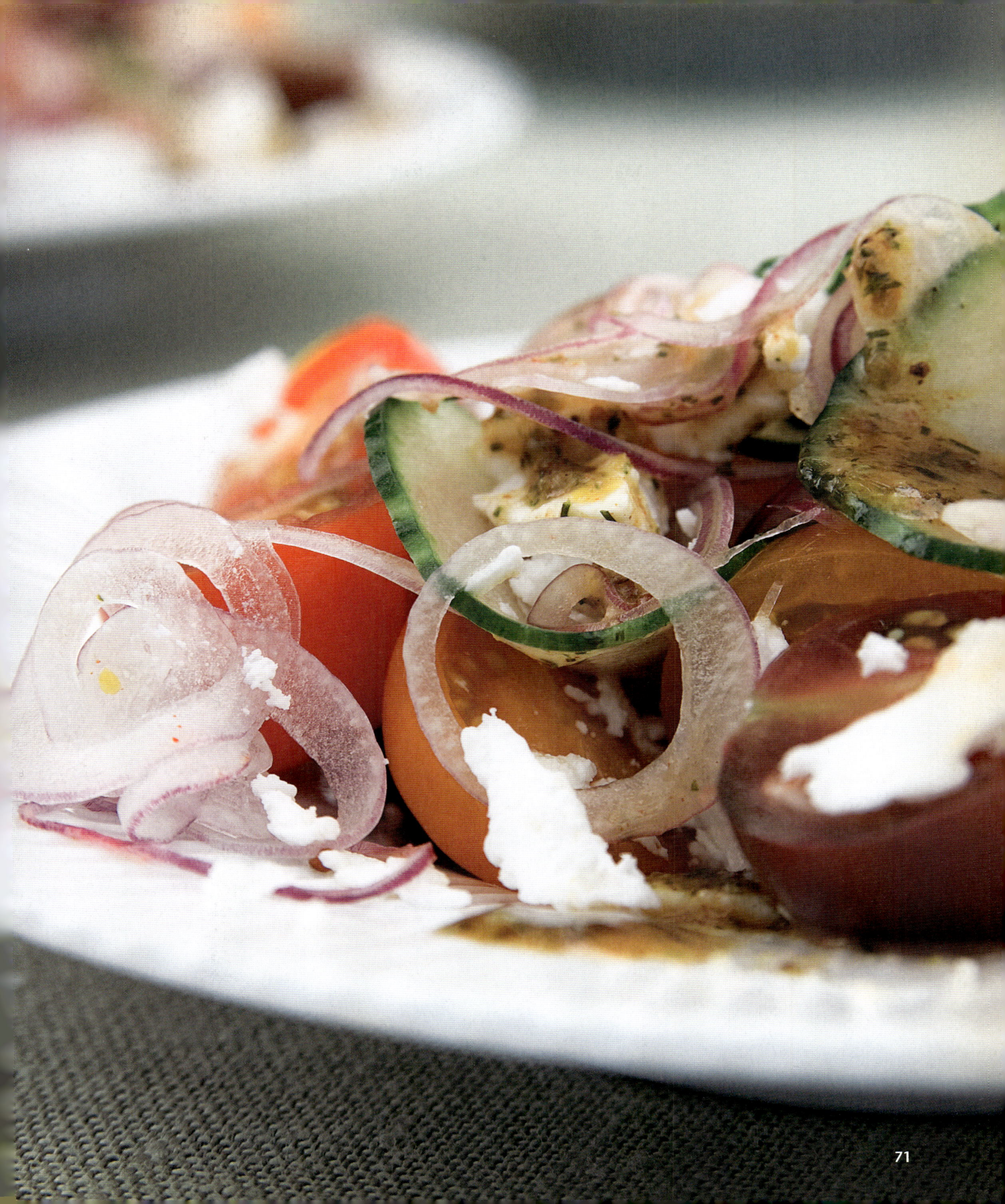

Gebratener Fenchel mit Zitrone und Roter Bete

Zutaten
Vorspeise oder Beilage
für 2–3 Personen

500 g kleine Rote Beten
200 g kleine Fenchelknollen
Olivenöl zum Braten
2 Knoblauchzehen
1 Prise Chiliflocken
2 TL fein gehackter
Rosmarin
1 TL Honig
fein abgeriebene Schale von
1 unbehandelten Zitrone
50 ml frisch gepresster
Zitronensaft
Meersalz
frisch gemahlener
schwarzer Pfeffer

Herrlich sommerlich ist diese Vorspeise, die auch wunderbar als Beilage zu gegrillten Meeresfrüchten und fetthaltigem Fisch passt. Ebenfalls lecker schmeckt sie in ein Fladenbrot gepackt und von einem würzigen Fleischspieß begleitet oder in einem grünen, knackigen Salat.

1 Rote Beten putzen, waschen, vierteln und nochmals halbieren. Spitzen und Wurzelansatz der Fenchelknollen leicht stutzen, Knollen putzen, waschen und halbieren.

2 Eine große Pfanne erhitzen. Etwas Olivenöl hineingeben und das Gemüse darin bei hoher Temperatur etwa 10 Minuten braten, bis es gar, aber noch bissfest ist. Knoblauch schälen, fein hacken und in den letzten Minuten der Garzeit zusammen mit Chiliflocken, Rosmarin, Honig, Zitronenschale und -saft hinzufügen. Gut vermischen und mit Meersalz und frisch gemahlenem Pfeffer würzen.

73

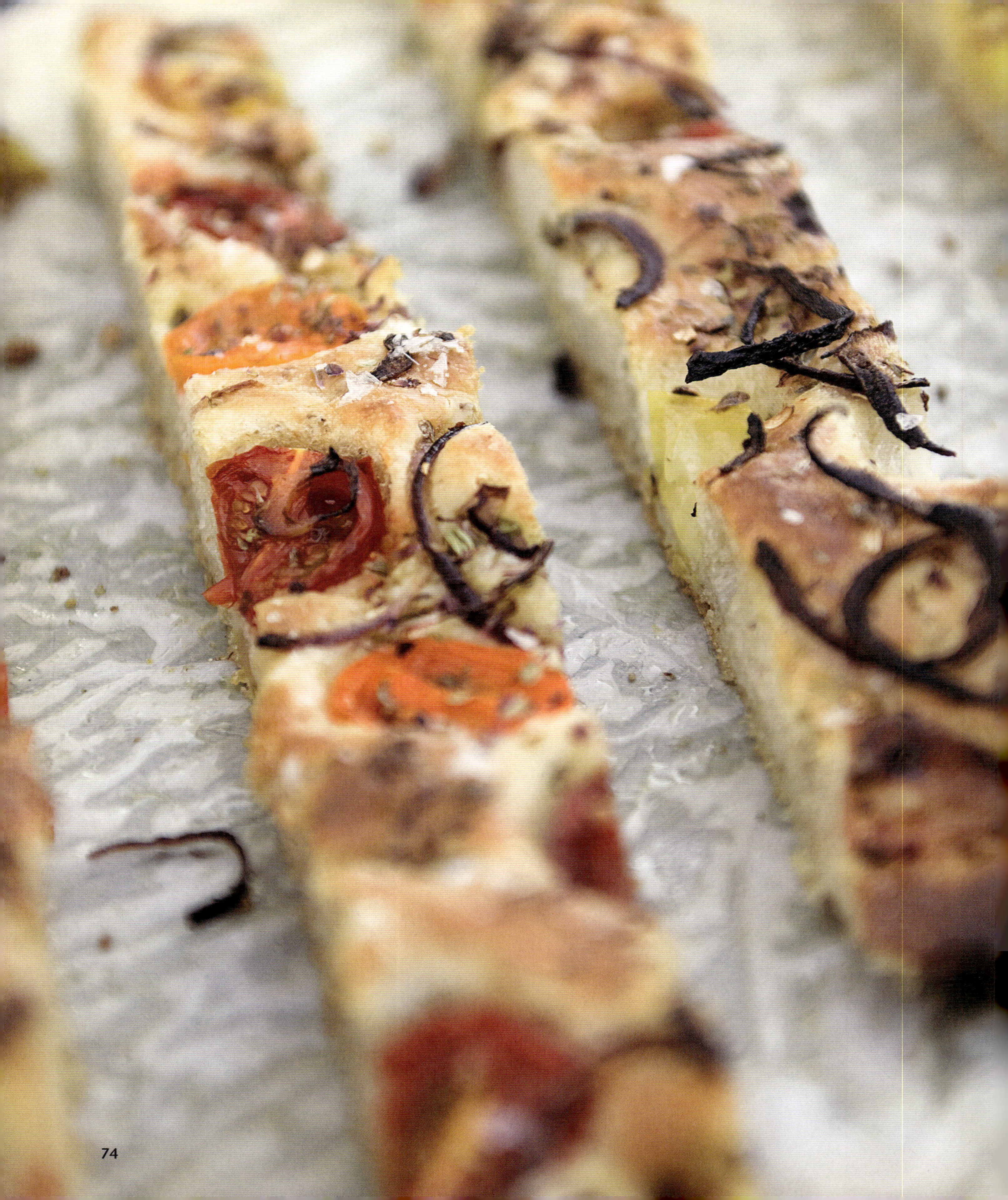

Tomaten-Apfel-Focaccia

1 Für den Teig: Hefe, Honig und warmes Wasser in einer Schale verrühren und 5 Minuten gehen lassen. Hefemischung verrühren und dann in einer Rührschüssel oder Küchenmaschine mit Knoblauch, Kapern, Olivenöl, Meersalz und Weizenmehl etwa 5 Minuten zu einem glatten, geschmeidigen Teig verkneten. Äpfel würfeln, zum Teig geben und ein paar Minuten weiterkneten.

2 Den Teig in eine gefettete Schüssel geben und mit einem feuchten Küchentuch abdecken. Bei Zimmertemperatur gehen lassen, bis sich sein Volumen verdoppelt hat. Das kann je nach Temperatur 2–3 Stunden dauern.

3 Ein Backblech (etwa 37 × 34 Zentimeter) mit Backpapier belegen. Die Hände mit Wasser befeuchten und den Teig auf dem Blech gleichmäßig bis in die Ecken verteilen.

4 Für den Belag: Tomaten putzen, waschen, halbieren und in den Teig drücken. Mit Koriandersamen und roten Zwiebelringen bestreuen. Oreganoblüten und -blätter darüber verteilen und mit Chiliflocken bestreuen. Zum Schluss mit reichlich Olivenöl beträufeln. Hier nicht sparsam sein! Den Teig bei Zimmertemperatur nochmals gehen lassen, bis sich sein Volumen verdoppelt hat.

5 Alles mit reichlich Fleur de Sel bestreuen. Den Backofen auf 230 °C vorheizen und die Focaccia darin 15–25 Minuten goldgelb backen.

Zutaten
Für 1 Backblech

30 g frische Hefe
1 TL Honig
300 g warmes Wasser (40 °C)
2 große oder 4 kleine Knoblauchzehen, geschält und fein gehackt
30 g Kapern, fein gehackt
3 EL kalt gepresstes Olivenöl
1 TL feines Meersalz
500–550 g Weizenmehl
125 g Äpfel, gewaschen und Kerngehäuse entfernt, aber mit Schale

Für den Belag:
350 g vollreife Kirschtomaten
1 TL grob zerstoßener Koriander
50 g rote Zwiebeln, geschält und in sehr dünnen Ringen
etwa 2 EL frische Oreganoblüten und -blätter
1 Prise Chiliflocken
reichlich kalt gepresstes Olivenöl
reichlich Fleur de Sel

Sommer

Gelbe-Tomaten-Quiche

Zutaten
Ergibt 1 Quiche

180 g Weizenmehl
½ TL Meersalz
100 g kalte Butter
2 EL kaltes Wasser

Für die Füllung:
200 g Zwiebeln
Olivenöl zum Braten
4 frische Lorbeerblätter, fein gehackt
6 Gewürznelken, frisch gemahlen
6 Pimentkörner, frisch gemahlen
1 Prise Chiliflocken
¼ TL frisch gemahlener Ceylon-Zimt
Meersalz
frisch gemahlener schwarzer Pfeffer
350 g vollreife gelbe oder rote Kirschtomaten
2 Eier
150 g griechischer Joghurt
100 g frischer Parmesan oder anderer Hartkäse, grob gerieben

Für diese Quiche sollten Sie auf jeden Fall einen Hartkäse wählen. Dadurch wird sie noch leckerer. Und geben Sie acht, wenn Sie die Quiche essen. Da die Tomaten im Ganzen gebacken werden, können sie beim Zerschneiden oder Zerbeißen regelrecht explodieren und ihren Inhalt über den ganzen Teller verspritzen.

1 Für den Boden: Mehl und Meersalz in einer Schüssel mischen. Die Butter in kleine Stücke schneiden und in das Mehl reiben. Rasch mit dem Wasser zu einem Teig verarbeiten und am Boden und an den Rändern einer gefetteten Tarteform (etwa 23 Zentimeter Durchmesser) andrücken. Den Backofen auf 200 °C vorheizen und den Boden darin 15 Minuten vorbacken, bis er leicht goldgelb geworden ist.

2 Für die Füllung: Zwiebeln schälen und fein hacken. Eine Pfanne erhitzen und etwas Olivenöl hineingeben. Zwiebeln, Lorbeerblätter und Gewürze darin 5 Minuten braten, dann mit Meersalz und frisch gemahlenem Pfeffer würzen.

3 Tomaten putzen, waschen, (ganz) auf dem vorgebackenen Boden verteilen und mit der Zwiebelmischung bestreuen. Eier in einer Schüssel verquirlen und Joghurt unterrühren. Diese Mischung über das Gemüse gießen und alles mit Parmesan oder anderem Hartkäse bestreuen.

4 Die Quiche im heißen Backofen 25–30 Minuten backen, bis die Eier gestockt und die Oberseite goldbraun geworden ist. Vor dem Servieren leicht abkühlen lassen. Auch am nächsten Tag schmeckt diese Quiche noch wunderbar.

77

Gebackener Wildlachs mit würziger Kruste

Zutaten
Hauptspeise für
6–8 Personen

etwa 1,3 kg Wildlachs-
oder Biolachsfilet mit Haut,
ohne Gräten

Für die Kruste:
2 EL Zitronen-Pickles
(Seite 43)
etwa 40 g Zwiebeln
6 Knoblauchzehen
evtl. 2 EL grob gehacktes
Fenchelkraut oder Dill
3 EL Zitronenthymian-
oder Thymianblätter
1 Prise Chiliflocken
etwas Paprikapulver edelsüß
1 EL dunkler oder heller
Muscovado-Zucker
etwas kalt gepresstes
Olivenöl
Meersalz
frisch gemahlener
schwarzer Pfeffer

Da Lachs nur eine kurze Garzeit benötigt und die Backofentemperatur hier recht hoch ist, sollten Sie alle Zutaten sehr fein schneiden. Sonst werden sie nicht gar und karamellisieren auch nicht so schön. Verwenden Sie zum Zerkleinern möglichst eine Mandoline (Gemüse-hobel). Meeräsche und Makrele eignen sich für dieses Rezept übrigens ebenfalls wunderbar.

1 Ein Backblech mit Backpapier belegen und Lachs mit der Hautseite nach unten darauflegen.

2 Für die Kruste: Lachs zunächst gleichmäßig mit Zitronen-Pickles bestreichen. Zwiebeln und Knoblauchzehen schälen und in dünne Ringe schneiden. Beides mit den restlichen Zutaten über dem Lachs verteilen. Der Fisch lässt sich bis zu diesem Schritt auch gut vorbereiten und für ein paar Stunden in den Kühlschrank stellen. Olivenöl dann aber erst kurz vor dem Backen über den Lachs träufeln.

3 Den Backofen auf 250 °C vorheizen und den Lachs darin je nach Größe 10 Minuten oder länger backen.

4 Diesen leckeren Lachs mit einem milden Sommersalat in einem cremigen Joghurtdressing wie auf Seite 22 sowie mit hausgemachtem Gurkensalat und gekochten neuen Kartoffeln servieren.

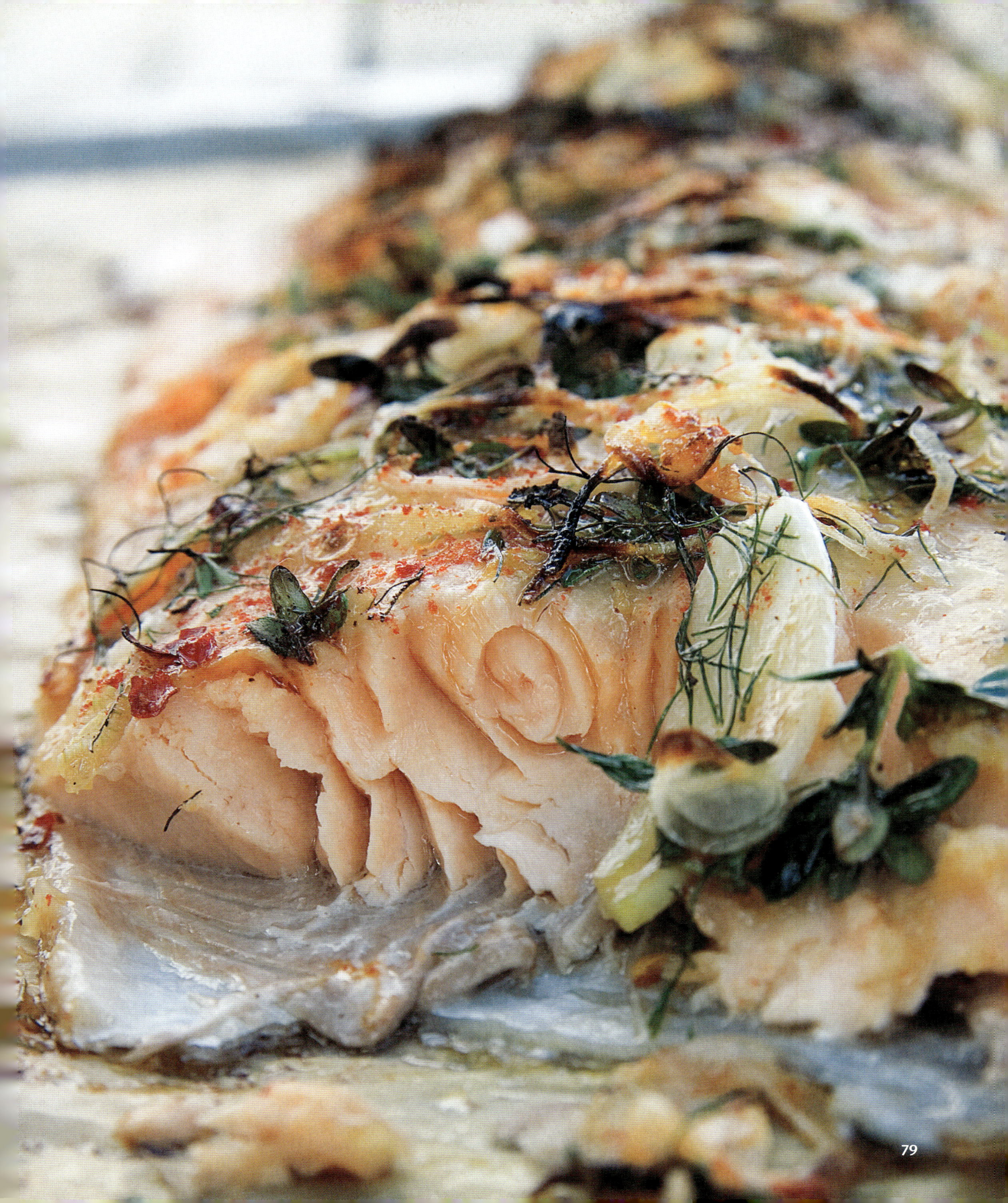

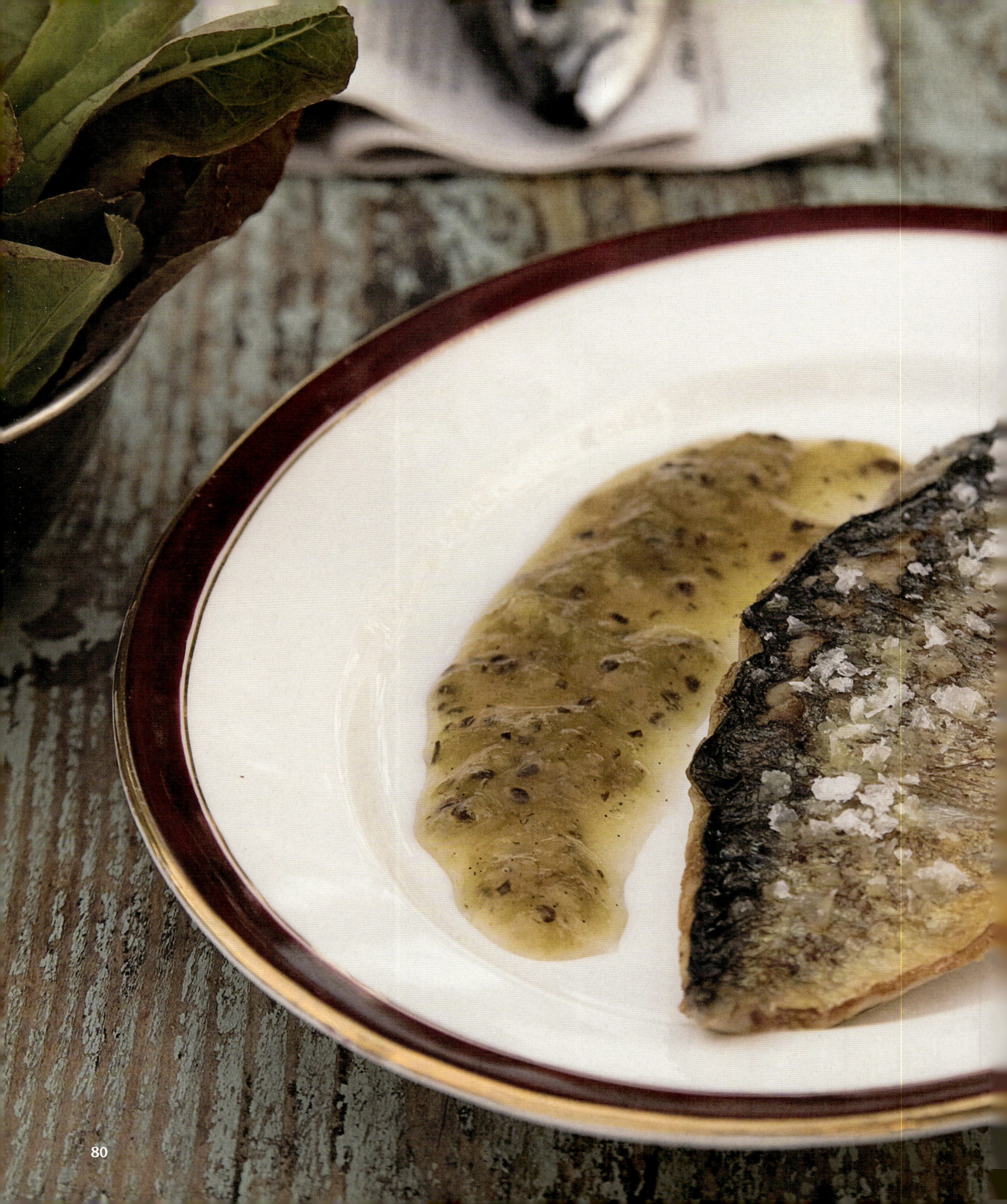

Sommer

Stachelbeersauce für Fischgerichte

Die Zuckermenge bezieht sich bei diesem Rezept auf süße Stachelbeeren. Sie können allerdings auch die unreifen, kleinen, sauren Stachelbeeren verwenden. Probieren Sie immer zuerst eine Stachelbeere, bevor Sie zur Tat schreiten, und passen Sie die Zuckermenge daran an. Am besten schmeckt diese ungewöhnliche Sauce zu gebratenen oder gegrillten Sommermakrelen und einem grünen Salat. Nicht zu verachten ist allerdings auch die Kombination mit gekochtem Hühnerfleisch.

1 Stachelbeeren putzen, waschen und mit Apfelessig, Rohrzucker, Rosmarin, Kardamom, Ingwer, Vanillemark samt -stange und Meersalz in einen Topf geben. Zum Kochen bringen und 5 Minuten kochen lassen.

2 Durch eine Kartoffelpresse oder ein feines Sieb drücken. Die Sauce zurück in den Topf geben und weitere 5 Minuten kochen.

Zutaten
Ergibt etwa 600 ml

500 g frische süße Stachelbeeren
1 EL Balsam-Apfelessig
200 g heller Rohrzucker
½ TL fein gehackter Rosmarin
4 Kardamomkapseln, frisch gemahlen
1½ TL frisch geriebener Ingwer
¼ Vanillestange, Mark ausgekratzt
Meersalz

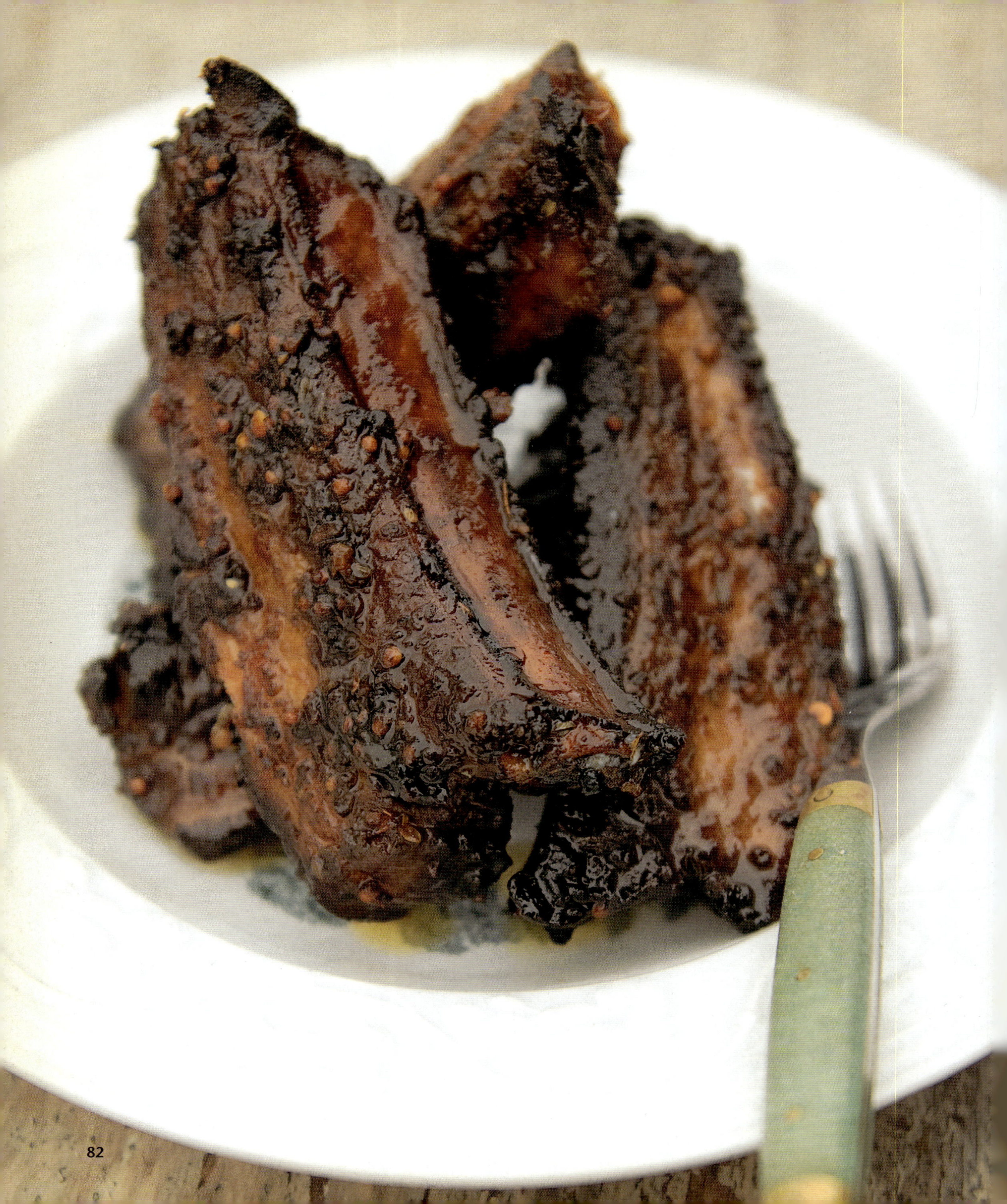

Sommer

Apfel-Spareribs nach Louisiana-Art

Es hat der Juli seinen Fleiß gelegt, auf ihre Brüstlein weiß, ihr blanker Arm, ihr Händchen heiß, recht wie das Silber in der Glut. O prächtig Weib, o schöne Dirn, so rund gedrechselt wie die Birn, wie der August von lichter Stirn, voll Lust und auch voll guten Mut.

1 Für die Marinade: Alle Zutaten in einer Schale verrühren.

2 Für die Spareribs: Spareribs in eine schmale, hohe Schüssel legen (damit alle Spareribs ganz von der Marinade bedeckt sind), mit der Marinade übergießen und das Fleisch über Nacht im Kühlschrank oder ein paar Stunden bei Zimmertemperatur marinieren lassen.

3 Den Backofen auf 175 °C vorheizen. Spareribs nebeneinander in einen ausreichend großen Bräter legen und mit der Hälfte der Marinade übergießen. Restliche Marinade beiseitestellen. Den Bräter mit Alufolie abdecken und die Spareribs im vorgeheizten Backofen 1 Stunde schmoren.

4 Die Alufolie entfernen, das Fleisch wenden und mit der beiseitegestellten Marinade bestreichen. Spareribs weitere 30 Minuten schmoren, bis sie sehr zart und karamellisiert sind. Dabei noch einmal wenden, um beide Seiten zu karamellisieren.

Zutaten
Hauptspeise für 2 Personen

etwa 700 g Spareribs
(4 Stück)

Für die Marinade:
2 Knoblauchzehen, geschält und fein gehackt
200 ml naturtrüber Apfelsaft
50 ml Balsam-Apfelessig
½ TL schwarze Pfefferkörner, grob zerstoßen
½ TL getrockneter oder frischer Oregano
3/4 TL Kreuzkümmelsamen, grob zerstoßen
½ TL getrocknete oder frische Thymianblätter
1 TL gelbe Senfkörner
1 Prise Chiliflocken
1 TL Paprikapulver edelsüß
2 TL Meersalz

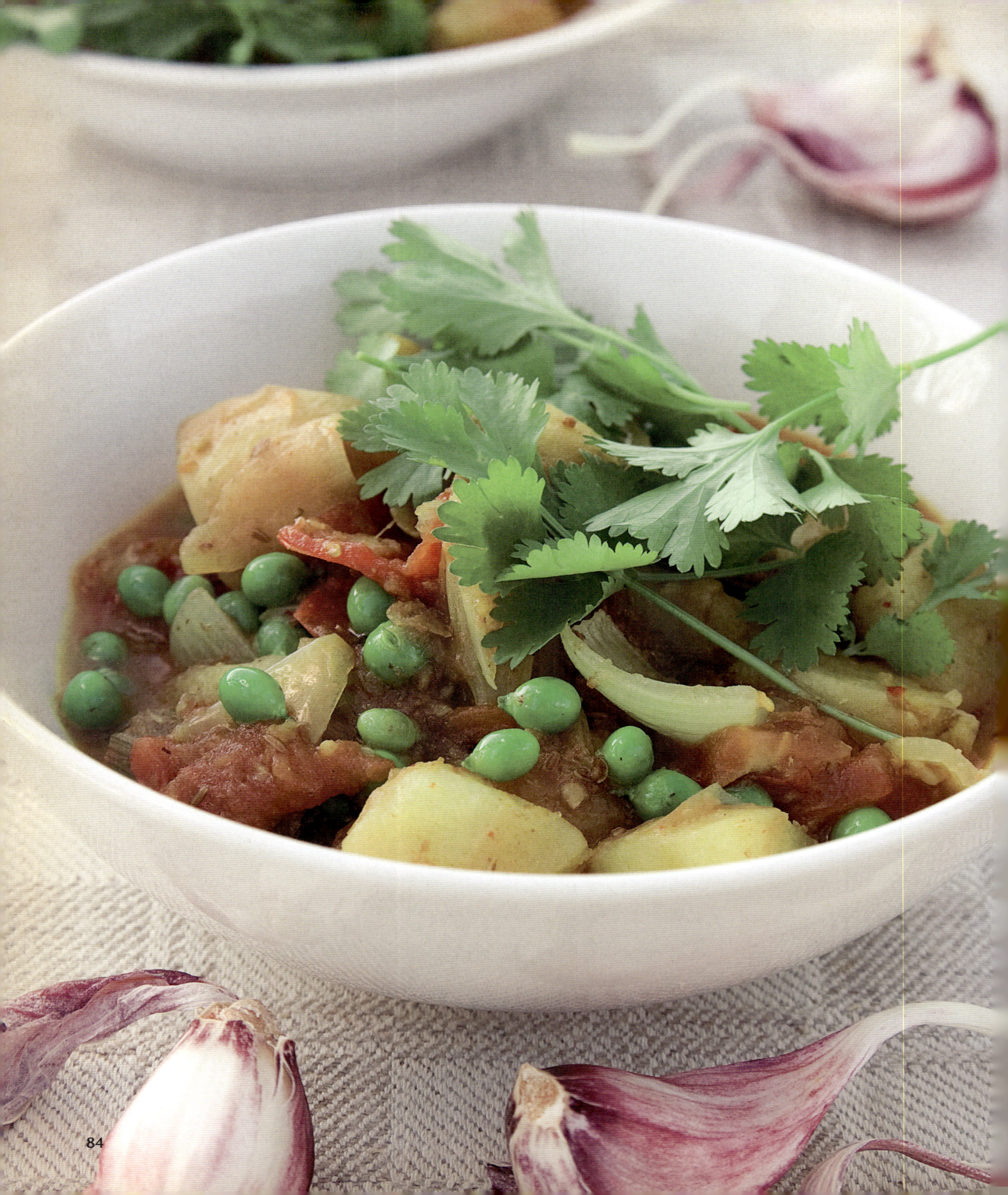

Kartoffel-Erbsen-Curry

Ein herrliches Sommergericht und eine tolle Art, gekochte Kartoffeln vom Vortag ein wenig aufzupeppen.

1 Gekochte Kartoffeln in Scheiben schneiden. Zwiebeln und Knoblauch schälen. Zwiebeln fein hacken und Knoblauch in dünne Scheiben schneiden. Eine große Pfanne erhitzen und Kokosfett oder Butter hineingeben. Kartoffelscheiben darin 5–10 Minuten goldgelb braten. Zwiebeln, Knoblauch und alle weiteren Gewürze hinzufügen, dann großzügig mit Meersalz und frisch gemahlenem schwarzem Pfeffer würzen. Ein paar Minuten braten, bis die Zwiebeln etwas Farbe angenommen haben.

2 Tomaten putzen, waschen, grob hacken und mit Rohrzucker und Zitronen-Pickles in die Pfanne geben. Umrühren und das kochende Wasser dazugießen.

3 Alles etwa 10 Minuten kochen, bis das Curry leicht andickt. Erbsen am Ende ein paar Minuten mitgaren. Mit frischen Korianderblättern garnieren und servieren.

Hinweis:
Mittelstark gemahlen meint, die Gewürze nicht zu einem feinen Pulver zu vermahlen, sondern so, dass immer noch etwas Struktur zu sehen ist.

Zutaten
Vorspeise für 4–6 Personen

etwa 700 g Kartoffeln, nicht zu weich gekocht
250 g junge Zwiebeln oder Frühlingszwiebeln
4 Knoblauchzehen
50 g kalt gepresstes Kokosfett oder Butter

8 Kardamomkapseln
1 EL braune Senfkörner
2 TL mittelstark gemahlene Kreuzkümmelsamen
2 TL mittelstark gemahlener Koriander
6 Gewürznelken, mittelstark gemahlen
1 Prise Chiliflocken
1 TL Kurkuma oder frisch geriebene Kurkumawurzel
Meersalz
frisch gemahlener schwarzer Pfeffer

200 g vollreife Tomaten
1 EL heller Rohrzucker
2 EL Zitronen-Pickles (Seite 43)
½ l kochendes Wasser
200 g Erbsen, frisch gepalt
frische Korianderblätter zum Garnieren, abgespült und trocken getupft

Johannisbeer-Zitronenverbene-Sorbet

Zutaten
Ergibt 1 l

½ kg Rote Johannisbeeren, gewaschen und entstielt
300 g heller Rohrzucker
½ l Wasser
1 Handvoll Zitronenverbeneblätter, abgespült und trocken getupft

Zum Garnieren:
weiße Johannisbeeren, gewaschen und gezuckert

Die Johannisbeere wird in der Welt der Eiscreme leider vielfach unterschätzt.

1 Johannisbeeren, Rohrzucker und Wasser in einem Topf aufkochen. Kochen lassen, bis der Zucker aufgelöst ist. Das dauert höchstens 5 Minuten.

2 Den Topf vom Herd nehmen und Zitronenverbeneblätter unterrühren. Dann völlig auskühlen lassen.

3 Anschließend alles in einen Mixer geben und fein pürieren. Die Masse durch ein feinmaschiges Sieb abseihen und in eine Eismaschine geben.

4 Das Sorbet nach Belieben mit den vorbereiteten Johannisbeeren garnieren und sofort servieren.

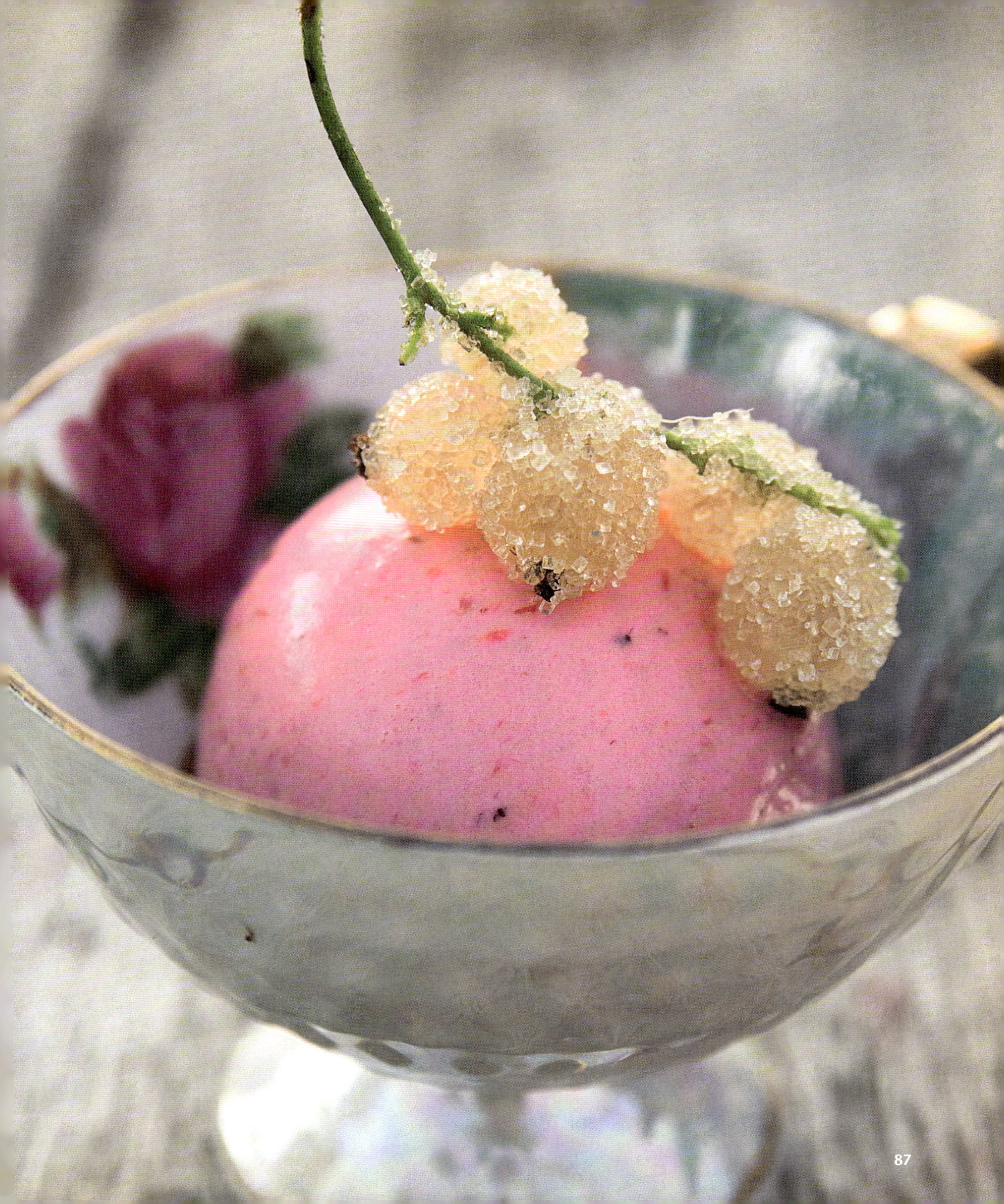

Sommer

Himbeer-Rosmarin-Eis

Zutaten
Ergibt 1,1 l

250 ml Milch
250 ml Sahne
8 g frische Rosmarinnadeln, grob gehackt
¼ Vanillestange, Mark ausgekratzt
fein abgeriebene Schale von 1 unbehandelten Zitrone
6 Eigelb
100 g heller Rohrzucker
300 g frische Himbeeren, verlesen

Dieses Eis schmeckt herrlich frisch und säuerlich.

1 Milch, Sahne, Rosmarin, Vanillemark samt -stange und Zitronenschale in einen Topf geben. Behutsam zum Kochen bringen und anschließend 5–8 Minuten unter Rühren köcheln lassen. Dann vom Herd nehmen.

2 Unterdessen Eigelbe und Rohrzucker in einer großen Rührschüssel schaumig schlagen. Während des Schlagens etwas von der warmen Milchmischung hinzugießen. Dann die Eimasse in den Topf geben und dabei kräftig schlagen. Den Topf zurück auf den Herd stellen und unter Rühren erhitzen. Die Masse darf nicht kochen!

3 So lange schlagen, bis der Rücken eines Löffels beim Rühren von der Creme bedeckt bleibt. Dann die Creme vom Herd nehmen und sofort durch ein feinmaschiges Sieb (bitte bereitstellen) in eine Schüssel abseihen.

4 Himbeeren in einer kleinen Schale grob mit einer Gabel zerdrücken und unter die warme Creme ziehen. Die Masse völlig auskühlen lassen und anschließend in einer Eismaschine zu Eis verarbeiten.

Diese Eiscreme lässt sich problemlos am Tag vorher vorbereiten und im Kühlschrank aufbewahren, bevor die Eismaschine angeworfen wird.

89

Erdbeer-Schwarze-Johannisbeeren-Sorbet mit Minze

Zutaten
Ergibt etwa 1 l

250 g Schwarze Johannisbeeren
200 ml Wasser
200–225 g heller Rohrzucker
¼ Vanillestange, Mark ausgekratzt
20 g Grüne-Minze-Blätter
500 g Erdbeeren

Die Minze kann auch durch frischen Estragon, frische Zitronenmelisse, frisches Basilikum oder Fenchelkraut ersetzt werden. Passen Sie die Menge immer an die Geschmacksintensität der Kräuter an.

1 Schwarze Johannisbeeren waschen und von den Rispen streifen. Johannisbeeren, Wasser, Rohrzucker und Vanillemark samt -stange in einem kleinen Topf zum Kochen bringen. Ein paar Minuten kochen, bis der Zucker aufgelöst ist.

2 Minzeblätter abspülen, trocken tupfen, grob hacken und hinzufügen. Den Topf sofort vom Herd nehmen. Erdbeeren putzen, waschen, dazugeben und alles abkühlen lassen. Nun Vanillestange entfernen und den Topfinhalt in einem Mixer fein pürieren. Dann durch ein feinmaschiges Sieb passieren und in einer Eismaschine zu Sorbet verarbeiten.

91

Sommer

Stachelbeer-Estragon-Sorbet

Zutaten
Ergibt etwa 1 l

½ kg frische Stachelbeeren
250 g heller Rohrzucker
½ l Wasser
4 frische Estragonzweige

Die Verbindung von Stachelbeeren und anisartigem Estragon verleiht diesem Sorbet einen ganz besonderen Pfiff.

1 Stachelbeeren putzen und waschen. Stachelbeeren, Zucker und Wasser in einem kleinen Topf aufkochen und kochen lassen, bis der Zucker aufgelöst ist. Das dauert höchstens 5 Minuten. Unterdessen Estragonblätter abspülen, trocken tupfen und von den Stielen streifen. Den Topf vom Herd nehmen und Estragon unterrühren. Das Ganze vollständig auskühlen lassen.

2 Die Masse in einen Mixer geben, fein pürieren, durch ein feinmaschiges Sieb abseihen und in eine Eismaschine geben.

Holunderbeer-Birnen-Toddy

Für dieses köstliche Heißgetränk sollten Sie auf jeden Fall ungesüßten Holunderbeersaft verwenden. Dicken Sie den Toddy mit Speisestärke an, wird daraus eine lecker-würzige Holunderbeersuppe.

Holunder- und Birnensaft zusammen mit Orangenschale, Rosmarin und Gewürzen in einem Topf zum Kochen bringen. Sofort die Hitze reduzieren, den Topf zudecken und alles 15 Minuten köcheln lassen. Den Toddy abseihen und heiß in hübschen Gläsern servieren.

Der Geschmack wird noch intensiver, wenn der Toddy einen Tag im Voraus zubereitet wird und der Saft mit allen Zutaten über Nacht im Kühlschrank zieht, bevor er abgeseiht wird.

Zutaten
Ergibt etwa 1,2 l

600 ml ungesüßter Holunderbeersaft
700 ml ungesüßter, naturtrüber Birnensaft
breite, dünn abgeschnittene Streifen der Schale von 1 unbehandelten Orange
2 frische Rosmarinzweige (je 10 cm lang), abgespült und trocken getupft
½ TL frisch gemahlene Muskatblüte oder -nuss
8 Wacholderbeeren
6 Pimentkörner
10 Gewürznelken
10 Kardamomkapseln
1 Ceylon-Zimtstange, in kleine Stücke gebrochen

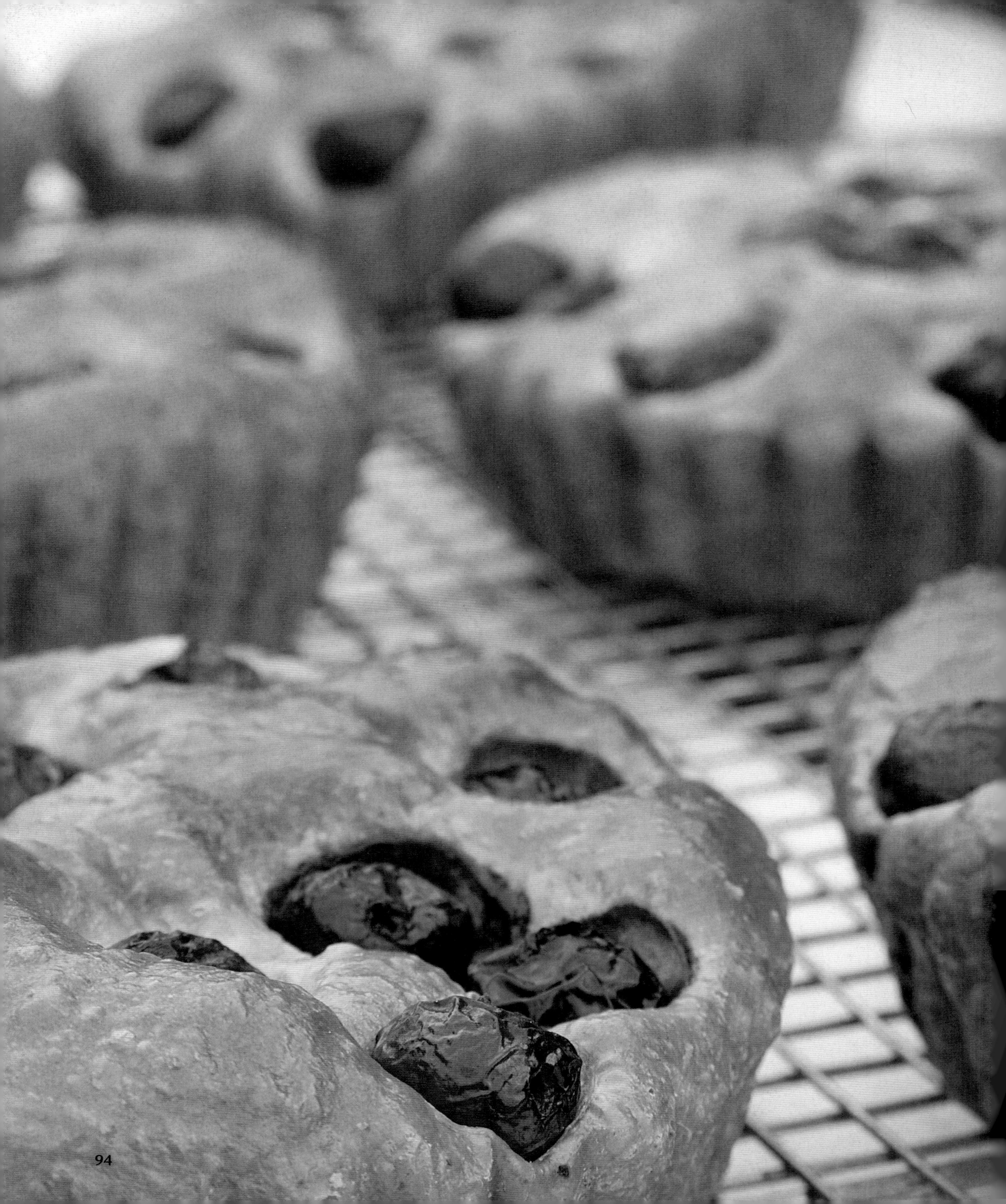

Kirsch-Brioches

Falls von diesen himmlischen Brioches aus irgendeinem mir unerfindlichen Grund noch etwas übrig bleibt, können Sie sie am nächsten Tag aufschneiden, aufrösten und mit kalter Butter bestrichen genießen.

1 Für den Teig: Hefe, Milch und Rohrzucker in einer großen Rührschüssel oder einer Küchenmaschine verrühren und 5 Minuten gehen lassen. Hefemischung verrühren und Eier unterrühren. Dann Mehl, Meersalz und alle Gewürze hinzufügen. Alles zu einem Teig verkneten. Butter unterarbeiten, bis ein glatter, weicher, geschmeidiger Teig entsteht. Das dauert 5–10 Minuten.

2 Den Teig nun in eine gefettete Schüssel geben und mit einem feuchten Küchentuch abdecken. Bei Zimmertemperatur gehen lassen, bis sich sein Volumen verdoppelt hat. Das kann je nach Temperatur 2–3 Stunden dauern.

3 Sechs Tortelettformen (etwa 15 Zentimeter Durchmesser) gut mit zerlassener Butter fetten. Den Teig sechsteln, zu Fladen von 15–17 Zentimeter Durchmesser ausrollen und in die vorbereiteten Formen geben. Die Kirschen auf die Formen verteilen und in den Teig eindrücken. Dann mit etwas grobem Rohrzucker bestreuen.

4 Die Formen mit einer Plastiktüte abdecken und den Teig bei Zimmertemperatur nochmals gehen lassen, bis sich sein Volumen verdoppelt hat. Das dauert auf jeden Fall ein paar Stunden.

5 Den Backofen auf 190 °C vorheizen und die Brioches darin 20–25 Minuten goldbraun backen. Dann sofort aus den Formen lösen und auf ein Kuchengitter setzen. Die Oberseiten und Kanten großzügig mit Milch bestreichen, denn nur so entsteht der typische Brioche-Look.

Zutaten

Ergibt 6 mittelgroße Brioches

15 g frische Hefe
150 ml lauwarme Milch
50 g heller Rohrzucker
2 Eier
450–475 g Weizenmehl
1 TL (3 g) Meersalz
½ Ceylon-Zimtstange, frisch gemahlen
4 Kardamomkapseln, frisch gemahlen
6 Pimentkörner, frisch gemahlen
¼ Muskatblüte, fein gerieben
8 Gewürznelken, fein gemahlen
100 g zerlassene Butter
etwas zerlassene Butter für die Formen
500 g frische Kirschen mit Stein, geputzt und gewaschen
etwas grober Rohrzucker zum Bestreuen
etwas Milch zum Bestreichen

Köstlicher Kirschstreuselkuchen

Zutaten
Ergibt 1 Kuchen

250 g kalte Butter
400 g Weizenmehl
fein abgeriebene Schale von
1 unbehandelten Zitrone
150 g heller Rohrzucker
10 Kardamomkapseln,
frisch gemahlen
1½ TL frisch geriebener
Ingwer
10 Gewürznelken,
frisch gemahlen
6 Pimentkörner,
frisch gemahlen
etwas Butter für die Form

Für die Füllung:
650 g frische Kirschen

1 Für den Boden: Butter in kleine Stücke schneiden und in das Mehl reiben. Die übrigen Zutaten hinzufügen und schnell zu einem Teig verarbeiten. Alternativ alle Zutaten in einer Küchenmaschine vermischen, bis ein krümeliger Teig entsteht. Den Teig herausnehmen und rasch mit der Hand verkneten.

2 Den Teig halbieren. Eine Tarteform (28 Zentimeter Durchmesser) gut mit Butter fetten. Eine Teighälfte auf einer leicht bemehlten Arbeitsfläche ausrollen und die Tarteform damit auskleiden. Die Tarteform und die zweite Teighälfte in den Kühlschrank stellen.

3 Für die Füllung: Kirschen putzen, waschen und entsteinen. Hierzu einen Entsteiner verwenden, damit die Kirschen ganz bleiben. Dann in der Form verteilen. Den verbliebenen Teig mit einer Vierkantreibe grob reiben und über die Kirschen streuen. Die Früchte müssen ganz vom Teig bedeckt sein.

4 Den Backofen auf 175 °C vorheizen und den Streuselkuchen darin etwa 1 Stunde backen, bis er goldbraun und knusprig geworden ist.

97

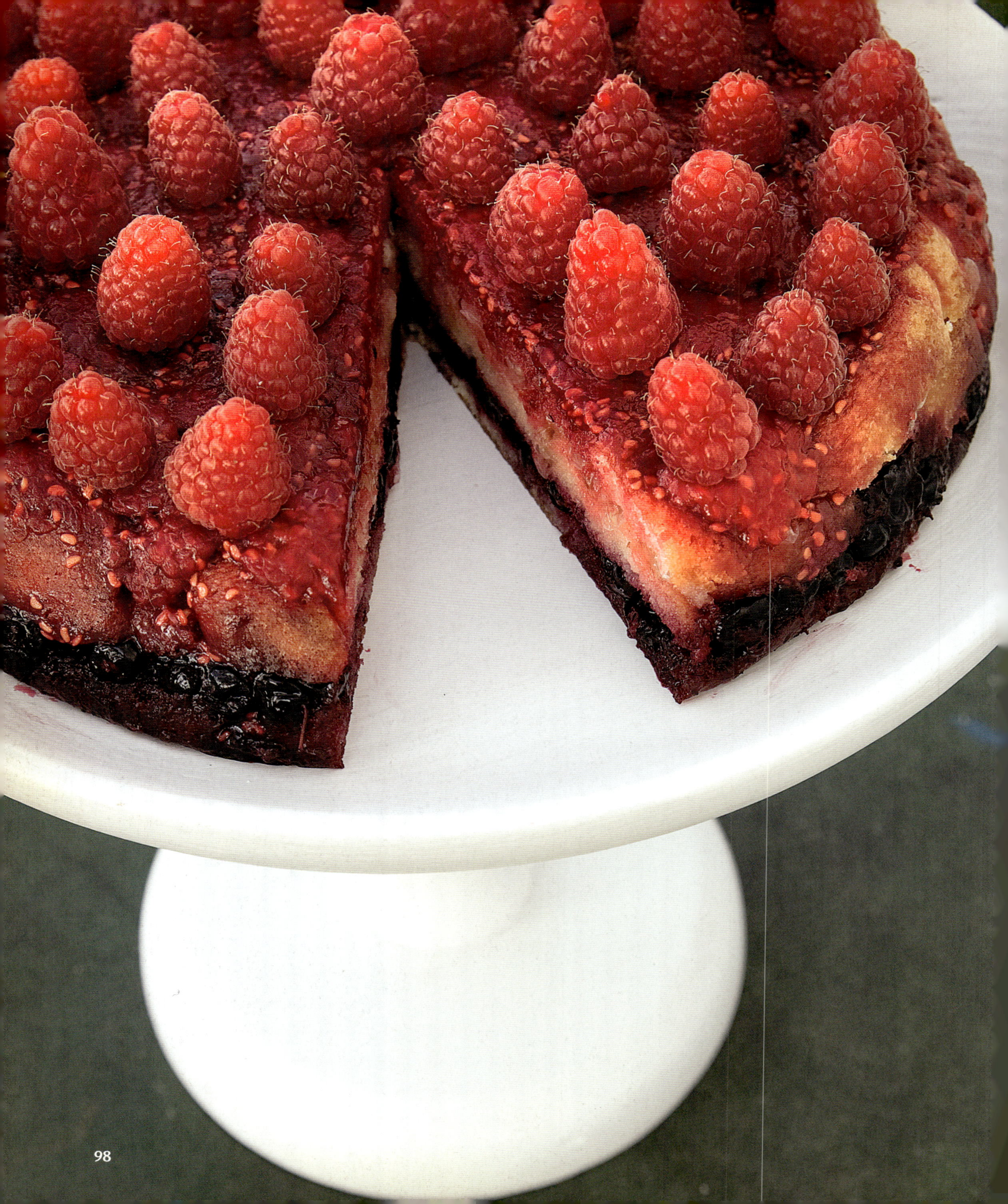

Dreierlei Beerentorte

Sahne oder Creme fehlen bei dieser herrlichen Torte. Stattdessen bietet sie Beeren, Beeren und nochmals Beeren. Sie sollte möglichst über Nacht durchziehen, damit der Boden sich richtig schön vollsaugen kann.

1 Für den Tortenboden: Eier und Zucker in einer Schüssel schaumig schlagen. Mehl und Zitronenschale vorsichtig unterheben. Eine Springform (24 Zentimeter Durchmesser) mit Backpapier auskleiden. Den Backofen auf 175 °C vorheizen und den Boden darin 30 Minuten backen, bis er fest wirkt und gar ist. Den Tortenboden aus der Form lösen und auf einem Kuchengitter auskühlen lassen.

2 Für das Beerenkompott: Alle drei Beerenkompotte auf dieselbe Weise zubereiten. Hierzu die Zutaten jeweils in einen kleinen Topf geben, zum Kochen bringen und kochen, bis der Zucker ganz aufgelöst ist (allerhöchstens 5 Minuten). Das Kompott dann jeweils abkühlen lassen.

3 Zusammensetzen der Torte: Die Springform wieder mit Backpapier auskleiden. Den Tortenboden waagerecht zweimal mit einem scharfen Messer durchschneiden. Den untersten Boden in die Form legen. Schwarze-Johannisbeeren-Kompott darauf verstreichen. Den zweiten Boden daraufsetzen und mit Johannisbeerkompott bestreichen, schließlich den obersten Boden daraufsetzen und mit Himbeerkompott bestreichen.

4 Zum Garnieren: Die Torte mit frischen Himbeeren belegen.

Zutaten
Ergibt 1 Torte

Für den Boden:
4 Eier
110 g heller Rohrzucker
110 g Weizenmehl
fein abgeriebene Schale von
1 unbehandelten Zitrone

Für das Schwarze-Johannisbeeren-Kompott:
250 g Schwarze Johannisbeeren, gewaschen und entstielt
125 g heller Rohrzucker
1 EL Wasser

Für das Johannisbeerkompott:
250 g Rote oder Weiße Johannisbeeren, gewaschen und entstielt
125 g heller Rohrzucker
1 EL Wasser

Für das Himbeerkompott:
250 g reife Himbeeren, verlesen
100 g heller Rohrzucker
1 EL Wasser

Zum Garnieren:
etwa 200 g frische Himbeeren, verlesen

Sommer

Käsekuchen mit schwarzen Johannisbeeren

Zutaten
Für 6–8 Personen

Für den Boden:
175 g Kekse, wie Butter-, Vanille- oder Vollkornkekse
75 g zerlassene Butter
25 g Farinzucker oder heller Muscovado-Zucker

Für das Johannisbeerkompott:
125 g Schwarze Johannisbeeren, gewaschen und entstielt
60 g heller Rohrzucker

Für die Käsemasse:
75 g Zucker
4 Eier
500 g zimmerwarmer Frischkäse
1/3 Vanillestange, Mark ausgekratzt
8 Kardamomkapseln, frisch gemahlen
etwa 3 EL frisch gepresster Zitronensaft
fein abgeriebene Schale von 1 unbehandelten Zitrone
100 g griechischer Joghurt
2 EL Weizenmehl

1 Für den Boden: Die Kekse fein zerbröseln und mit Butter und Zucker in einer Schüssel zu einem krümeligen Teig verarbeiten. Eine Springform (24 Zentimeter Durchmesser) mit Backpapier auskleiden und den Teig am Springformboden festdrücken. Den Boden vor dem Backen für 30 Minuten in den Kühlschrank stellen.

2 Für das Johannisbeerkompott: Johannisbeeren und Zucker in einem Topf kochen, bis das Kompott andickt. Dann völlig auskühlen lassen.

3 Für die Käsemasse: Zucker und Eier in einer Schüssel hell und schaumig schlagen. Frischkäse, Vanillemark, Kardamom, Zitronensaft, -schale und Joghurt hinzufügen und alles 5 Minuten verrühren. Dann vorsichtig das Mehl unterheben.

4 Den Backofen auf 160 °C vorheizen. Das Kompott auf dem Boden verstreichen. Die Käsemasse daraufgeben, glatt streichen und den Kuchen im vorgeheizten Backofen 20–25 Minuten backen. Der Käsekuchen sollte am Rand nur leicht goldgelb werden, mehr nicht. Den Kuchen vor dem Servieren vollständig abkühlen lassen.

101

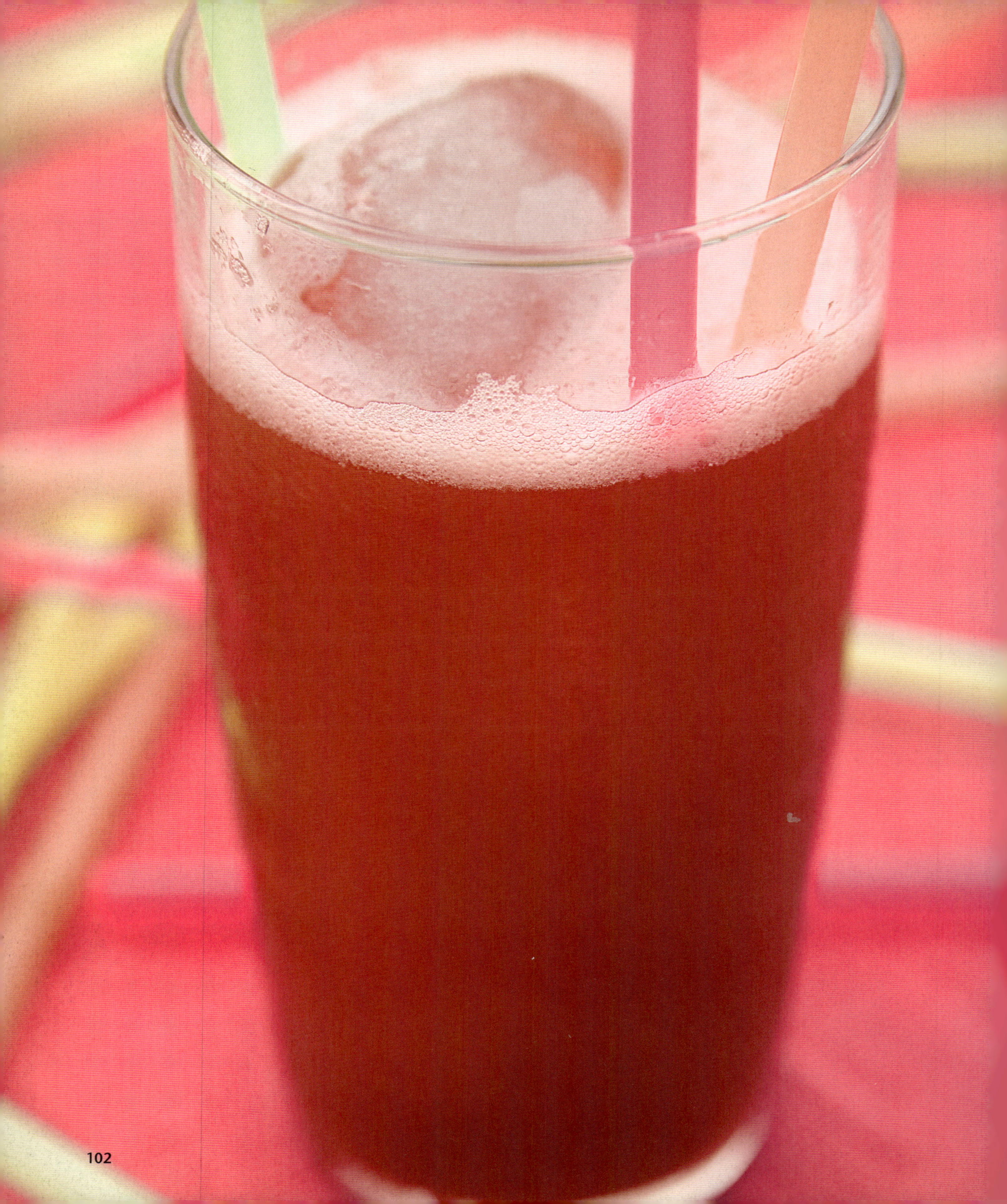

Erdbeer-Holunder-Saft

Dieser fabelhafte Saft wird aus dem Besten gewonnen, was unser Sommer zu bieten hat. Lagern lässt er sich allerdings nicht allzu lange und sollte auf jeden Fall schon vor dem Herbst getrunken werden.

1 Wasser, Zucker und Holunderblütenrispen in einem Topf zum Kochen bringen. Dann 5 Minuten kochen, bis der Zucker aufgelöst ist. Die Rosenblütenblätter hinzufügen und den Topf vom Herd nehmen.

2 Erdbeeren putzen und waschen. Erdbeeren und Zitronensaft in einem Mixer fein pürieren. Das Erdbeerpüree in den Topf zu den übrigen Zutaten geben und alles verrühren. Dann abkühlen lassen.

3 Den Saft durch ein feinmaschiges Sieb abseihen. Einige Flaschen mit hochprozentigem Alkohol ausspülen und den Saft auf die Flaschen verteilen. Im Kühlschrank ist der Saft ein paar Wochen haltbar.

4 Zum Genießen den Saft im Verhältnis ein Teil Saft, zwei Teile Wasser mischen.

Zutaten
Ergibt 1,7 l konzentrierten Saft

1 l Wasser
400 g Zucker
50 g Holunderblütenrispen ohne Stiele
100 g frische Rosenblütenblätter (bitte auf unerwünschte Insekten untersuchen)
350 g reife Erdbeeren
200 ml frisch gepresster Zitronensaft
(von 4–5 reifen Zitronen)
hochprozentiger Alkohol für die Flaschen

Sommer

Himbeerbuttermilch mit Jasmintee

Zutaten
Ergibt etwa 650 ml

10 Jasminperlen
(gerollte Grünteespitzen)
1 EL kochendes Wasser
(80 °C)
125 g vollreife Himbeeren,
verlesen
½ l Buttermilch
1 Prise Vanillemark
30 g Honig

Dieses Getränk schmeckt herrlich mild und zart. Es lässt sich natürlich auch mit Joghurt zubereiten, aber der frische Geschmack der Buttermilch ist hier unübertrefflich. Wegen der vielen Himbeerkerne sollten Sie das Getränk allerdings abseihen, bevor Sie es eiskalt genießen.

1 Jasminperlen am besten ein paar Stunden vor dem Servieren in einer Schüssel mit kochendem Wasser übergießen und im Kühlschrank vollständig abkühlen lassen.

2 Jasminperlen, Wasser, Himbeeren, Buttermilch, Vanillemark und Honig in einen Mixer geben. So lange mixen, bis die Jasminperlen nicht mehr erkennbar sind. Anschließend sofort servieren.

105

Sommer

Rosensirup

In unseren Breitengraden entlang der dänischen und deutschen Küste wachsen im sandigen Untergrund der Strände und Dünen viele Kartoffelrosen (Rosa rugosa) und die Apfelrose (Rosa eglanteria), die auch Sylter Rose genannt wird. In den Sommermonaten (ab Anfang Juni) können Sie morgens auf die Suche gehen und die magentafarbenen Rosenblüten pflücken. Wer das einmal probiert hat, macht das jeden Sommer. Der Duft erinnert an schöne Sommertage, und ganz gleich, ob Saft, Sorbet, Dressing, Pfannkuchen, Waffel oder Kuchen – alle gewinnen von einer leichten Rosennote. Frisches Obst und reife Beeren können Sie natürlich auch als eine Art Verdünner verwenden.

1 Wasser in einem Topf zum Kochen bringen und Rosenblüten hineingeben. Sofort vom Herd nehmen und Zitronensaft unterrühren. Abkühlen lassen und durch ein feinmaschiges Sieb abseihen.

2 Rosensaft in einen Topf füllen und Rohrzucker hinzugeben. Zum Kochen bringen und kochen, bis der Zucker ganz aufgelöst ist.

3 Eine Handvoll kleiner Flaschen mit hochprozentigem Alkohol ausspülen. Dann den kochenden Sirup einfüllen. Den fertigen Rosensirup an einem trockenen, kühlen, dunklen Ort aufbewahren. Nach dem Öffnen der Flasche ist der Sirup nur noch begrenzt haltbar und sollte im Kühlschrank aufbewahrt werden. Dort hält er bis zu 1 Monat.

Zutaten
Ergibt 2 l

1½ l Wasser
140 g frische Rosenblütenblätter (bitte auf unerwünschte Insekten untersuchen)
125 ml Zitronensaft
1,3 kg heller Rohrzucker
hochprozentiger Alkohol für die Flaschen

Porträt

Ein Besuch im Garten von Olga und Eugen

Olga und Eugen kenne ich seit nunmehr 16 Jahren: Seitdem arbeiten und leben sie auf dem Hof meiner Familie in Sonnenhausen. Und genauso lange schon pflegen sie in Sonnenhausen ihren Gemüsegarten: Selbstverständlich bio, halt wie alles, was wir machen. Sie kamen mit fast leeren Händen zu uns, und mein Vater sagte: »Ihr bekommt Arbeit, eine möblierte Wohnung und etwas Land, und dann arbeiten – verdienen – sparen – selber kaufen.«

Vom Frühjahr bis zum Herbst sind sie jeden Abend nach der Arbeit mit der Pflege der Pflanzen, dem Düngen, dem Ernten, dem Pikieren oder dem Neueinsäen oder -pflanzen beschäftigt. Immer bekomme ich etwas für meine Küche ab, etwas Saftiges, frisch Geerntetes: Salat, Tomaten, Gurken – einmalig im Geschmack durch eine besondere Kompostwirtschaft und Sortenauswahl, jedes Jahr aufs Neue eine »Sortenüberraschung«.

Olga und Eugen erzählen, sie seien es von Kindheit an gewöhnt, einen Garten zu haben. Ihre Familien lebten in Kasachstan, ihre Großeltern und Urgroßeltern waren deutschstämmige Aussiedler, die Katharina die Große im 18. Jahrhundert nach Russland holte und denen sie Land zur Bewirtschaftung übergab. Eugen ist 1941, dem Jahr der deutschen Kriegserklärung an Russland (22. Juni 1941), als sogenannter Wolgadeutscher in Odessa auf der Krim geboren. Als er ein kleiner Junge war, vertrieb Stalin die deutschstämmige Bevölkerung nach Kasachstan und so wuchs Eugen wie eine ganze Generation Deutscher in Kasachstan auf. Nach der Unabhängigkeit von Kasachstan Anfang der 1990er-Jahre hatten es Deutsche in einem muslimischen Land immer schwerer, so entschieden die beiden, ihr Glück in Deutschland zu probieren – und hatten Glück.

Alle Deutschstämmigen im Dorf Bradskoje in Kasachstan hatten für den Eigenbedarf einen Gemüsegarten. Die Eltern von Olga arbeiteten in einer riesigen Kolchose im Dorf, mit großen Feldern, auf denen überwiegend Kartoffeln angebaut wurden. Im Winter, vor allem im Februar und März, verdingten sie sich in unterirdischen Kartoffellagern, »schauten« Kartoffeln »durch«, sortierten sie und schnitten sie durch. Im Winter gab es nichts Frisches, vielmehr kam alles, was nicht lagerfähig war, aus dem Glas. Tomaten und Gurken wurden in Salz, Essig und mit Knoblauch, Meerrettich, Petersilie, Dill und anderen frischen Kräutern für den Geschmack haltbar gemacht. Lagern ließen sich Kraut, Karotten, Kartoffeln, Zwiebeln und Knoblauch in kühlen Kellerräumen und in geeigneten Stellagen, zwischen denen die Luft zirkulieren kann.

Salate und Zucchini kannte man damals nicht. Auf den Feldern wuchsen hauptsächlich Kürbisse und Rüben, die gekocht und zumeist als Tierfutter verwendet wurden, Weiß- und Rotkohl, Auberginen, Tomaten und Knoblauch. Auch Koriander, scharfe Peperoni, Pfeffer und Meerrettich wurden angebaut.

Es gab keine synthetischen Düngemittel; der notwendige Dünger stammte von Tieren, von Schafen, Kühen und Schweinen. Genau wie heute in Sonnenhausen. Hier liefern vor allem Pferde den Kompost für die Gemüsefelder, der jeden Herbst ausgebracht wird. Jauche aus Pferdemist, die ein Jahr in Kübeln lagert und dann nicht mehr stinkt, und über den Winter in Wasser ziehende und durchgegorene Brennnesseln sind wichtige Helfer im organischen Anbau. Auch gegen viele Schädlinge hilft ein »Tee« aus Brennnesseln, Zwiebelschalen und Ackerschachtelhalm. Und gegen die Schnecken werden gehackte Eierschalen und mit etwas Erde vermischter Kaffeesatz eingesetzt. Außerdem wird rund um die Beete der Rasen gemäht, ist ein vertikales Begrenzungsbrett angebracht, und daneben wird Rindenmulch eingebracht, darauf Asche und Sägemehl, denn natürlich wird kein Schneckenkorn verwendet!

Olga und Eugen sind Tomatenliebhaber. Sie besitzen inzwischen 30 Sorten, deren Namen sie nicht kennen! Alle Sorten brachten sie aus ihren Urlauben in Russland als Samen mit, und alle bauten schon Olgas Eltern an. Olga und Eugen pflanzen Fleischtomaten in den verschiedensten Farben an: in Orange, Rosa, Gelb, Rot, gestreift, zudem kleine und gelbe »Zitronentomaten«, wie sie sie nennen, und kleine und längliche »Pflaumentomaten«. Von Juli bis Oktober befinden sich die beiden in einem wahren Ernterausch, jede Woche wird eine andere Sorte reif! Alles, was ihre Familie und die Nachbarn nicht selbst essen können, verkauft Olga auf dem Herbstmarkt: »Sie haben mir die Tomaten aus den Händen gerissen!« Immer schon vermehrten sie Tomaten, Paprika und andere Gemüse selbst. »Es ist wichtig, alles selbst zu machen«, meint Olga.

Die Tomaten brauchen keinen Dünger, und nur selten müssen Schädlinge bekämpft werden. Ohne Dünger schmecken die Tomaten intensiver, wie wir es auch aus der Gärtnerei Hollern kennen.

»Warum macht ihr euch eigentlich diese Mühe?«, frage ich, und die Antwort liegt auf der Hand: »Selbst angebautes Gemüse riecht anders, schmeckt anders, weil es frisch geerntet und nicht lang gelagert und transportiert wird. Außerdem bist du täglich an der frischen Luft, und es macht Freude, den eigenen Garten immer besser kennenzulernen, etwas durch deine Hand wachsen zu sehen. Das ist für uns die größte Genugtuung.«

Herbst

Karotten-Kürbis-Tomaten-Suppe aus dem Römertopf
Gelbe Sellerie-Quitten-Suppe
Roher Rotkohl-Rote-Bete-Salat mit Birnen
Gratinierter Früchtetoast mit Spinat
Geschmorte Entenkeulen mit Quitten
Apfelsirup und Birnensirup
Geschmorter Rinderbraten mit Tomaten & Äpfeln
Geröstete Karotten mit Senfvinaigrette
Ofengebackene Pflaumentomaten
Rohes Karotten-Apfel-Relish
Eingelegte Tomaten
Pflaumen-Tomaten-Chutney mit Ingwer
Gemüse-Pickles
Quittenbrot
Gebackene Honigpflaumen
Apfel- und Birnenbutter
Schokoladen-Karotten-Ingwer-Kuchen
Saftiger Brotkuchen mit Äpfeln & Birnen
Schokoladen-Pastinaken-Muffins mit Rosenknospen und Kardamom
Minze-Pie mit Quitten
Apfel-Knuspermüsli mit frischem Ingwer
Honig-Pflaumen-Trifle mit Mandel-Orangen-Kuchen
Frischer Quittentee mit Vanille und Chili

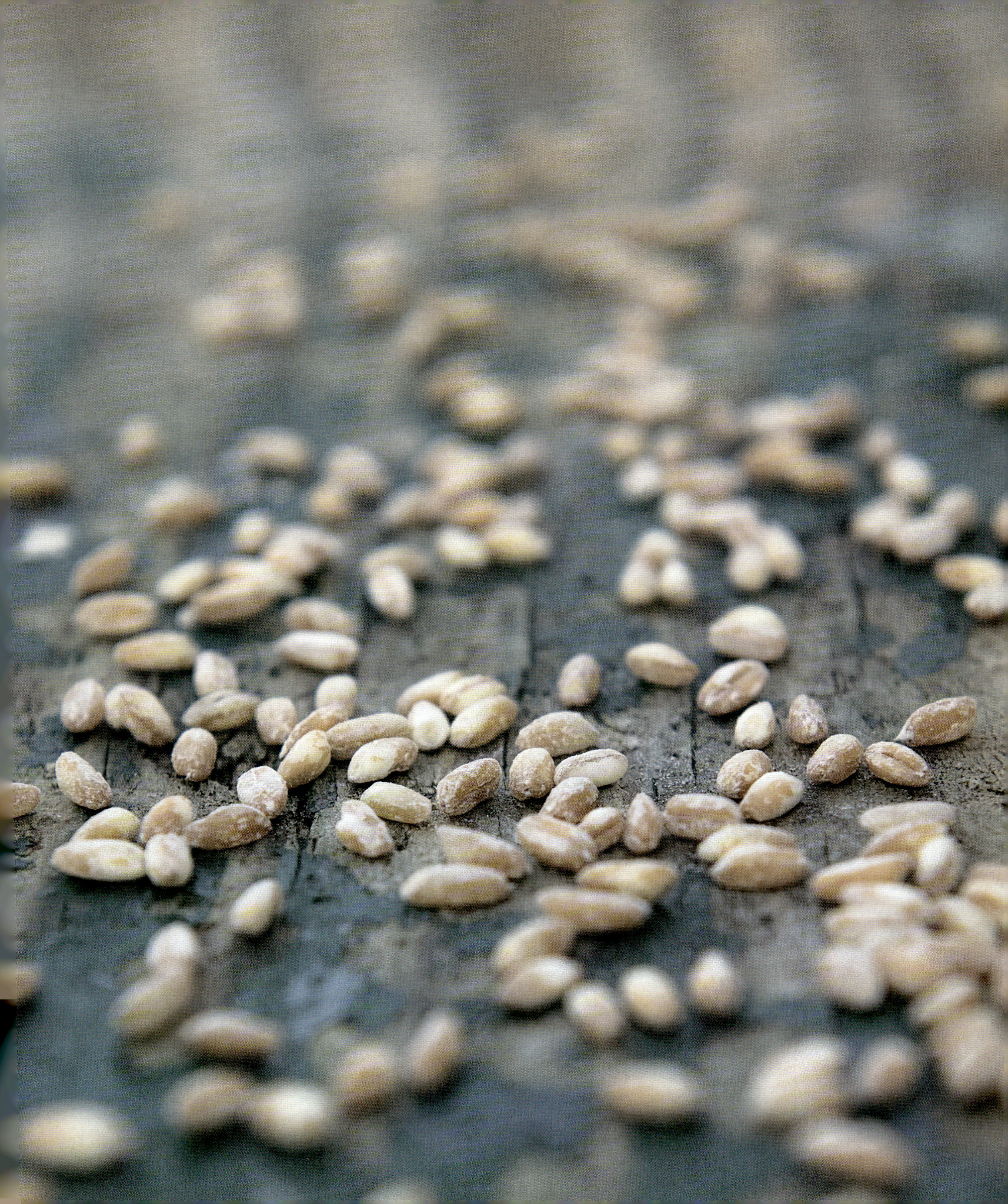

Herbst

Karotten-Kürbis-Tomaten-Suppe aus dem Römertopf

Zutaten

Hauptspeise für 4–5 Personen (ergibt etwa 2½ l)

350 g gelbe oder weiße Karotten
250 g Kürbisfleisch, geputzt
1 kg vollreife Tomaten
175 g Zwiebeln
6 Knoblauchzehen
1 TL fein gehackte Jalapeños
10 Kardamomkapseln
1 Ceylon-Zimtstange
1 TL Kurkuma oder frisch geriebene Kurkumawurzel
2 TL fein gehackter frischer Ingwer
1½ TL frisch gemahlener Kreuzkümmel
2 TL frisch gemahlener Koriander
1 EL fein gehackte unbehandelte Zitronenschale
1 l kochendes Wasser
1 l Apfelsaft
Meersalz
frisch gemahlener schwarzer Pfeffer

Zum Garnieren:
klein gezupfte Dillblüten oder -dolden

Im Herbst, wenn sich die Tomatenzeit langsam dem Ende zuneigt, ist die beste Zeit für diese herrliche Suppe. Wenn ich zu Hause im Garten arbeite, koche ich immer etwas im Römertopf. Die Vorbereitung dauert höchstens 10 Minuten, dann stelle ich den Topf in den Backofen und gehe in den Garten. Nach 2 Stunden Gartenarbeit belohne ich mich mit dieser süßsauren, aromatischen Suppe. Die lange Kochzeit lässt sich also gut mit anderen Tätigkeiten überbrücken. Da die Suppe nicht püriert wird, sollte das Gemüse in gleich große Stücke geschnitten werden. Kardamomkapseln und Zimtstange können Sie einfach in der Suppe lassen. Das Kampferaroma des Kardamoms gibt der Suppe übrigens eine sehr interessante Note. Servieren Sie sie als Hauptgericht mit etwas selbst gebackenem Sauerteigbrot (Seite 27).

1 Zunächst einen Römertopf (3 Liter Inhalt) mindestens 1 Stunde in kaltem Wasser wässern.

2 Karotten putzen, schälen und in dünne Scheiben schneiden. Kürbisfleisch grob würfeln. Tomaten putzen, waschen und vierteln. Zwiebeln und Knoblauch schälen. Zwiebeln grob hacken und Knoblauch in dünne Scheiben schneiden. Alles mit Gewürzen und Zitronenschale in den Römertopf füllen. Wasser und Apfelsaft angießen und mit Meersalz und frisch gemahlenem Pfeffer würzen. Gut umrühren und den Deckel aufsetzen.

3 Den Römertopf auf der mittleren Schiene in den kalten Backofen stellen. Den Backofen auf 250 °C einstellen und die Suppe 1½–2 Stunden garen, bis sie Geschmack entwickelt hat. Zimtstange entfernen.

4 Die Suppe mit klein gezupften Dillblüten oder -dolden und selbst gebackenem Sauerteigbrot servieren.

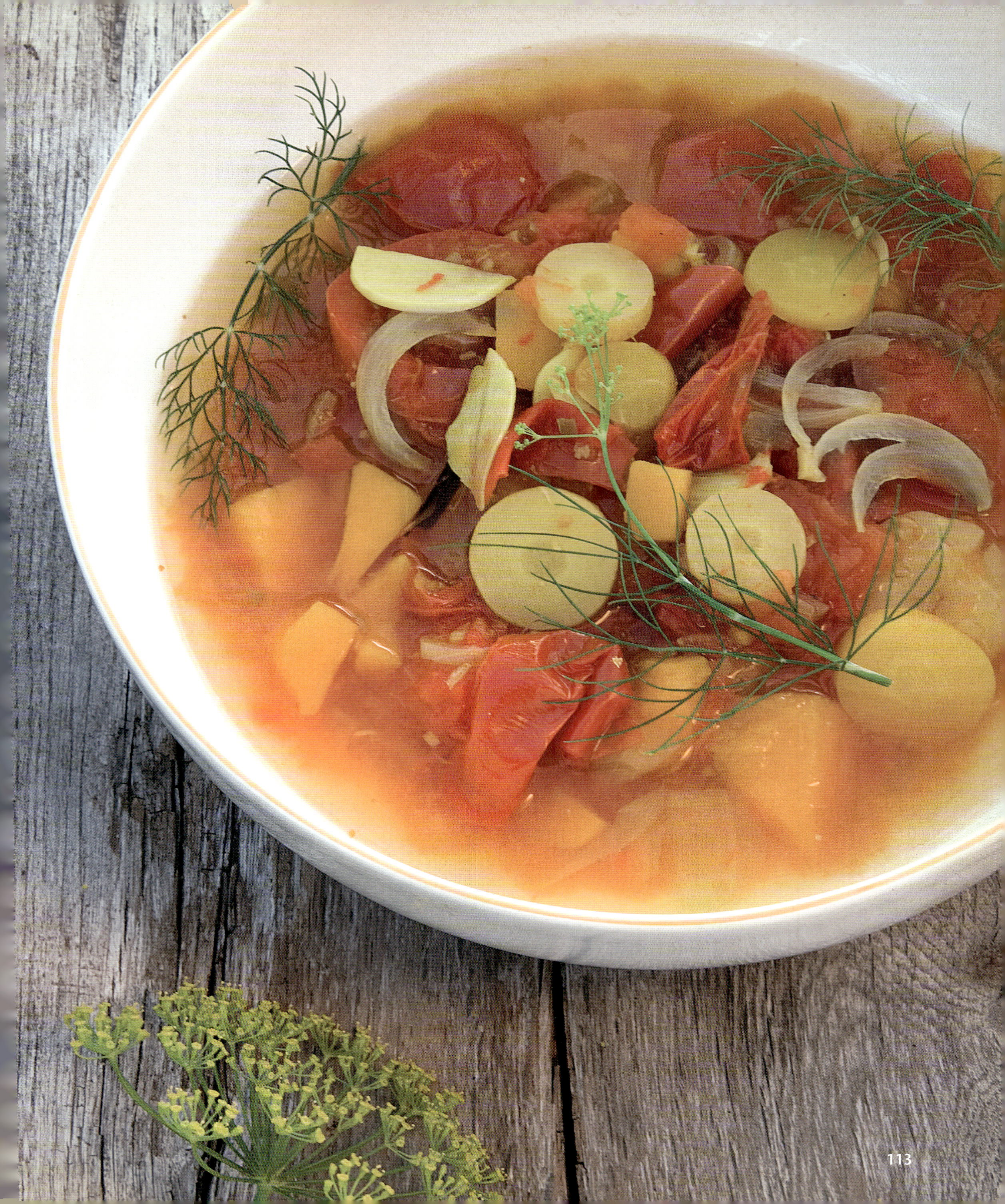

Herbst

Gelbe Sellerie-Quitten-Suppe

Zutaten
Vorspeise für 4–5 Personen
(ergibt etwa 1 l)

50 g Zwiebeln
1 Knoblauchzehe
Erdnussöl zum Braten
etwa 15 g frischer Ingwer, fein gehackt
1 TL Kurkuma oder frisch geriebene Kurkumawurzel
1 Prise Chiliflocken
6 Kardamomkapseln, mittelgrob gemahlen
1½ TL frisch gemahlener Ceylon-Zimt
Meersalz
frisch gemahlener schwarzer Pfeffer
100 g Quitten
250 g Knollensellerie
200 ml kochendes Wasser
¾ l Milch

Diese gleichzeitig süße und pikante Suppe ist nicht nur ausgesprochen köstlich, sondern auch recht sättigend. Ich empfehle dazu einen bitteren Salat, etwas selbst gebackenes Naan-Brot (Seite 179) und ein Glas Sekt. Sind keine Quitten zur Hand, können Sie die Suppe auch mit aromatischen Äpfeln wie zum Beispiel Boskop kochen. Quitten sind allerdings unschlagbar.

1 Zwiebeln und Knoblauch schälen und fein hacken. Einen Topf erhitzen und etwas Erdnussöl hineingeben. Zwiebeln, Ingwer, Kurkuma (wenn Pulver verwendet wird, sollte es erst in den letzten Sekunden des Bratens zugegeben werden), Knoblauch, Chiliflocken und Gewürze hinzufügen. Bei mittlerer Temperatur 10–15 Minuten braten, bis die Zwiebeln etwas Farbe angenommen haben. Großzügig mit Meersalz und frisch gemahlenem Pfeffer würzen.

2 Quitten und Knollensellerie putzen und waschen. Quitten vom Kerngehäuse befreien und mit Schale grob hacken. Knollensellerie ebenfalls grob hacken. Mit kochendem Wasser in den Topf geben. Alles zum Kochen bringen, dann Milch angießen und den Topf zudecken. Die Suppe 20–30 Minuten kochen, bis die Zutaten gar sind. Beim Kochen flockt die Suppe aus und sieht ziemlich schrecklich aus. Pürieren Sie die Suppe daher, sobald die Zutaten gar sind. So wird sie wunderbar cremig.

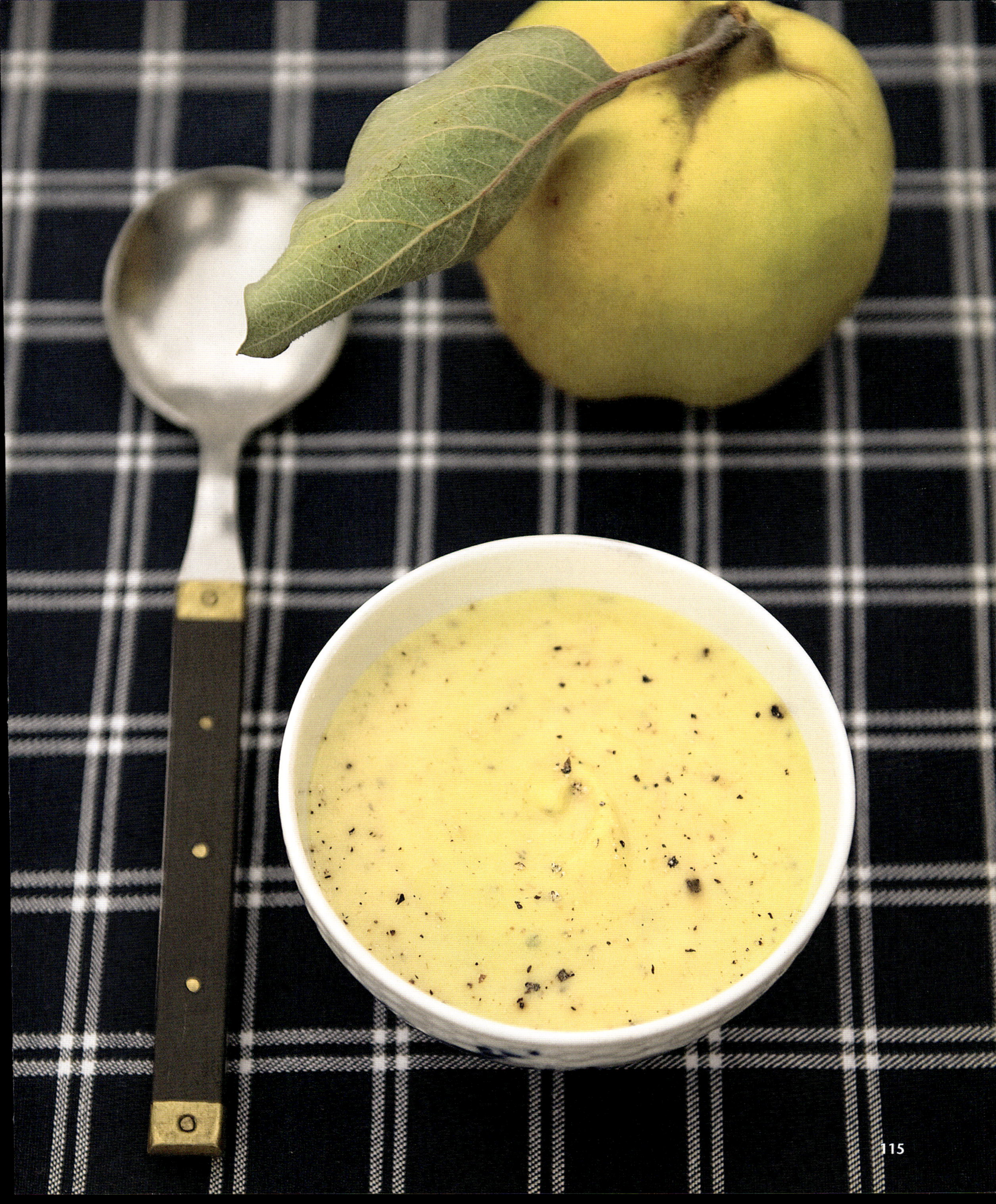

Roher Rotkohl-Rote-Bete-Salat mit Birnen

Zutaten
Beilage oder Salat für 10 Personen

400 g Rotkohl, geputzt und gewaschen
300 g Rote Bete, geputzt und gewaschen
350 g Birnen, gewaschen und Kerngehäuse entfernt, aber mit Schale

Für die Vinaigrette:
etwa 2–3 EL Balsam-Apfelessig
etwa 2–3 EL Birnensirup oder Honig
1 TL frisch gemahlener Ceylon-Zimt
Meersalz

Dieser Salat ist saftig, süß und sehr gesund.

1 Für die Vinaigrette: Apfelessig, Birnensirup (Seite 120) oder Honig und Zimt in einer Salatschüssel verquirlen. Dann salzen.

2 Rotkohl, Rote Bete und Birnen grob reiben und in der Vinaigrette wenden. Dann über Nacht oder mindestens für 1 Stunde in den Kühlschrank stellen. Je länger der Salat durchzieht, desto besser wird er.

117

Gratinierter Früchtetoast mit Spinat

Zutaten
Ergibt 3 Stück

etwa 200 g vollreife Birnen
Olivenöl zum Braten
1 TL fein abgeriebene Schale von 1 unbehandelten Zitrone
1 Knoblauchzehe, geschält und fein gehackt
1 TL fein gehackter frischer Rosmarin
Meersalz
frisch gemahlener schwarzer Pfeffer
150 g frischer Spinat
3 Scheiben Sauerteigbrot mit Rinde
9 Scheiben hochwertige Salami oder Schinken
75–100 g schmelzfähiger, aromatischer Käse wie Bergkäse

Die Grundlage für diesen Toast ist eine einfache Scheibe Sauerteigbrot. Die Salami kann auch durch Räucherlachs ersetzt werden. Ebenso können Sie anstelle von Birnen Äpfel verwenden. Ich mache diesen Toast meist, wenn mein Sauerteigbrot etwas altbacken wird, also nach 3–4 Tagen.

1 Birnen putzen, waschen, halbieren und entkernen. Dann mit Schale in 1 Zentimeter breite Schnitze schneiden. Eine große Pfanne erhitzen und etwas Olivenöl hineingeben. Birnen, Zitronenschale, Knoblauch und Rosmarin hinzufügen und mit Meersalz und frisch gemahlenem Pfeffer würzen. Birnen ein paar Minuten bei hoher Temperatur goldgelb braten. Birnen dann auf einen Teller geben und beiseitestellen.

2 Spinat putzen, waschen und abtropfen lassen. Spinat in derselben Pfanne ein paar Minuten zusammenfallen lassen. Brotscheiben auf ein mit Backpapier belegtes Backblech legen. Mit Spinat, Salami- oder Schinkenscheiben und Birnenschnitzen (in dieser Reihenfolge) belegen. Schließlich mit Käse bestreuen. Den Backofen auf 200 °C vorheizen und die Toasts darin 10–15 Minuten goldgelb gratinieren.

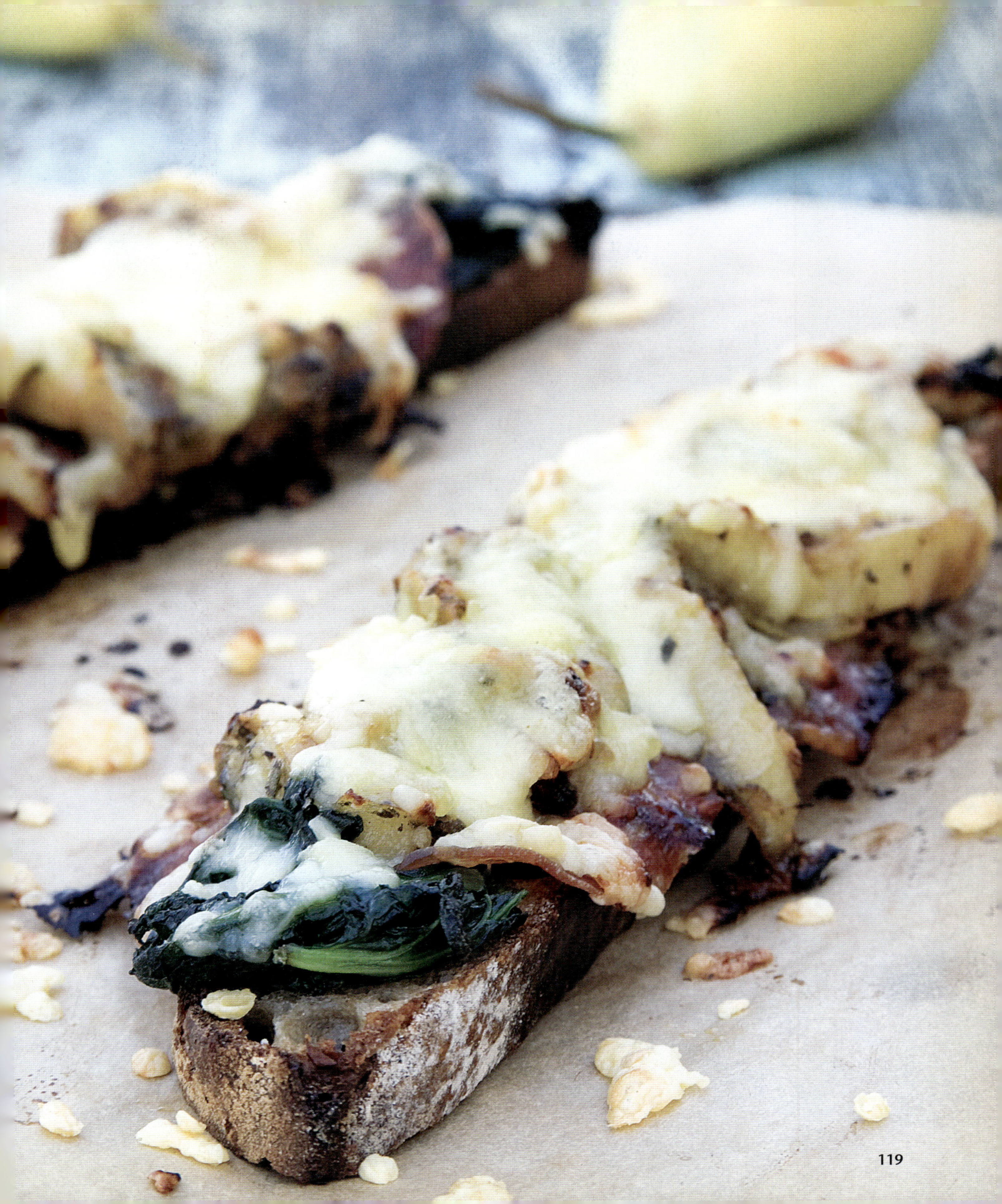

Herbst

Geschmorte Entenkeulen mit Quitten

Zutaten
Hauptspeise für 3 Personen

3 Entenkeulen
1 Quitte (etwa 200 g)
400 g rote Zwiebeln
3–4 frische Rosmarin- oder Thymianzweige, abgespült und trocken getupft
1 Ceylon-Zimtstange, in Stücke gebrochen
50 ml Apfel- oder Birnensirup oder Ahornsirup
100 ml Apfelessig
etwa 300 ml Wasser
Meersalz
frisch gemahlener schwarzer Pfeffer

Allein beim Gedanken an butterzarte, saftige Entenkeulen mit karamellisierten Quitten und Zwiebeln läuft mir schon das Wasser im Mund zusammen. Servieren Sie dazu Kartoffelpüree und bittere Blattsalate in einer säuerlichen Vinaigrette.

1 Zunächst einen Römertopf mindestens 1 Stunde in kaltem Wasser wässern.

2 Die Haut der Entenkeulen kreuzweise einschneiden. Quitten putzen, waschen und das Kerngehäuse entfernen. Quitten mit Schale in grobe Stücke schneiden, Zwiebeln schälen und vierteln. Beides zusammen mit Rosmarin und Zimtstange in den Römertopf geben. Sirup, Apfelessig und Wasser angießen. Dann Entenkeulen darauflegen. Großzügig mit Meersalz und frisch gemahlenem Pfeffer würzen.

3 Den Römertopf zudecken und auf der mittleren Schiene in den kalten Backofen stellen. Den Backofen auf 225 °C einstellen und alles 1½–2 Stunden schmoren, bis die Entenkeulen goldbraun, gar und knusprig sind.

4 Zwischendurch nachsehen, ob nichts anbackt. Falls der Bratensud nach dem Schmoren noch zu dünn ist, ihn in einem Topf einkochen. Dann eventuell das Fett abschöpfen und für eine spätere Verwendung beiseitestellen.

Apfelsirup und Birnensirup

Zutaten
Ergibt 100–150 ml

1½ l frisch gepresster Apfel- oder Birnensaft oder naturtrüber Saft
hochprozentiger Alkohol für die Gläser

1 Saft durch ein feinmaschiges feuchtes Küchentuch oder durch ein Gazetuch passieren und so alle Unreinheiten beseitigen. Bei ganz klarem Saft ist das natürlich nicht notwendig. Den Saft in einen Topf gießen und auf etwa 100 Milliliter reduzieren, bis eine sirupartige Konsistenz erreicht ist. Zwischendurch aufsteigenden Schaum abschöpfen.

2 Ein paar Marmeladengläschen mit hochprozentigem Alkohol ausspülen und den kochend heißen Sirup darauf verteilen. An einem trockenen, kühlen, dunklen Ort lagern. Geöffnete Gläser sollten im Kühlschrank aufbewahrt werden, wo sie sich einige Monate halten.

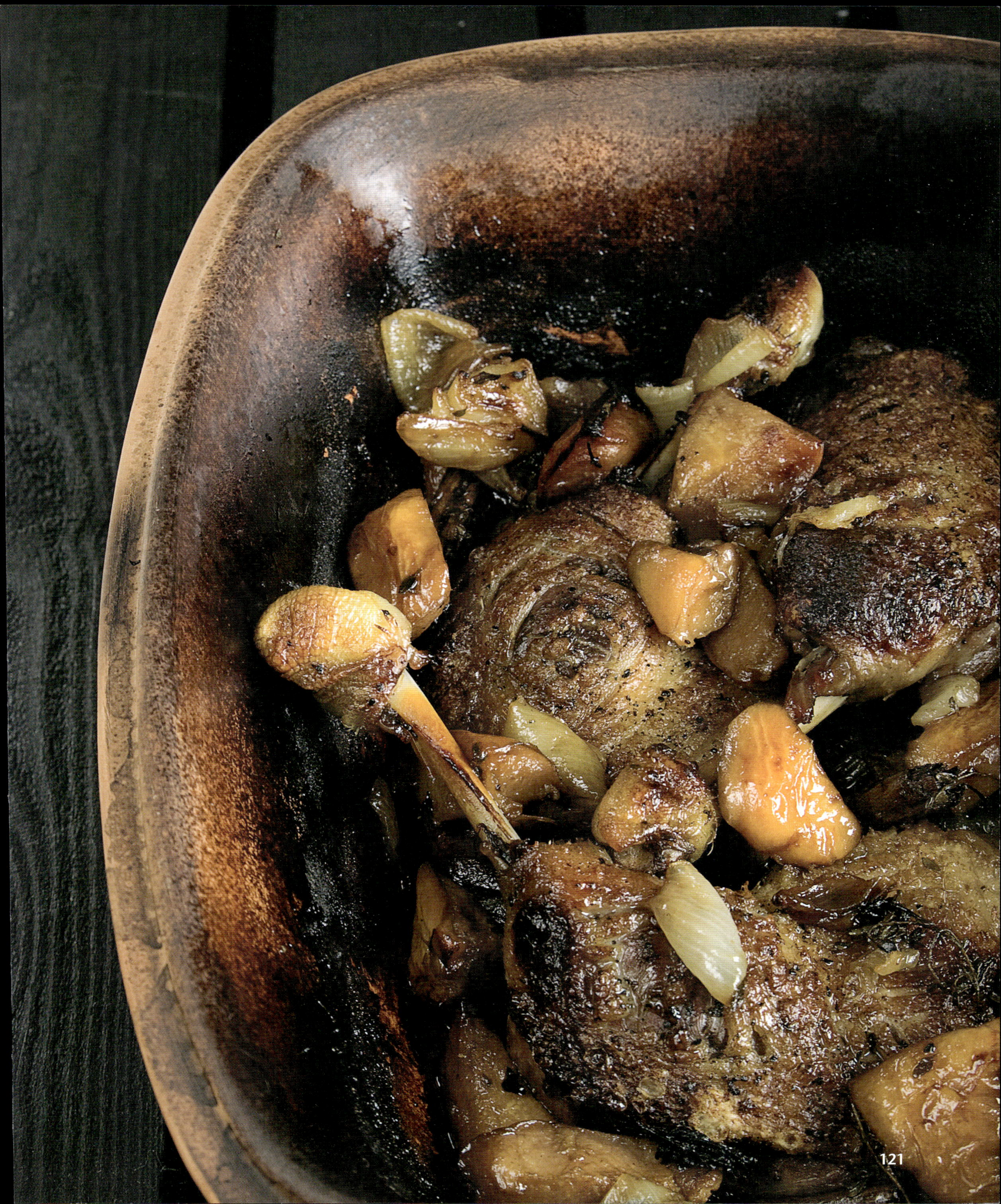

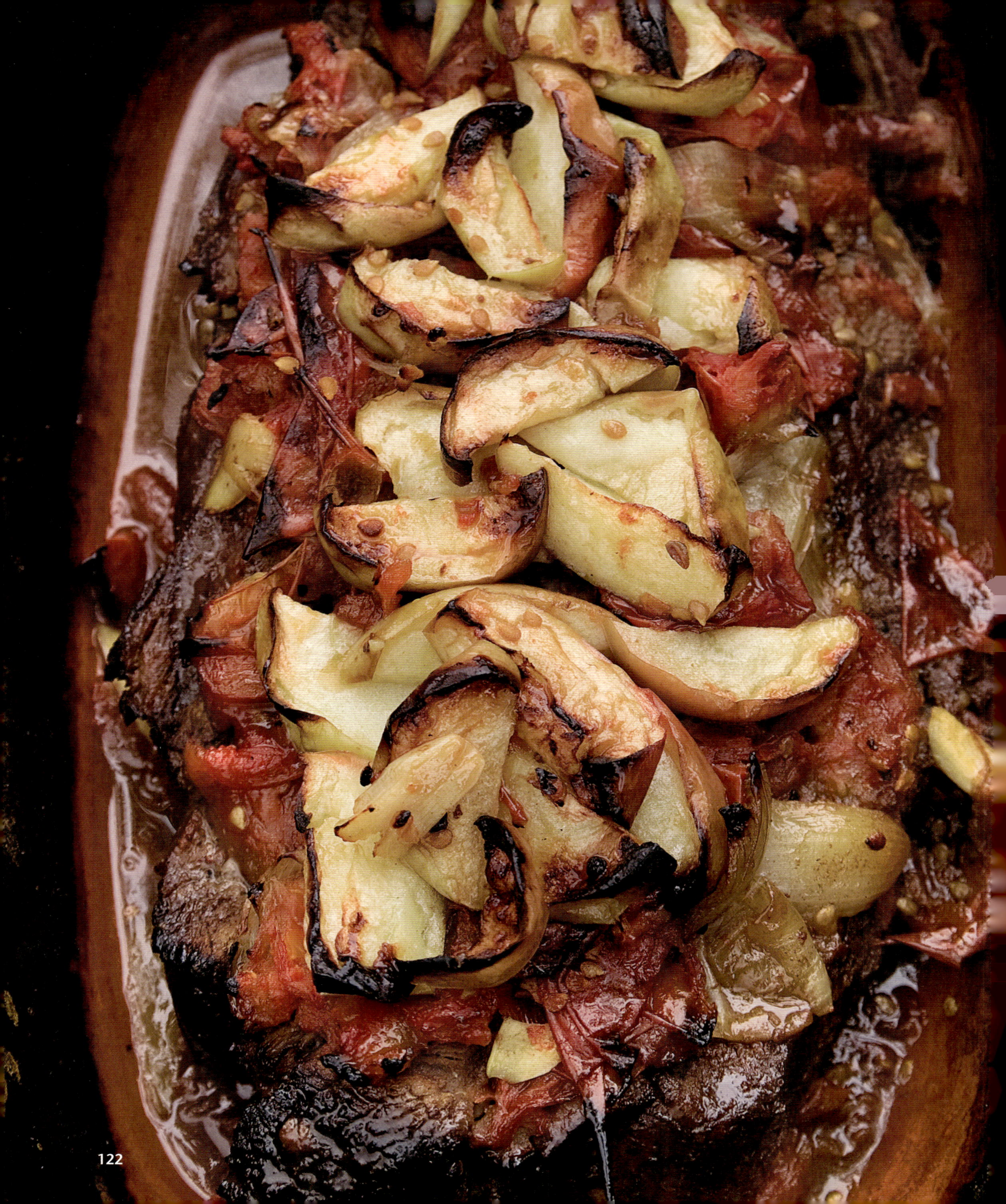

Geschmorter Rinderbraten mit Tomaten & Äpfeln

1 Für die Marinade: Zwiebeln und Knoblauch schälen. Zwiebeln vierteln, Knoblauch in Scheiben schneiden. Tomaten putzen, waschen und halbieren. Alles mit den übrigen Zutaten für die Marinade in einer großen Schale mischen und das Rindfleisch darin mindestens 12 Stunden im Kühlschrank marinieren.

2 Einen Römertopf mindestens 1 Stunde in kaltem Wasser wässern. Das Fleisch in den Römertopf legen und mit der Marinade übergießen. Dann zugedeckt auf der mittleren Schiene in den kalten Backofen stellen. Den Backofen auf 250 °C einstellen und das Fleisch etwa 2 Stunden im Römertopf garen, bis es sehr zart ist.

3 Äpfel in breite Schnitze schneiden und in etwas Olivenöl wenden. Auf das Fleisch legen und in den letzten 30 Minuten der Garzeit mitschmoren. Zum Ende der Garzeit den Deckel abnehmen, damit die Apfelschnitzen schön braun werden.

4 Mit Kartoffelpüree (Seite 186) servieren – das schmeckt einfach wunderbar.

Zutaten
Hauptspeise für
4–6 Personen

etwa 1,5 kg Rinderschulter
(Bug) mit Knochen
200 g Äpfel, gewaschen
und Kerngehäuse entfernt,
aber mit Schale
etwas kalt gepresstes
Olivenöl

Für die Marinade:
150 g Zwiebeln
2 Knoblauchzehen
1 kg vollreife Tomaten
75 ml Apfelessig
12 Wacholderbeeren,
grob zerstoßen
10 Pimentkörner,
grob zerstoßen
etwa 1 EL Honig
1 EL Fleur de Sel
frisch gemahlener
schwarzer Pfeffer

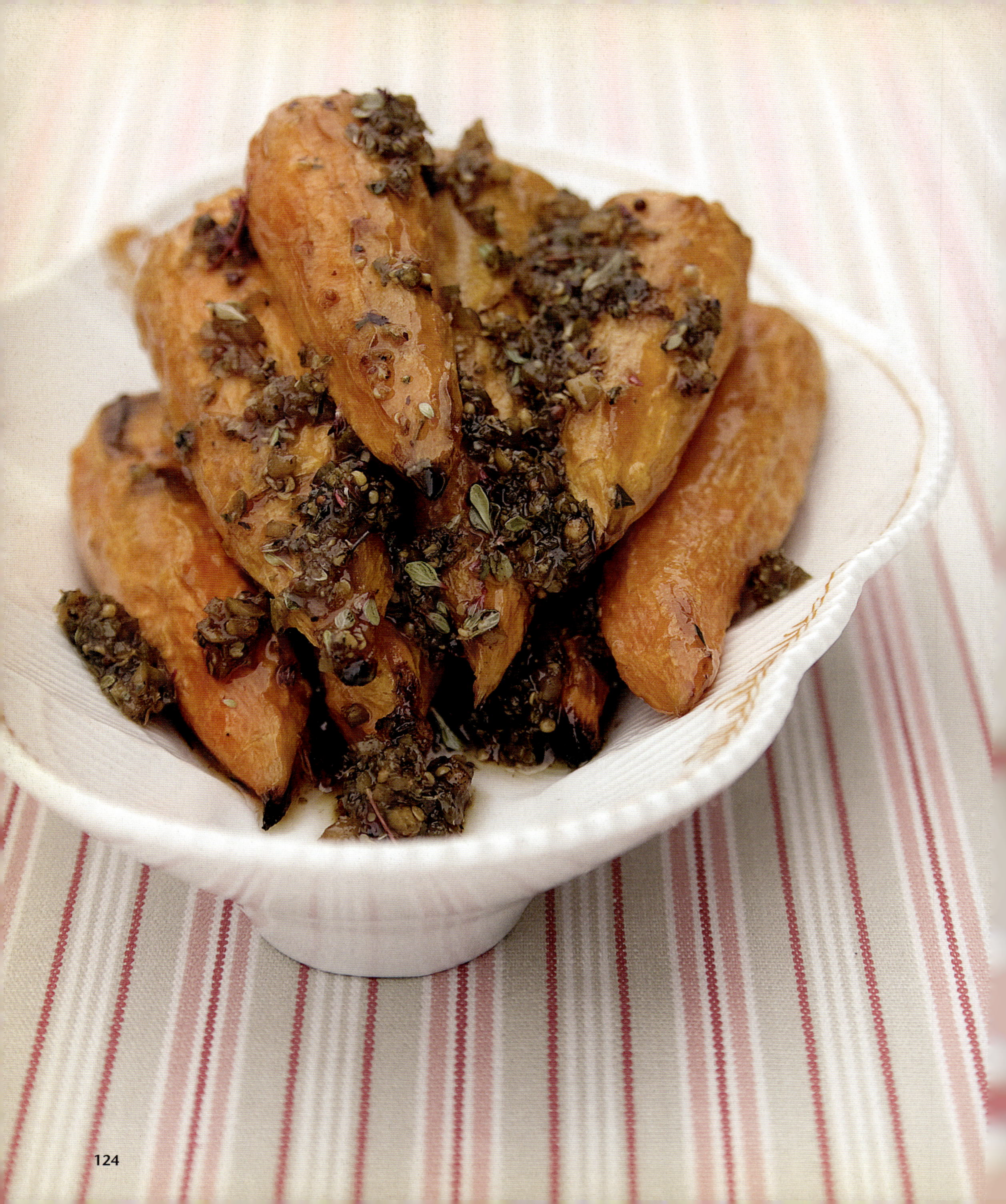

Herbst

Geröstete Karotten mit Senfvinaigrette

1 Für die Karotten: Grün bis auf einen kleinen Rest abschneiden. Olivenöl in einem kleinen Bräter erhitzen. Karotten darin wenden und mit Meersalz und frisch gemahlenem Pfeffer würzen.

2 Den Backofen auf 200 °C vorheizen und Karotten darin 20–40 Minuten garen, bis sie goldgelb und gar sind. Die Gardauer von Karotten ist sehr unterschiedlich, da manche dick, andere dünn sind. Manche sind frisch geerntet und saftig, andere lagern schon einige Monate.

3 Für die Senfvinaigrette: Apfelessig, Erdnussöl, Senf und Zucker in einer kleinen Schüssel verquirlen. Dann Thymian, Paprika und Gewürzgurken unterrühren. Mit Meersalz und frisch gemahlenem Pfeffer würzen und alles gut mischen. Zum Servieren die Vinaigrette über die heißen Karotten gießen.

Zutaten
Snack oder Beilage
für 4 Personen

600 g Karotten mit Grün, geschält
Olivenöl zum Rösten
Meersalz
frisch gemahlener
schwarzer Pfeffer

Für die Senfvinaigrette:
1½ EL Balsam-Apfelessig
2 EL kalt gepresstes
Erdnussöl
1 TL körniger Senf
2 TL heller Muscovado-Zucker
1 TL fein gehackter
Thymian oder Salbei
1 Prise Paprikapulver
edelsüß
20 g Gewürzgurken,
fein gehackt
Meersalz
frisch gemahlener
schwarzer Pfeffer

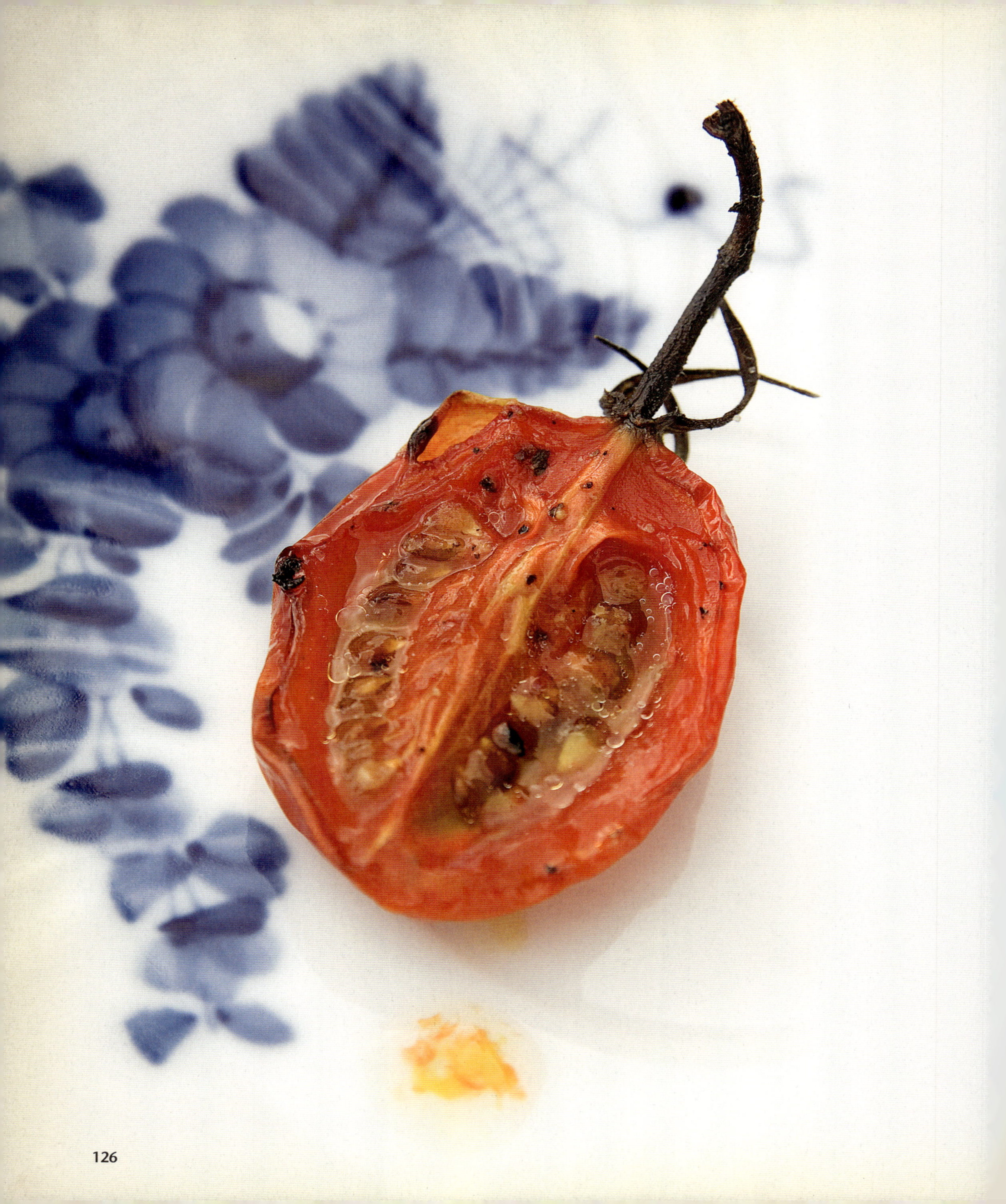

Herbst

Ofengebackene Pflaumentomaten

Von Anfang August bis Anfang Oktober, wenn vollreife, süß-saftige heimische Tomaten locken, ist es Zeit, den Backofen für diese Köstlichkeit einzuschalten. Die ofengebackenen Tomaten schmecken zum Beispiel herrlich auf belegten Schinken- oder Käsebroten. Zudem können Sie die Tomaten fein hacken und unter ein Salatdressing mischen. Auch in einem warmen Körnersalat schmecken sie himmlisch. Wenn Ihnen zum Schweinekotelett die Sauce fehlt, geben Sie direkt nach dem Braten des Fleisches diese Tomaten fein gehackt in die Pfanne. Sie verbinden sich mit dem Bratensatz zu einer tollen, säuerlichen Sauce. Im Kühlschrank halten sie sich bis zu 1 Woche.

1 Ein Backblech mit Backpapier belegen. Tomaten putzen, waschen, längs halbieren und nebeneinander auf das Backblech legen. Großzügig Olivenöl darübergießen und Tomaten mit Apfelessig beträufeln. Mit Rohrzucker, Meersalz und frisch gemahlenem Pfeffer würzen.

2 Den Backofen auf 175 °C vorheizen und die Tomaten darin je nach Größe zwischen 1 bis 2 Stunden backen.

Zutaten
Für 1 Backblech

1,2 kg vollreife Pflaumen-
oder Kirschtomaten
reichlich kalt gepresstes
Olivenöl
50 ml Balsam-Apfelessig
15 g heller Rohrzucker
Meersalz
frisch gemahlener
 schwarzer Pfeffer

Rohes Karotten-Apfel-Relish

Zutaten
Ergibt etwa 250 g

75 g Karotten, geschält
75 g Äpfel, gewaschen und Kerngehäuse entfernt, aber mit Schale
⅛ TL Kurkuma oder fein gehackte frische Kurkumawurzel
1 Prise Chiliflocken
½ TL Kreuzkümmelsamen
¼ Ceylon-Zimtstange
5 Kardamomkapseln
etwa 2 EL kalt gepresstes Erdnussöl
1 EL Apfelessig
Meersalz
frisch gemahlener schwarzer Pfeffer

Hier eine Köstlichkeit, von der Sie nie genug bekommen werden – insbesondere da Sie die Zutaten ganz nach Lust, Laune und Jahreszeit variieren können. Statt Karotten passen zum Beispiel Sellerie, Pastinake, Petersilienwurzel, Rote Bete oder Kohl – solo oder in Kombination. Dieses Relish ist im Kühlschrank ein paar Tage haltbar. Lecker schmeckt es auf einem belegten Brot mit Schinken oder Räucherlachs oder in einem Kartoffelsalat. Aber auch zu gebratenem oder gekochtem Fisch und Fleisch ist es ein Genuss. Alternativ können Sie das Relish unter einen knackigen Salat heben – zum Beispiel mit riesigen, knusprigen Croûtons und einer schmackhaften Vinaigrette.

1 Karotten und Äpfel klein würfeln und in einer kleinen Schüssel mit Kurkuma und Chiliflocken mischen.

2 Kreuzkümmel, Zimt und Kardamomkapseln ein paar Sekunden in einer trockenen, heißen Pfanne rösten. Dann in einem Mörser oder einer Gewürzmühle mittelstark mahlen.

3 Gewürze zusammen mit Erdnussöl und Essig zur Karotten-Apfel-Mischung geben. Alles gut vermischen und mit Meersalz und frisch gemahlenem Pfeffer würzen. Das Relish vor der Verwendung mindestens 30 Minuten durchziehen lassen, damit sich die Aromen entfalten.

Wer mit dem Mahlen der Kardamomkapseln Schwierigkeiten hat, sollte einfach etwas Meersalz mit in die Mühle geben – schon läuft alles wie geschmiert. Relishreste sollten Sie im Kühlschrank aufbewahren und mindestens 15 Minuten vor dem Servieren aus dem Kühlschrank nehmen. So entfalten sich die Geschmacksnuancen besser.

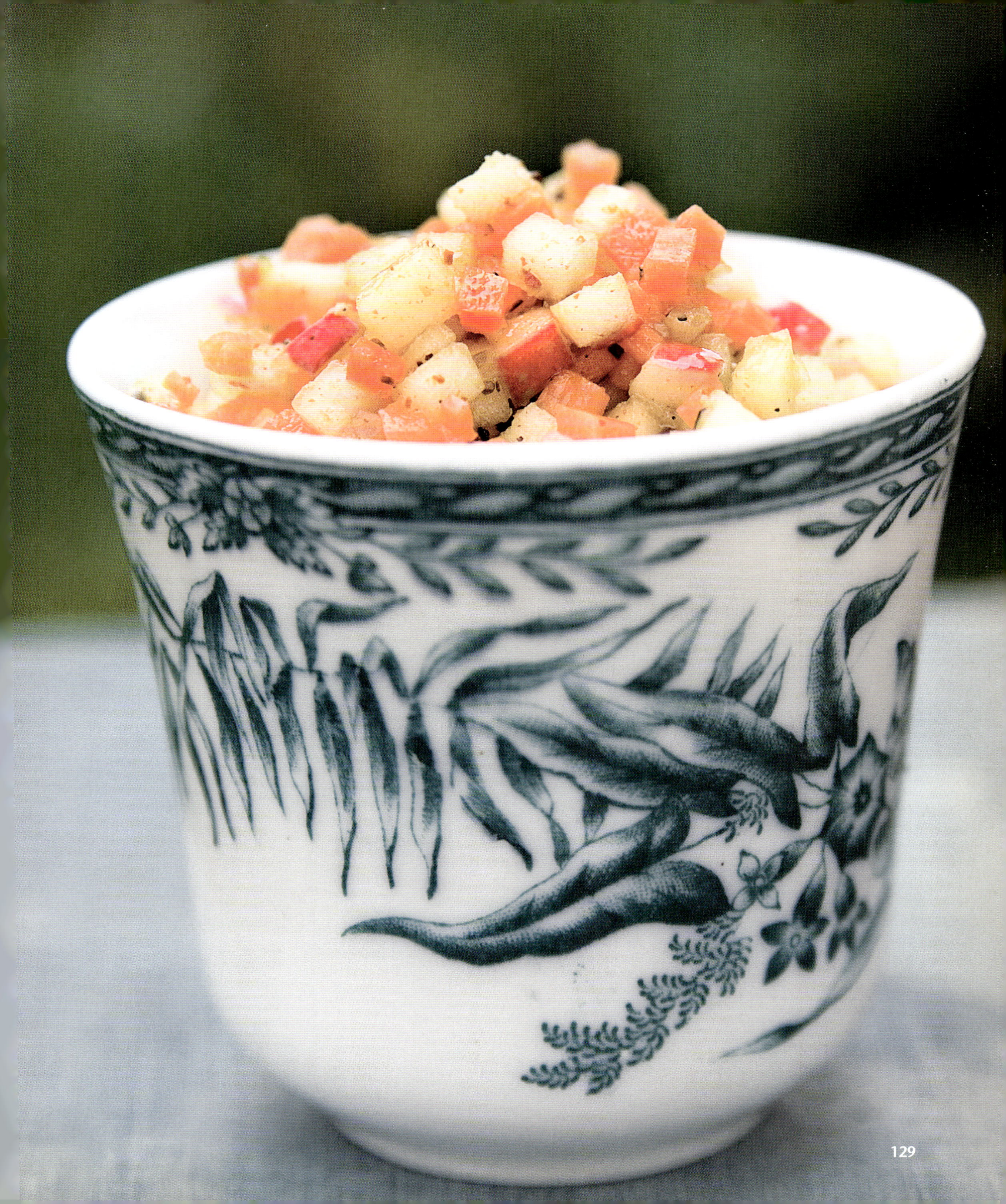

Eingelegte Tomaten

Zutaten
Ergibt 3 Einmachgläser je 1 l

hochprozentiger Alkohol
für die Gläser
2 kg vollreife Strauch-
Kirschtomaten
etwa 30 g Jalapeños
ohne Kerne

Für den Sud:
600 ml Apfelessig
300 g heller Rohrzucker
3 EL grobes Meersalz

Für die Würze:
50 ml Olivenöl
2 EL fein gehackter
frischer Ingwer
60 g Knoblauch, geschält
und fein gehackt
2 EL gelbe Senfkörner
1 TL frisch gemahlener
weißer Pfeffer
1½ EL grob zerstoßener
Kreuzkümmel

Hier eine ganz tolle Art, vollreife, aber immer noch feste Sommertomaten einzumachen. Im Essigsud halten sie sich lange und werden mit der Zeit sogar immer interessanter im Geschmack. Ich verwende diese eingelegten Tomaten meist für eine schnelle Tomatensauce mit gekochten Perlgraupen (Seite 172). Wenn Sie keine Pflaumentomaten bekommen, schneiden Sie normal große Tomaten in recht grobe Stücke.

1 Drei Einmachgläser (je 1 Liter Inhalt) mit hochprozentigem Alkohol ausspülen. Tomaten putzen, waschen und in 3 Zentimeter dicke Scheiben schneiden. Jalapeños putzen, waschen und in dünne Ringe schneiden. Nun abwechselnd Tomatenscheiben und Chiliringe in die drei Gläser schichten.

2 Für den Sud: Apfelessig, Rohrzucker und Salz in einem Topf zum Kochen bringen. Kochen lassen, bis Zucker und Salz aufgelöst sind.

3 Für die Würze: Eine Pfanne erhitzen und etwas Olivenöl hineingeben. Ingwer, Knoblauch, Senfkörner, weißen Pfeffer und Kreuzkümmel darin etwa 5 Minuten braten. Die Zutaten dürfen allerdings keine Farbe annehmen.

4 Die Gewürze zum gekochten Sud geben und alles erneut zum Kochen bringen. 5 Minuten kochen lassen, dann die Tomaten mit dem kochenden Sud übergießen.

5 Die Gläser an einem trockenen, kühlen, dunklen Ort lagern. So halten sich die Tomaten mindestens ½ Jahr. Geöffnete Gläser sollten im Kühlschrank aufbewahrt werden, wo sie 2–3 Monate haltbar sind.

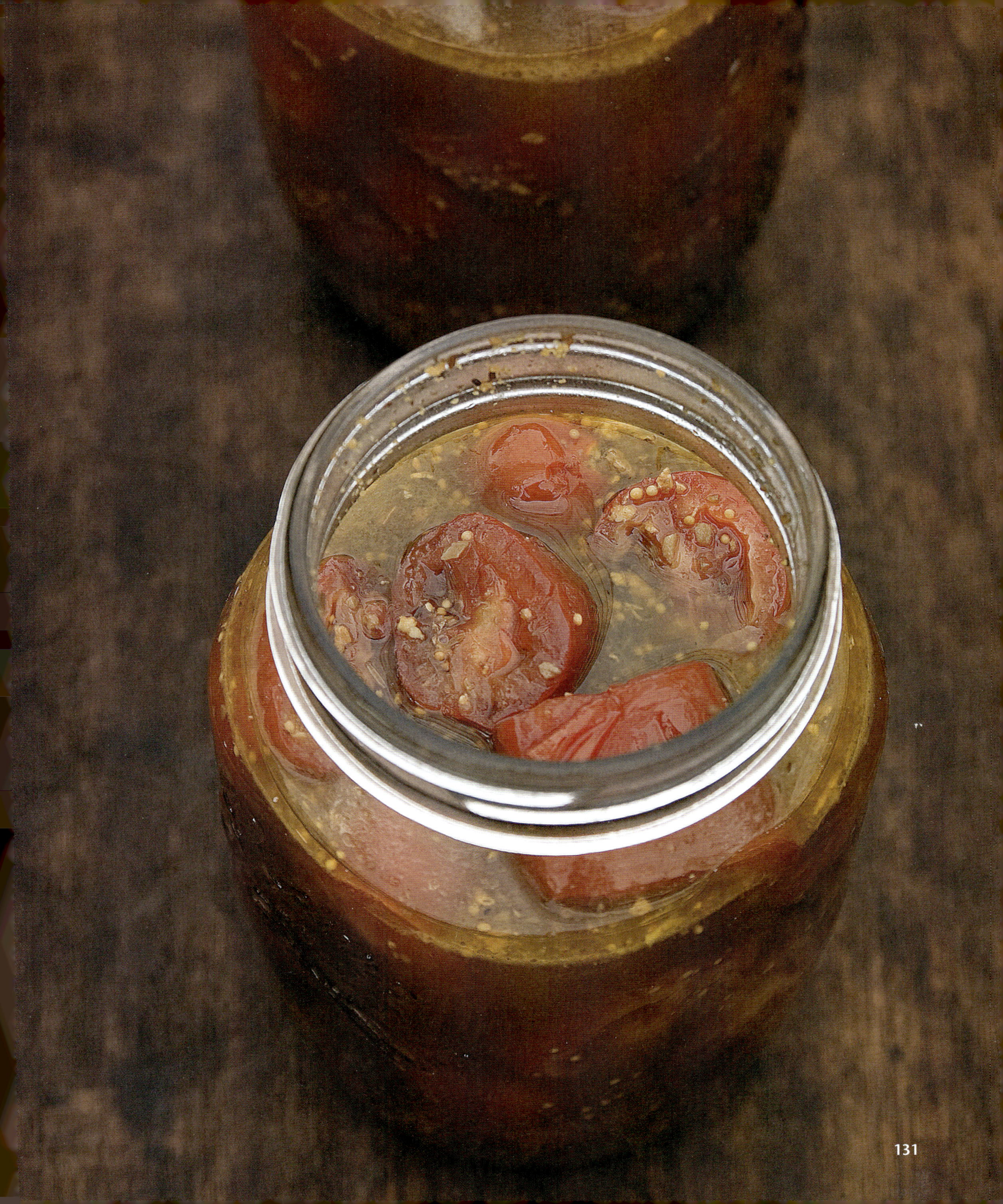

Pflaumen-Tomaten-Chutney mit Ingwer

Zutaten
Ergibt 1,2 l

600 g vollreife Pflaumen oder Mirabellen
450 g vollreife Tomaten
50 ml frisch gepresster Zitronensaft
400 g heller Rohrzucker
1½ EL Balsam-Apfelessig
1 EL fein gehackter frischer Ingwer
¼ Vanillestange, Mark ausgekratzt
½ TL fein gehackte Jalapeños oder
1 Prise Chiliflocken
hochprozentiger Alkohol für die Gläser

Schmeckt traumhaft zu Käse.

1 Pflaumen putzen, waschen, halbieren und entsteinen. Tomaten putzen, waschen und grob hacken. Zusammen mit Pflaumen und den übrigen Zutaten in einen Topf geben. Alles zum Kochen bringen und zugedeckt 15–20 Minuten köcheln lassen, bis das Chutney andickt. Dabei gelegentlich umrühren.

2 Ein paar Marmeladengläschen mit hochprozentigem Alkohol ausspülen und das kochend heiße Chutney auf die Gläser verteilen. An einem trockenen, kühlen, dunklen Ort lagern. Nach dem Öffnen ist das Chutney nur noch begrenzt haltbar und sollte im Kühlschrank aufbewahrt werden. Dort hält es bis zu einem Monat.

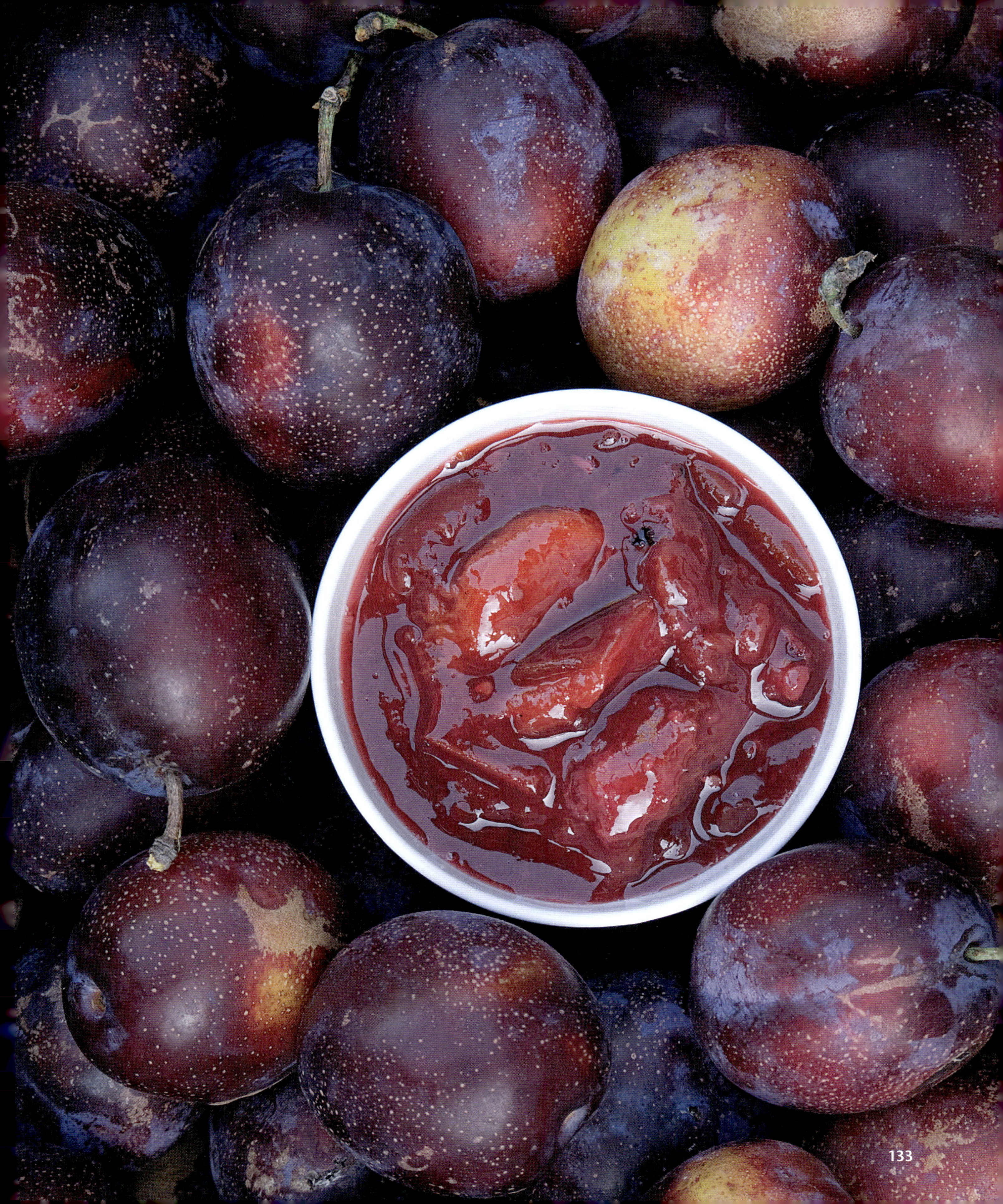

Gemüse-Pickles

Zutaten
Ergibt 3 Einmachgläser je 1 l

1,2 kg grüne Kirschtomaten
800 g Salatgurken
800 g Zwiebeln
800 g Karotten, geschält
200 g grobes Meersalz
hochprozentiger Alkohol
für die Gläser

Für die Würze:
500 g dunkler oder
heller Rohrzucker
2 EL gelbe Senfkörner
2 EL Gewürznelken
2 Ceylon-Zimtstangen
2 EL Pimentkörner
700 ml Apfelessig

Diese süßsauren Pickles können mit Joghurt verrührt in eine tolle Remoulade verwandelt werden (siehe unten). Außerdem schmecken sie toll zu Fleischgerichten, in Salaten, auf Fisch, auf belegten Broten oder zu gekochtem Reis. Sehr empfehlenswert ist auch die Kombination mit unreifen grünen Kirschtomaten, die sowohl süß als auch bitter schmecken. Mit einer Küchenmaschine oder einem Zerkleinerer ist das Gemüse innerhalb von 5 Minuten vorbereitet.

1 Tomaten und Gurken putzen und waschen. Zwiebeln schälen. Tomaten, Gurken mit Schale, Zwiebeln und Karotten grob hacken. Gemüse in einem Zerkleinerer oder einer Küchenmaschine fein zerkleinern. Am besten in mehreren Portionen zerkleinern, dann geht es schneller. Meersalz und Gemüse gründlich in einem großen Behälter vermischen und zugedeckt bei Zimmertemperatur über Nacht oder mindestens 12 Stunden durchziehen lassen.

2 Gemüse mit kaltem Wasser übergießen und in ein feinmaschiges Sieb geben. Gründlich unter fließendem kaltem Wasser abspülen und anschließend sämtliches Wasser auspressen.

3 Für die Würze: Gemüse und Gewürze in einem Topf zum Kochen bringen. Etwa 15 Minuten unter Rühren kochen.

4 Drei Einmachgläser (1 Liter Inhalt) mit hochprozentigem Alkohol ausspülen und die kochenden Pickles darauf verteilen. An einem trockenen, kühlen, dunklen Ort lagern. Dort sind sie mindestens ½ Jahr haltbar. Geöffnete Gläser sollten im Kühlschrank aufbewahrt werden, wo sie sich 2–3 Monate halten.

Hinweis:
Für die Remoulade: Abgetropfte Pickles und griechischen Joghurt zu gleichen Teilen in einer Schüssel verrühren. Zuvor die großen Gewürze herausfischen. Die Remoulade eventuell mit etwas Meersalz abschmecken. Wer frische Kräuter liebt, kann sie ganz nach Gusto fein gehackt hinzufügen.

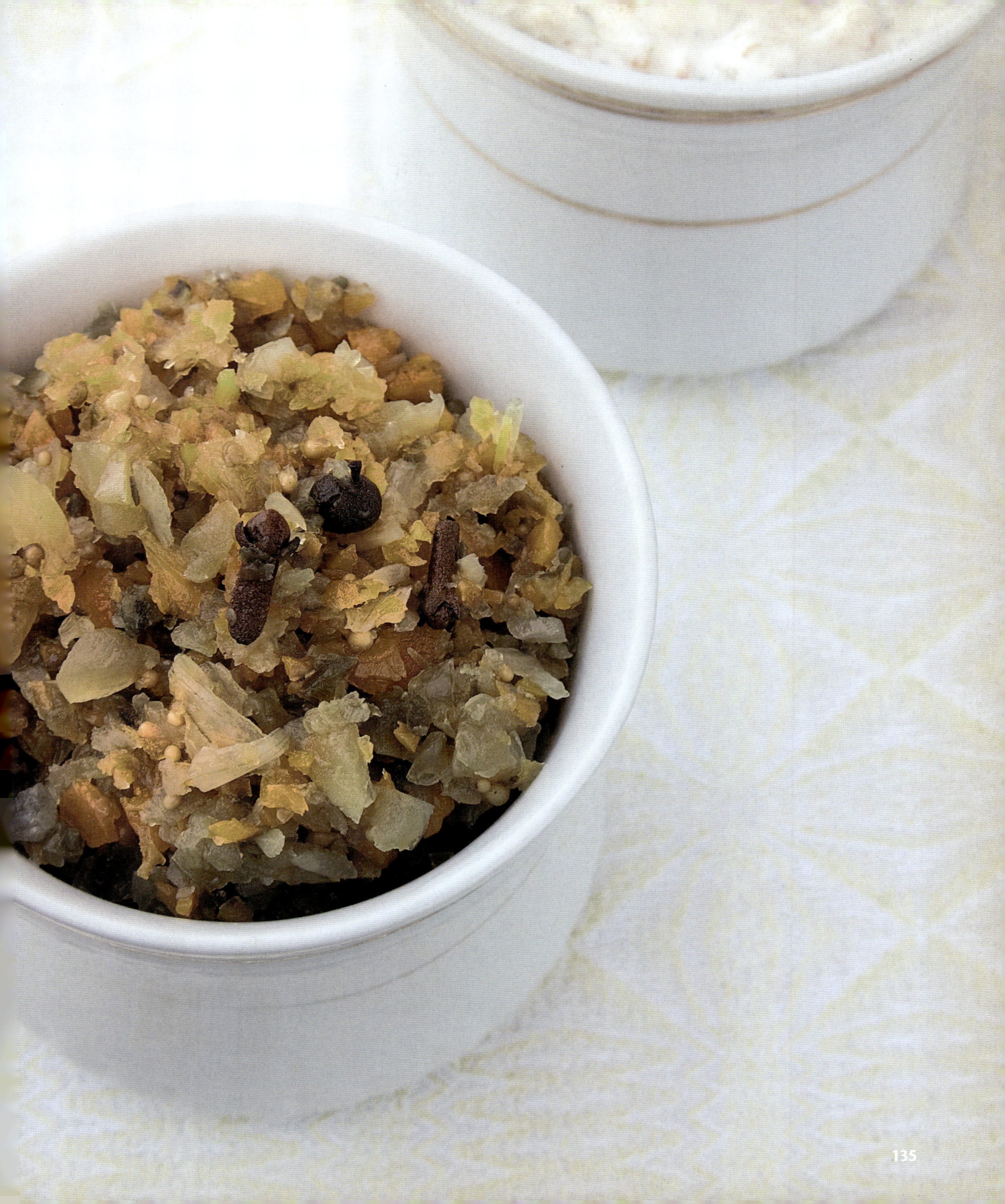

Quittenbrot

Zutaten
Ergibt etwa 150 g

2 kg Quitten
Wasser
etwa 1,2 kg heller Rohrzucker
frisch gepresster Saft von 4 Zitronen

Quittenbrot, also köstliches Fruchtkonfekt aus Quittenmark, ist eine hierzulande eher unbekannte Leckerei. In Argentinien, Chile, Uruguay und Spanien ist es allerdings sehr beliebt und dort unter dem Namen »Mebrillo« oder »Carne de membrillo« (Quittenfleisch) bekannt. In Portugal heißt es »Marmelada«. Auch in den Ländern am Mittelmeer und im Mittleren Osten werden die Früchte gern zu einer geleeartigen, bernsteinfarbenen Masse eingekocht. Dasselbe tun Engländer und Amerikaner, die es »Quince Cheese« (Quittenkäse) nennen. Wenn Sie Quitten noch nie verarbeitet haben, ist dieses Rezept ein guter Einstieg. Zwar brauchen Sie bei der Zubereitung ein paar Stunden Geduld, doch dann hält sich das Quittenbrot monatelang und verführt im Winter mit traumhaften Blüten- und Fruchtnuancen. Ganz einmalig schmeckt dieses schnittfeste Fruchtbrot auf einem Käsebrot oder einem Brot mit Fleischaufschnitt. Ich verwende Quittenbrot ausschließlich als Aufschnitt, zum Glasieren von Tartes (wofür es geschmolzen wird) und als elegantes i-Tüpfelchen für Saucen und gebratenes Gemüse. Wie viel Quittenbrot Sie am Ende erhalten, hängt davon ab, wie stark das Quittenmus eingekocht wird. Vorsicht aber bei der Zubereitung, da das Quittenmus beim Kochen manchmal wie ein Vulkan ausbricht und kochend heiße »Quittenlava« spuckt. Leider brennt das Mus auch gerne an, daher sollten Sie regelmäßig umrühren.

1 Quitten putzen, waschen und vierteln. Kerne und Kerngehäuse herausschneiden, Kerngehäuse klein hacken und zusammen mit den Kernen in einen Gazebeutel füllen. Da sie sehr viel Pektin (Dickungsmittel) enthalten, sollten sie keinesfalls weggeworfen werden. Fruchtfleisch und Gazebeutel in einen Topf geben und mit Wasser bedecken. Deckel aufsetzen und Quitten weich garen – das dauert je nach Art der Quitten zwischen 15 und 45 Minuten. Gazebeutel herausfischen und Quitten abgießen. Dabei das Wasser auffangen. Es kann als Basis für einen Eistee oder warmen Toddy verwendet werden. Dann fehlen nur noch ein paar Gewürze, Honig oder Rohrzucker, und fertig ist ein geradezu überirdischer Genuss.

2 Quitten nun durch eine Flotte Lotte oder ein feinmaschiges Sieb passieren. Alternativ im Topf mit einem Schneebesen zerdrücken. Manche Quitten sind allerdings sehr grobkörnig und sollten daher besser durch ein Sieb gestrichen werden. Am Ende sollten Sie etwa 1,8 Liter Quittenmus erhalten. Ist es weniger, die Zuckermenge daran anpassen. Das Mus mit Zucker und Zitronensaft in einen großen Topf geben.

3 Das Quittenmus bei niedriger Temperatur mithilfe eines Holzlöffels und viel Geduld dick einkochen. Das kann ½–1 Stunde dauern. Beim Rühren Kochhandschuhe tragen, da das Mus spritzt und es höllisch wehtut, von dieser dickflüssigen Masse getroffen zu werden. Das Mus sollte schließlich so dick sein, dass beim Rühren mit einem Holzlöffel eine eindeutige Spur sichtbar bleibt.

4 Eine Kastenform (1½ Liter Inhalt) mit Backpapier oder einem Gefrierbeutel auskleiden, der zuvor aufgeschnitten wurde. Heißes Quittenmus hineinfüllen und völlig auskühlen lassen. Quittenbrot bei Zimmertemperatur 1 Woche durchziehen lassen. Danach am besten im Kühlschrank oder an einem dunklen, trockenen, kühlen Ort aufbewahren. So hält es sich bis zu 1 Jahr.

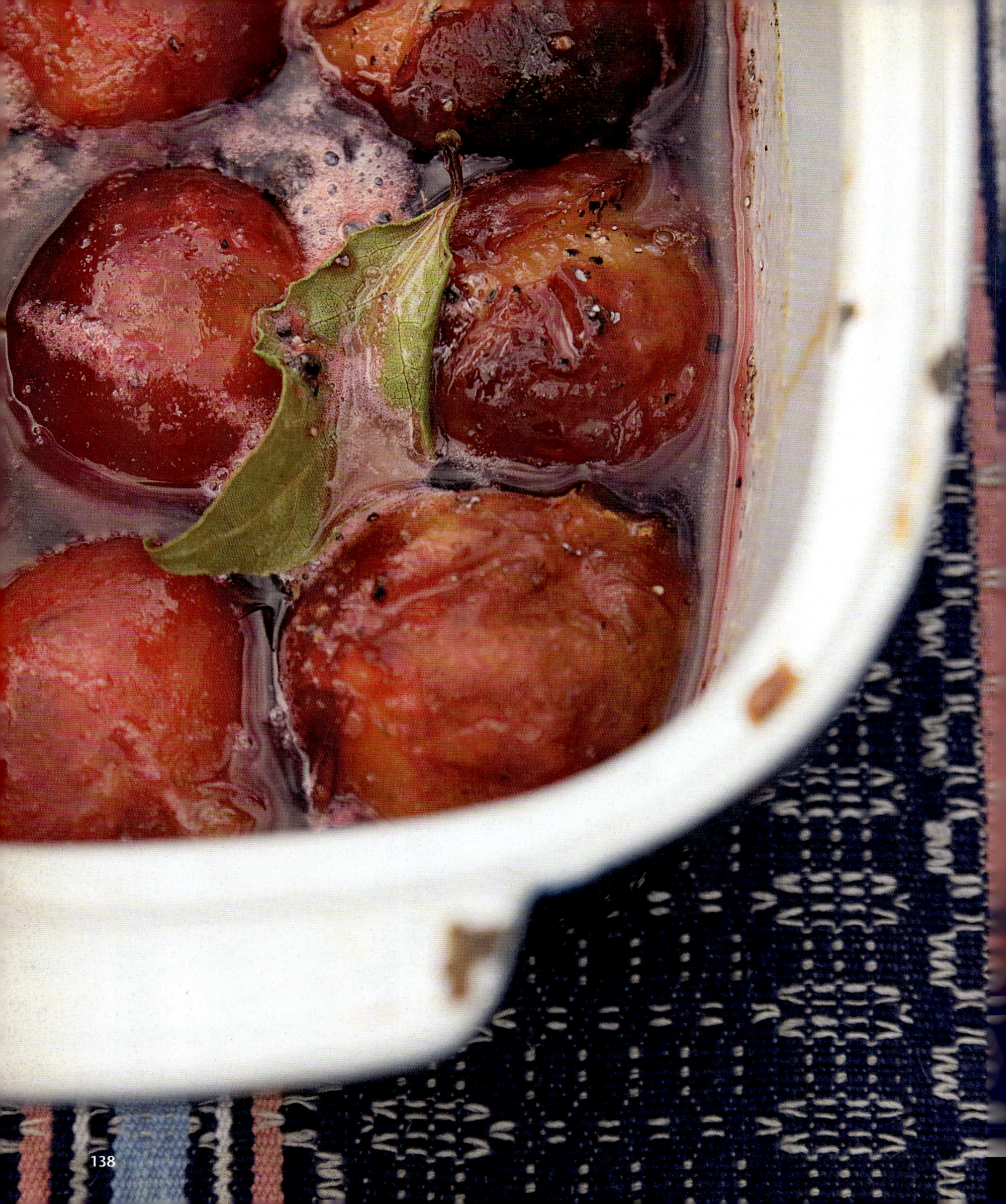

Gebackene Honigpflaumen

Bei diesem Rezept heißt es: Finger weg von den Pflaumensteinen! Der Stein verleiht den Pflaumen nämlich einen wundervollen Mandelgeschmack. Richtig genießen können Sie das jedoch erst 1–2 Tage nach dem Backen, wenn das Mandelaroma aus den Steinen in das Fruchtfleisch und in den Saft eingezogen ist. Danach dürfen Sie die Pflaumen getrost entsteinen. Der leckere Pflaumensud schmeckt übrigens gut zum Müsli, in Salatdressings oder zu gebratenem/gebackenem Fleisch und Geflügel.

1 Zunächst Lorbeerblätter auf dem Boden einer tiefen, schmalen Auflaufform verteilen. Pfeffer und Kardamomkapseln mittelgrob mahlen und darüberstreuen. Pflaumen putzen, waschen, im Ganzen hineingeben und eng nebeneinanderlegen. Honig darüberträufeln.

2 Den Backofen auf 200 °C vorheizen und die Pflaumen darin etwa 15 Minuten backen, bis sie etwas weich wirken. Die Garzeit hängt von der Größe der Pflaumen ab. Lauwarm mit griechischem Joghurt oder Sahne servieren.

Zutaten
Dessert für 3 Personen

8 frische Lorbeerblätter
reichlich frisch gemahlener schwarzer Pfeffer
6 Kardamomkapseln
etwa 700 g vollreife Pflaumen
300 g Honig

Zum Servieren:
griechischer Joghurt oder Sahne

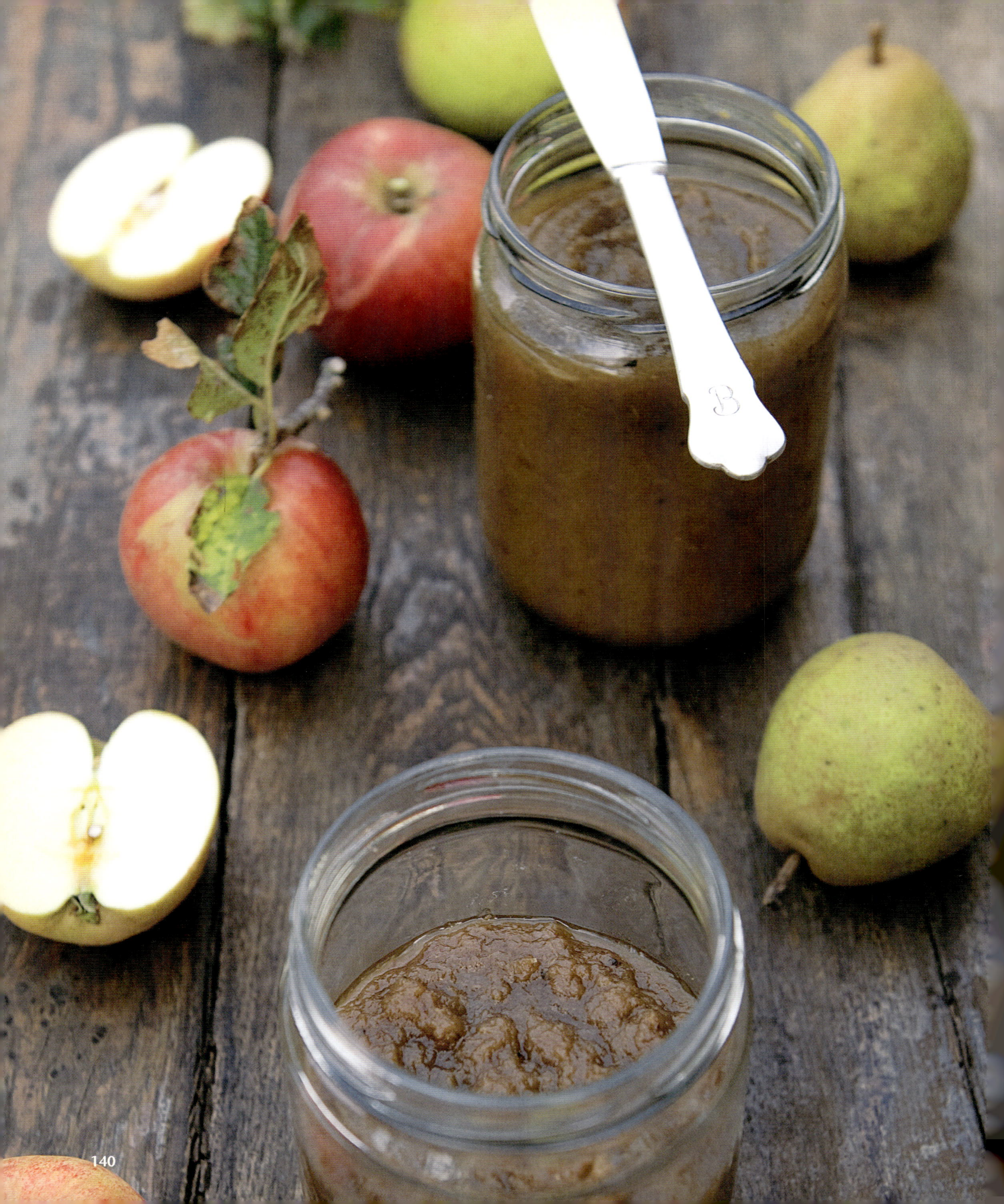

Apfel- und Birnenbutter

Meiner Meinung nach sollte Apfelbutter in keinem Haushalt fehlen. Diese Fruchtbutter, die gar keine Butter enthält, sondern ihren Namen aufgrund ihrer streichfähigen Konsistenz erhielt, ist wie gemacht für unsere deutschen Äpfel und Birnen. Insbesondere für die, die als Fallobst vom Baum plumpsen. Apfelbutter schmeckt köstlich auf Brot, in Tartes oder zu Käse sowie Fleisch- und Geflügelgerichten.

1 Äpfel putzen, waschen, mitsamt Schale und Kerngehäuse grob würfeln und in einen kleinen Topf geben. Wasser angießen und alles zum Kochen bringen. Dann bei reduzierter Hitze zugedeckt etwa 20 Minuten köcheln lassen, bis die Äpfel ganz matschig geworden sind. Das entstandene Apfelmus durch ein feines Sieb oder eine Flotte Lotte passieren.

2 Zurück in den Topf geben, beide Zuckersorten, Zitronensaft samt -schale und die Gewürze hinzufügen. Den Deckel halb aufsetzen und das Apfelmus bei mittlerer Temperatur ½–1 Stunde köcheln. Dabei Vorsicht walten lassen, denn das Apfelmus bricht während des Kochens gerne wie ein Vulkan aus und spuckt kochend heiße »Apfellava«. Spritzt etwas davon auf Ihre Hand, tut das schrecklich weh. Tragen Sie möglichst Kochhandschuhe zum Schutz, wenn Sie sich dem Topf nähern. Leider brennt das Mus auch gerne einmal an, daher sollten Sie regelmäßig umrühren. Am Ende der Mühen halten Sie den besten Aufstrich der Welt für frisch gebackenes Brot und Toast in Händen.

3 Ein paar Marmeladengläschen mit hochprozentigem Alkohol ausspülen und die kochend heiße Apfelbutter darauf verteilen. An einem trockenen, kühlen, dunklen Ort lagern. Nach dem Öffnen ist die Apfelbutter nur noch begrenzt haltbar und sollte im Kühlschrank aufbewahrt werden. Dort hält sie bis zu 1 Monat.

4 Die Birnenbutter auf dieselbe Weise zubereiten.

Zutaten
Ergibt ½ l

1,5 kg Äpfel wie Boskop, Cox Orange oder Gravensteiner
200 ml Wasser

200 g heller Rohrzucker
100 g dunkler Muscovado-Zucker oder dunkler Farinzucker
fein abgeriebene Schale und Saft von 1 unbehandelten Zitrone
8 Gewürznelken, fein gemahlen
10 Pimentkörner, frisch gemahlen
¼ Ceylon-Zimtstange, frisch gemahlen
¼ TL frisch gemahlene Muskatnuss oder -blüte
2 TL Meersalz

hochprozentiger Alkohol für die Gläser

Schokoladen-Karotten-Ingwer-Kuchen

Zutaten
Ergibt etwa 16 Stück

300 g Weizenmehl
2 TL Weinstein oder Backpulver
½ TL Meersalz
1½ TL frisch gemahlener Ceylon-Zimt
1 TL frisch gemahlener Piment
100 g Zartbitterschokolade (mindestens 80 % Kakaoanteil)
250 g Butter
300 g dunkler oder heller Muscovado-Zucker
100 g heller Rohrzucker
200 ml kochendes Wasser
fein abgeriebene Schale von 1 unbehandelten Orange
35 g Ingwer, frisch gerieben
200 g Karotten, gerieben
4 Eier

Hier eine pfiffige Mischung aus Rüblikuchen, Schokoladenkuchen und Ingwerbrot. Dieser würzig-saftige Minikuchen schmeckt traumhaft und ist recht sättigend.

1 Mehl, Weinstein oder Backpulver, Meersalz, Zimt und Piment in einer Schüssel mischen.

2 Schokolade und Butter vorsichtig im Wasserbad schmelzen.

3 Muscovado-Zucker und hellen Rohrzucker in einer Schüssel mit dem kochenden Wasser übergießen. Orangenschale, Ingwer und Karotten unterrühren. Die geschmolzene Schokolade unterziehen und anschließend die trockenen Zutaten hinzufügen. Nun nach und nach Eier hineingeben und jedes Ei gründlich unterrühren. Dann alles kurz und kräftig auf hoher Stufe verrühren.

4 Den Teig auf 16 rechteckige oder runde Muffinformen (je 150 Milliliter Inhalt) verteilen. Zwischen Teig- und Formrand sollte noch 1 Zentimeter Platz sein. Den Backofen auf 175 °C vorheizen und die Minikuchen darin 20–25 Minuten backen, bis sie sich fest anfühlen.

143

Saftiger Brotkuchen mit Äpfeln & Birnen

Zutaten
Für 6–8 Personen

180 g Weißbrot vom Vortag, ohne Rinde
2 Eier
3 Eigelb
250 ml Milch
250 ml Sahne
100 g heller Rohrzucker
¼ Vanillestange, Mark ausgekratzt
1 Prise Meersalz

Für die Füllung:
400 g Äpfel und Birnen
50 g heller Rohrzucker

Dieser Kuchen ist einfach genial! Sie können ihn ganz saisongerecht im Frühjahr mit Rhabarber, im Sommer mit Stachelbeeren und im Herbst mit Pflaumen füllen.

1 Eier, Eigelbe, Milch, Sahne, Rohrzucker, Vanillemark und Meersalz in einer großen Schüssel gründlich verrühren. 30 Minuten ruhen lassen, bis der Zucker ganz aufgelöst ist.

2 Für die Füllung: Äpfel und Birnen putzen, waschen, vierteln und das Kerngehäuse entfernen. Äpfel und Birnen mit Schale in grobe Stücke von 3 × 3 Zentimetern schneiden. Mit Rohrzucker 5–10 Minuten in einer Pfanne braten, bis sie bissfest und leicht karamellisiert sind. Das Obst auf keinen Fall zerkochen. Dann abkühlen lassen.

3 Eine runde Kuchenform (24 Zentimeter Durchmesser) mit Backpapier auskleiden. Weißbrot grob in Stücke reißen und die Hälfte davon in der Form verteilen. Das Obst auf das Brot geben und mit der Hälfte der Ei-Milch-Mischung übergießen. Das restliche Brot über das Obst geben und alles mit der restlichen Flüssigkeit übergießen. 15 Minuten ziehen lassen, damit sich das Brot schön vollsaugen kann.

4 Inzwischen den Backofen auf 180 °C vorheizen und den Kuchen darin 35–45 Minuten backen, bis die Oberseite goldbraun und knusprig geworden ist. Aus dem Backofen nehmen und vor dem Servieren mindestens ½ Stunde ruhen lassen. Am Tag darauf schmeckt dieser Kuchen noch besser.

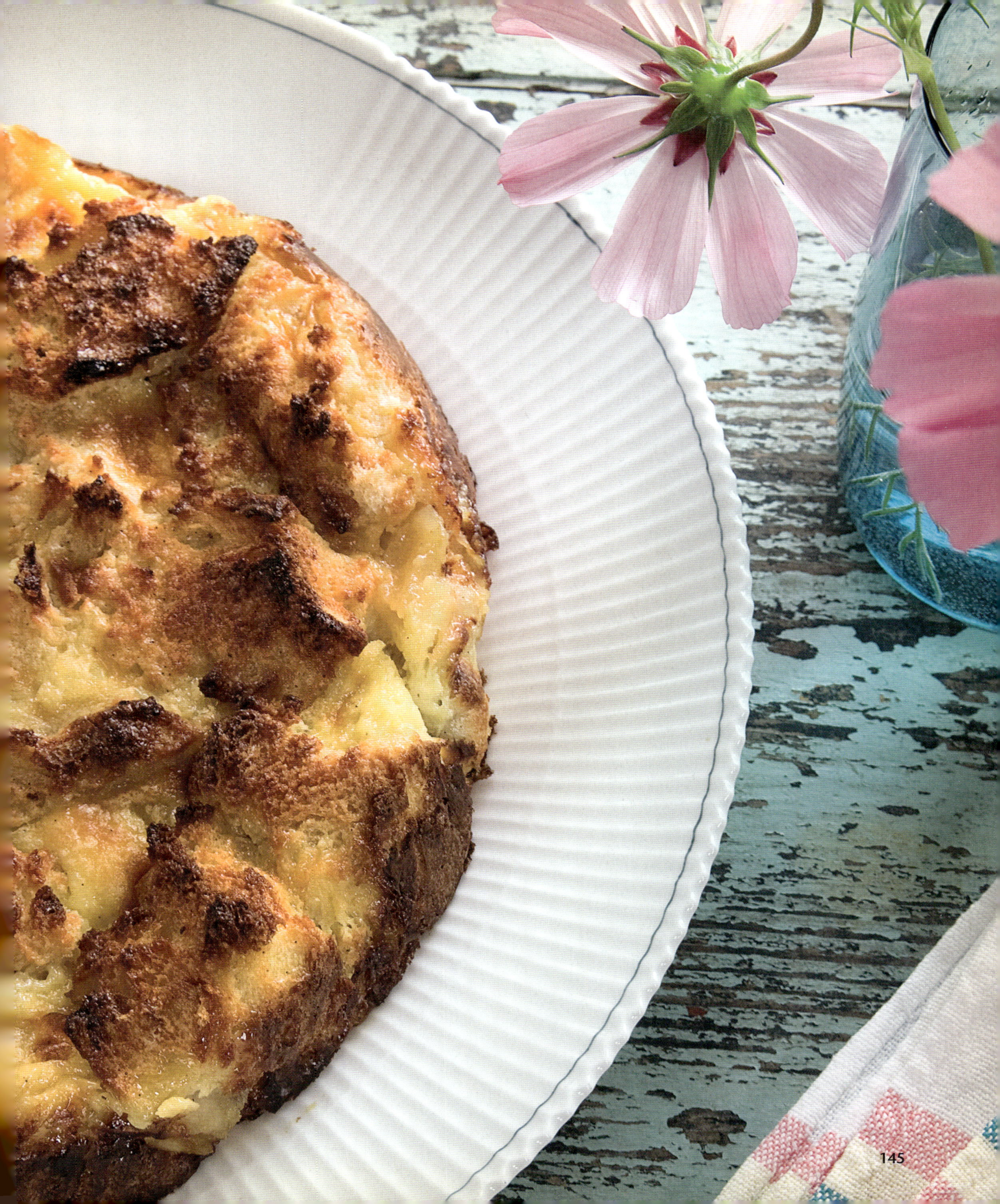

Schokoladen-Pastinaken-Muffins mit Rosenknospen und Kardamom

Zutaten
Ergibt 10 Stück

100 g Zartbitterschokolade (mindestens 80 % Kakaoanteil)
100 g Butter
150 g Weizenmehl
2 TL Weinstein oder Backpulver
1 Prise Meersalz
100 g heller Rohrzucker
6 getrocknete Rosenknospen ohne Stängel
6 Kardamomkapseln
70 g Pastinake, geschält
140 g Äpfel, gewaschen und Kerngehäuse entfernt, aber mit Schale
100 g griechischer Joghurt
3 Eier, verquirlt

Anstelle von Pastinaken können Sie für dieses Rezept auch Petersilienwurzel verwenden. Pastinaken sind allerdings süßer und aromatischer als andere Wurzelgemüsesorten.

1 Schokolade fein hacken und mit Butter bei nicht allzu hoher Temperatur im Wasserbad schmelzen. Mehl, Weinstein oder Backpulver, Meersalz und Rohrzucker (1 Esslöffel Zucker abnehmen) in einer großen Schüssel mischen.

2 Rosenknospen und Kardamomkapseln in einer elektrischen Kaffee- oder Gewürzmühle mit dem abgenommenen Esslöffel Rohrzucker zu einem puderzuckerartigen Pulver mahlen. Dann unter die Mehlmischung rühren.

3 Pastinake und Äpfel grob reiben und zur Mehlmischung geben. Schokolade ebenfalls zur Mehlmischung geben und rasch zu einem Teig verarbeiten. Dann zunächst den Joghurt und anschließend die Eier unterrühren. Alles gut vermischen.

4 Den Teig auf mittelgroße Muffinformen (je 100 Milliliter Inhalt) verteilen. Zwischen Teig- und Formrand sollte noch 1 Zentimeter Platz sein. Den Backofen auf 175 °C vorheizen und die Muffins darin 25–30 Minuten backen, bis sie sich fest anfühlen.

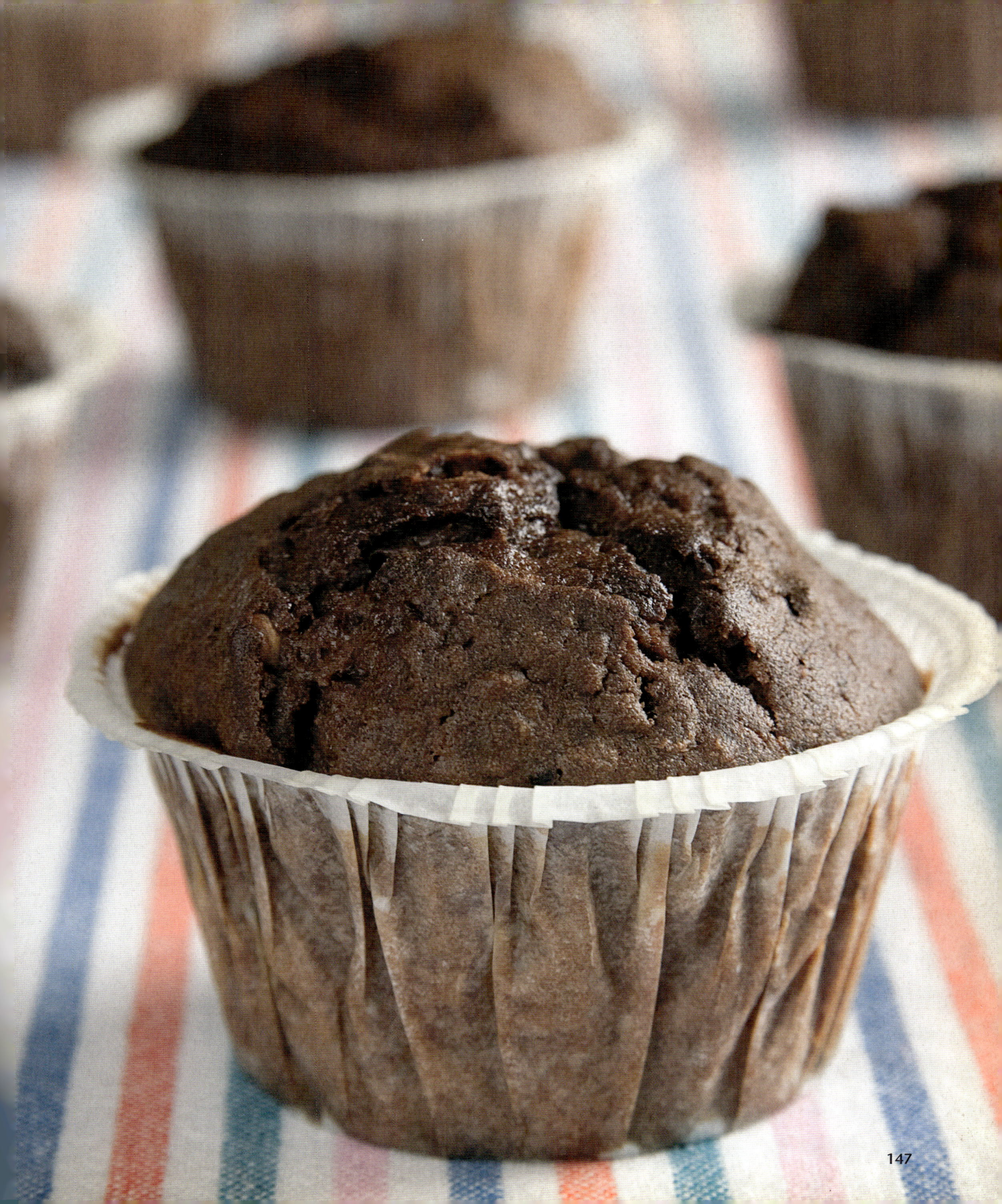

Minze-Pie mit Quitten

Zutaten
Ergibt 10 kleine Pies
oder 1 große

Für die Füllung:
250 g Kochäpfel
250 g Quitten
50 g kandierte Pomeranzenschale
25 g ganze unbehandelte Zitrone, mit Schale und Fruchtfleisch gekocht
100 g Korinthen
75 g Rosinen
75 g Sultaninen
125 g Butter, gewürfelt
200 g Farinzucker oder Muscovado-Zucker
25 ml Apfelessig
75 ml Cognac oder brauner Rum
1 TL fein gemahlener Ceylon-Zimt
½ TL fein gemahlene Muskatnuss
½ TL fein gemahlener Piment

Für den Mürbeteig:
300 g Weizenmehl
1 TL heller Rohrzucker
150 g kalte Butter, gewürfelt
6 EL Eiswasser (Wasser mit Eiswürfeln)
etwas zerlassene Butter und etwas Weizenmehl für die Formen

Dieser englische Weihnachtsklassiker wird eigentlich mit Nierenfett zubereitet, das Sie beim Metzger bestellen können. Aber Butter ist genauso gut. Die Pies schmecken herrlich zu Käse und natürlich als Dessert – serviert mit Schlagsahne und einem heißen Toddy.

1 Für die Füllung: Äpfel und Quitten putzen, waschen, schälen und die Kerngehäuse entfernen. Äpfel und Quitten klein würfeln. Pomeranzenschale, Zitrone, Korinthen, Rosinen und Sultaninen fein hacken. Alles gründlich mit den restlichen Zutaten mischen und in ein Schraubglas geben. Die Füllung vor der Verwendung mindestens 3 Tage ziehen lassen. Im Kühlschrank hält sich die Füllung problemlos bis zu 3 Monate.

2 Für den Mürbeteig: Alle Zutaten in einer Küchenmaschine verkneten, bis ein krümeliger Teig entsteht. Teig herausnehmen und mit der Hand rasch verkneten. Im Kühlschrank 1 Stunde ruhen lassen.

3 Zehn kleine Tarteformen (je 10 Zentimeter Durchmesser) mit zerlassener Butter fetten und rundum mit Mehl bestäuben.

4 Den Teig in zehn Portionen teilen. Jede Portion halbieren und alle Stücke dünn zwischen zwei Lagen Backpapier (das Papier anschließend wegwerfen) ausrollen. Die Formen mit Teig auskleiden und die Füllung darauf verteilen. Mit den restlichen Teigkreisen abdecken und die Ränder dekorativ zusammendrücken.

5 Den Backofen auf 220 °C vorheizen. Die Formen mit Alufolie abdecken und im vorgeheizten Backofen 10 Minuten vorbacken. Die Alufolie abnehmen und die Backofentemperatur auf 180 °C reduzieren. Die Pies weitere 15–20 Minuten goldgelb backen. Aus den Formen lösen und auf einem Kuchengitter auskühlen lassen. Pies lauwarm oder am nächsten Tag kalt genießen.

Hinweis:
Eine große Pie (30 Zentimeter Durchmesser) muss mit Alufolie abgedeckt zunächst 10 Minuten bei 220 °C backen. Dann die Alufolie abnehmen und die Backofentemperatur auf 180 °C reduzieren. Die Pie nun mindestens 30 Minuten fertig backen.

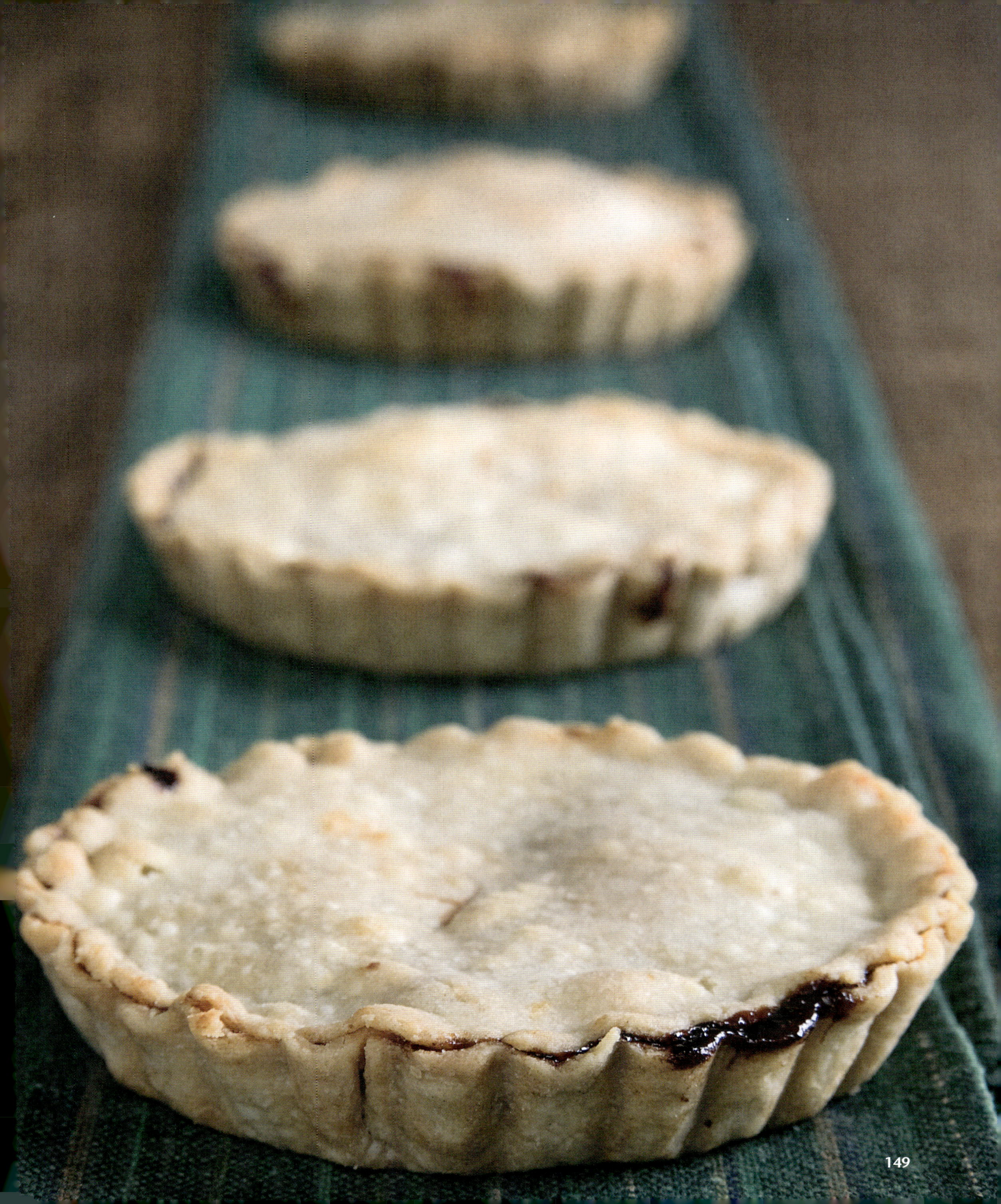

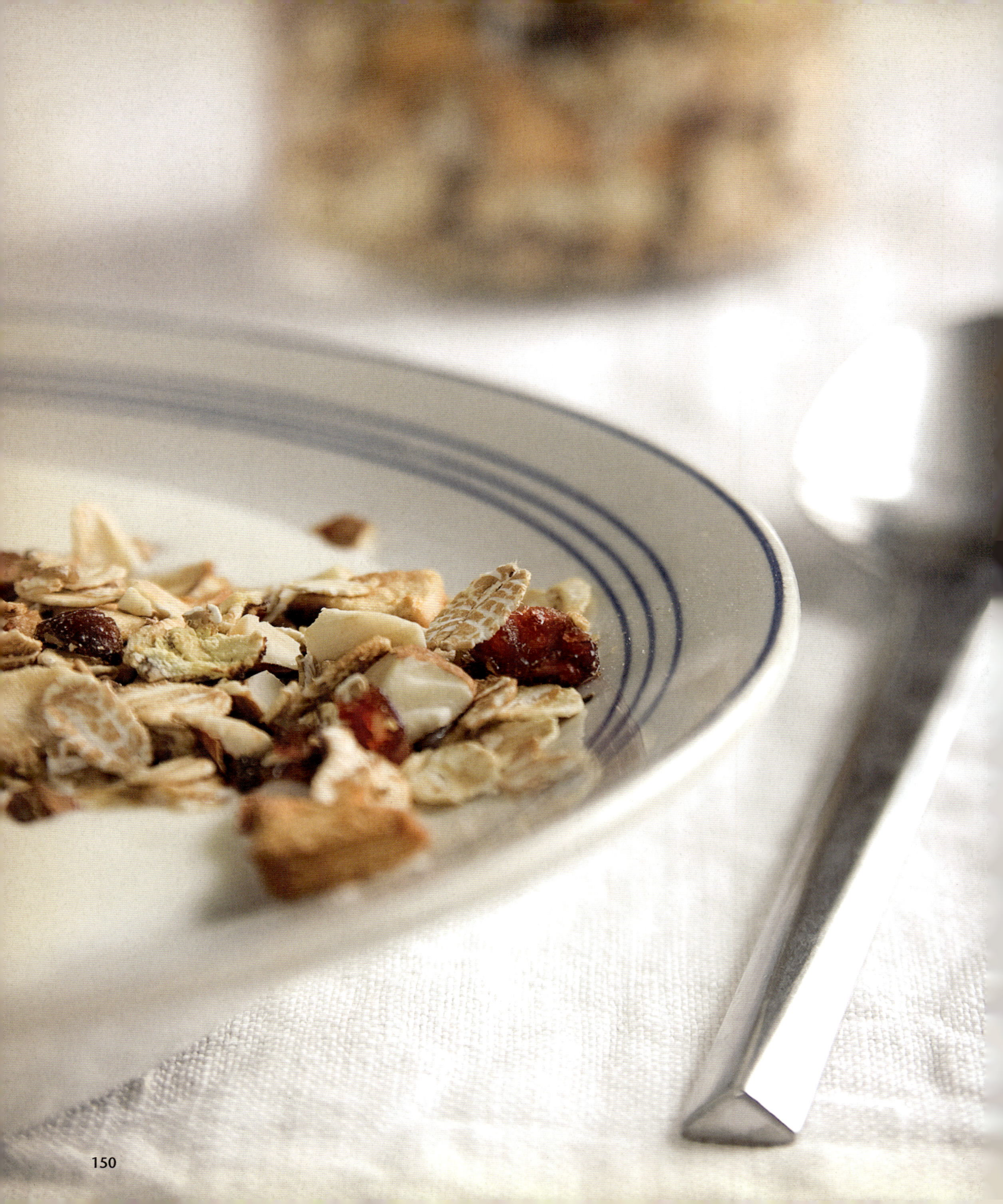

Apfel-Knuspermüsli mit frischem Ingwer

Am besten schmeckt dieses Müsli lauwarm serviert mit kaltem Joghurt oder kalter Dickmilch. Zum Umfallen gut.

1 Mandeln grob und Äpfel und Cranberrys fein hacken. In einer Schüssel gut mit den übrigen Zutaten mischen und anschließend auf einem mit Backpapier belegten Backblech verteilen.

2 Den Backofen auf 200 °C vorheizen und das Müsli darin 5–10 Minuten backen, bis es schön goldbraun geworden ist. Während des Backens ein paarmal wenden. Alternativ das Müsli in einer trockenen Pfanne goldbraun braten.

3 Das Müsli lauwarm mit einem säuerlichen Milchprodukt genießen. Das restliche Müsli in einem luftdicht verschließbaren Glas bei Zimmertemperatur aufbewahren.

Zutaten
Für 5–6 Personen

50 g ganze Mandeln mit Haut
50 g getrocknete Äpfel
30 g getrocknete Cranberrys oder Blaubeeren
100 g kernige Haferflocken oder Dinkelflocken
1–2 TL frisch geriebener Ingwer
30 g flüssiger Honig

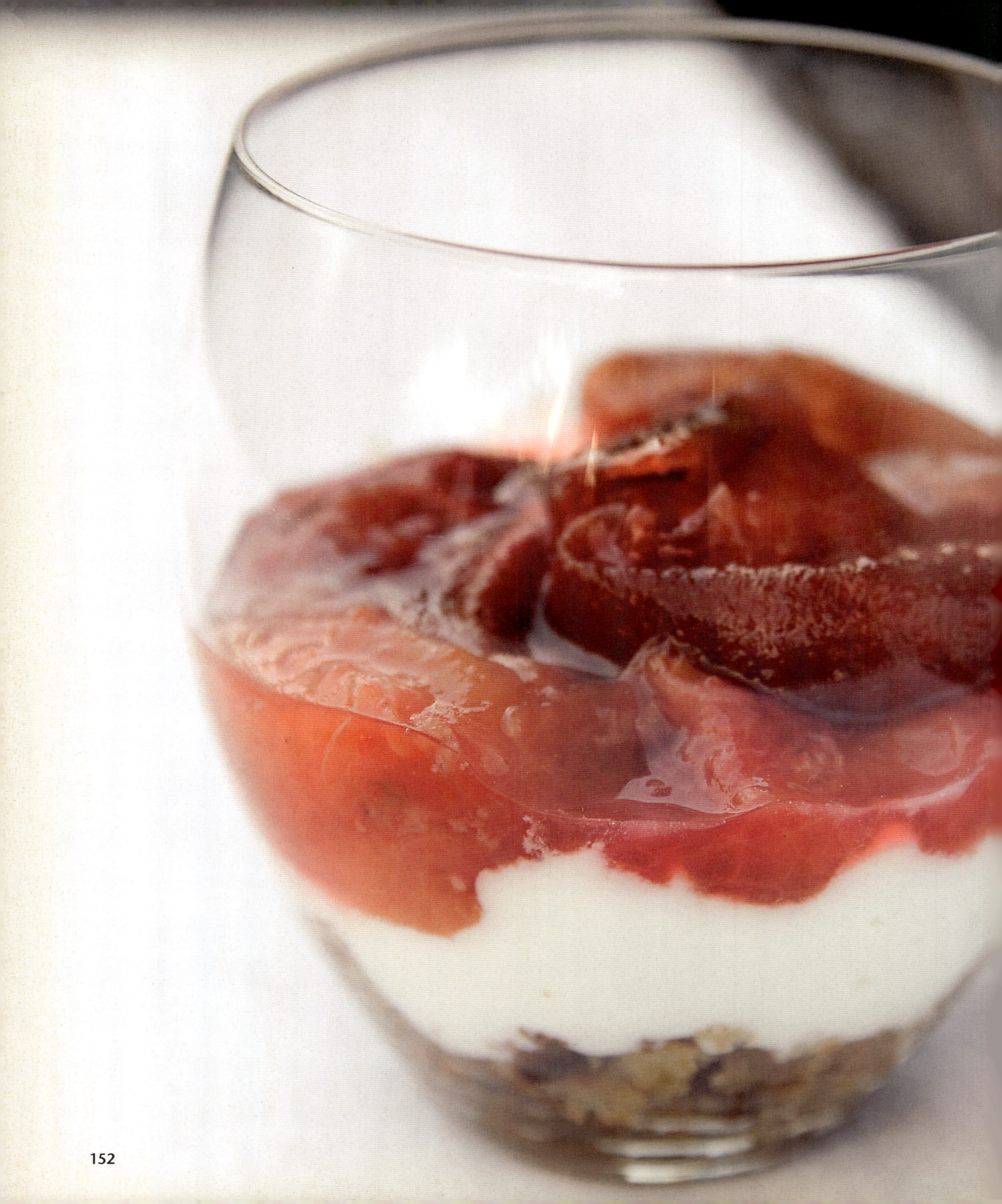

Honig-Pflaumen-Trifle mit Mandel-Orangen-Kuchen

Von diesem Trifle werden Sie bestimmt nie genug bekommen, und das liegt am Mandel-Orangen-Kuchen – einem der absoluten Highlights meiner 22-jährigen Küchenkarriere. Für dieses Trifle benötigen Sie allerdings nur einen Teil des Kuchens, der mit griechischem Joghurt serviert zu einem einzigartigen Geschmackserlebnis wird. Er hält sich im Kühlschrank problemlos bis zu 5 Tage und wird zu allem Überfluss mit jedem Tag besser und saftiger.

1 Für den Mandel-Orangen-Kuchen: Brot (eventuell klein gehackt), Rohrzucker, Mandeln und Weinstein oder Backpulver in einer Küchenmaschine fein zerkleinern. Bei laufender Maschine die Zitrusschale und nach und nach die Eier hinzufügen. Dann vorsichtig das Öl in einem dünnen Strahl eingießen und die Maschine abstellen.

2 Den Teig in eine mit Backpapier ausgekleidete Tarteform (30 Zentimeter Durchmesser) füllen und glatt streichen. Den Backofen auf 170 °C vorheizen und den Kuchen darin 40–50 Minuten backen (falls der Kuchen zu dunkel wird, locker mit Alufolie abdecken).

3 **Für den Sirup:** Zitrussaft, Rohrzucker und Gewürze in einem kleinen Topf auf die Hälfte einkochen. Den entstandenen Sirup abseihen.

4 Den noch warmen Kuchen mehrfach mit einer Stopfnadel einstechen und mit dem heißen Sirup tränken.

5 Für das Trifle: Den Kuchen grob zerbröckeln und auf vier hübsche Serviergläser verteilen. Griechischen Joghurt daraufgeben und schließlich mit den gebackenen Pflaumen und etwas Pflaumensaft krönen.

Zutaten
Für 4 Personen

250–300 g Mandel-Orangen-Kuchen (siehe unten)
etwa 80 g griechischer Joghurt
8–10 Honigpflaumen (Seite 139), entsteint

Für den Mandel-Orangen-Kuchen:
45 g altbackenes, trockenes Brot ohne Rinde
200 g heller Rohrzucker
100 g ganze Mandeln mit Haut
1½ TL Weinstein oder Backpulver
fein abgeriebene Schale von 2 unbehandelten Orangen
fein abgeriebene Schale von 1 unbehandelten Zitrone
4 Eier
150 ml kalt gepresstes Erdnussöl

Für den Sirup:
Saft der Zitrusfrüchte
80 g heller Rohrzucker
4 Gewürznelken
1 Ceylon-Zimtstange, in Stücke gebrochen

Herbst

Frischer Quittentee mit Vanille und Chili

Zutaten
Für 1 Tasse

3 dünne Quittenscheiben mit Schale
1 Messerspitze Vanillemark
1 TL Honig
1 Prise Chiliflocken oder ein paar Scheiben frische Chilischote (optional)
300 ml sprudelnd kochendes Wasser

Zart und verführerisch – so schmeckt dieser herrliche Tee. Und noch ein kleiner Tipp: Wenn Sie sowieso gerade dabei sind, Quitten zu verarbeiten, können Sie die Reste oder Schalen wunderbar für diesen Tee nutzen. Nur nichts wegschmeißen!

Quittenscheiben, Vanillemark, Honig und Chiliflocken oder Chilischeiben in ein hohes Glas füllen. Kochendes Wasser angießen, umrühren und 7–10 Minuten ziehen lassen. Dann genießen.

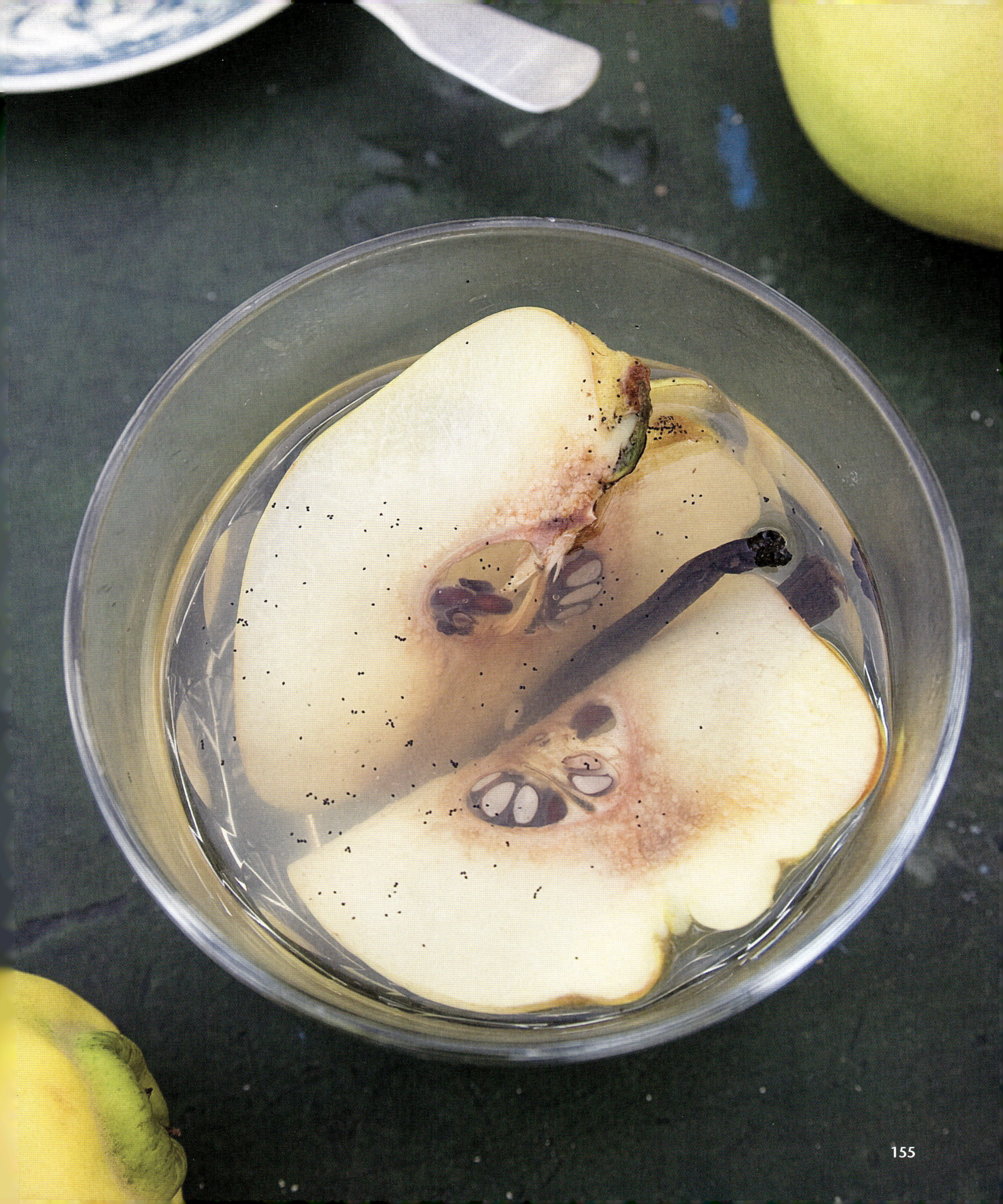

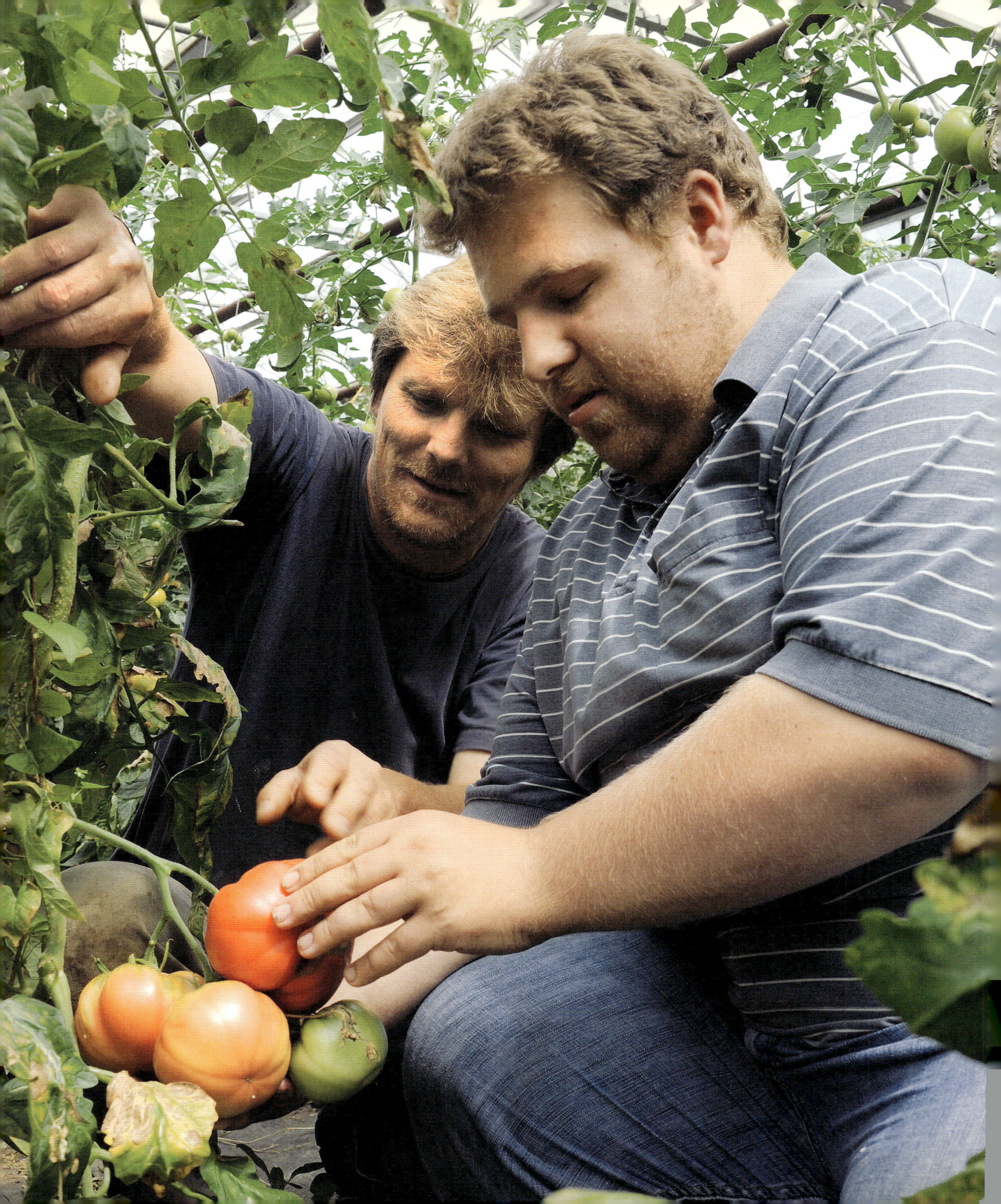

Gut für Mensch und Pflanze: Die Gärtnerei Hollern

Die Gärtnerei Hollern ist eine von vier Werkstätten des Heilpädagogischen Centrum Augustinum (HPCA) im Norden Münchens. Insgesamt rund 480 Menschen mit Behinderung sind in diesen modernen Produktionsbetrieben beschäftigt, deren Angebot von der Elektronikbestückung bis zur umweltfreundlichen Lackierstraße für Kfz-Teile reicht. Wir haben die Gärtnerei Hollern für unser Buch ausgesucht, weil hier ökologischer Gartenbau so einzigartig und professionell betrieben wird wie in kaum einem anderen Biobetrieb.

Helmut Reschenhofer empfängt mich freudig. Er ist für die Produktion von etwa 40 verschiedenen Gemüsearten zuständig und von Anfang an dabei, seit er vor 24 Jahren als Zivildienstleistender hier begann. Der Gartenbaumeister absolvierte eine berufsbegleitende sonderpädagogische Zusatzausbildung. Man spürt sofort, wie sehr er seine beiden Berufe schätzt. Werner Schmeil ist der Betriebsleiter der Gärtnerei Hollern und verantwortlich für die 118 Beschäftigten und 28 Betreuer. Es beeindruckt sehr, wie er voller Stolz die Leistungen seines Betriebes vorstellt. Ganz klein fing man damals an; als erste Gruppe kaufte eine kleine Bürgerinitiative aus Neubiberg bei München den Pionieren ihre Produkte ab.

Auf mehr als 25.000 Quadratmetern Freiland und 2.600 Quadratmetern unter Glas und Folie wird ausschließlich kontrolliert-biologisches Gemüse nach den Richtlinien des Naturland-Verbandes angebaut. Erntefrische, saisonale Erzeugnisse werden auf sechs Wochenmärkten in München, in Neubiberg und direkt in der Gärtnerei angeboten. Ein weiterer wichtiger Geschäftsbereich der Gärtnerei Hollern ist die Züchtung von Hydrokulturpflanzen, die von mobilen Service-Teams beim Kunden gepflegt werden. Vor gut zehn Jahren entstanden neue moderne Gebäude, eine Arbeitshalle und Gewächshäuser. Dafür wurden die alten Gebäude »mit einigen Tränen in den Augen« abgerissen.

Warum kaufen die Kunden die Produkte der Gärtnerei Hollern? Weil sie qualitativ hervorragend und frisch geerntet sind, weil sie aus der Region stammen, weil alles aus einer Hand kommt und hier Menschen mit Behinderung durch ihre Arbeit Anerkennung und Selbstbestätigung erfahren. Die Qualität der Produkte aus der Gärtnerei Hollern kommt nicht von ungefähr. Jahrelang suchte man durch Probieren und Studieren die »richtigen« Gemüsesorten und baute langsam und mühevoll die Bewirtschaftung nach den Richtlinien des Naturland-Verbandes auf. Aber vor allem brauchte die Entwicklung einer stabilen Stammkundschaft ihre Zeit und viel Geduld.

Bei unserem Besuch in der Gärtnerei lernten wir, dass alte Sorten nicht grundsätzlich besser schmecken. Denn manch eine »modernere« Sorte entwickelt einen wunderbaren Geschmack, vor allem wenn Form und Menge der Nährstoffe stimmen. In der Gärtnerei Hollern hält man – und das ist interessant – die Nährstoffzugabe durch Kompost knapp. Denn es hat sich gezeigt, dass beispielsweise eine maßvoll gedüngte, also nicht vollgepumpte Tomate, besser schmeckt. Das Sprichwort »Auf kargen Böden wächst der beste Ziegenkäse« gilt wohl auch hier.

»Das Sortenkarussel«, so sagt Helmut Reschenhofer, »dreht sich in Hollern sehr schnell. Wir testen immer Neues und probieren vor allem bei Paprika und Tomaten eine Vielfalt verschiedener Sorten gleichzeitig aus. Und bei allein 2.500 Kartoffelsorten wird der Prozess wohl auch nie beendet sein. Das danken uns die Kundinnen und Kunden auf den Münchner Wochenmärkten, die so jahraus, jahrein immer wieder interessante neue Geschmacks- und Optikerlebnisse haben. Die erleben sie im Supermarkt nicht, denn da gibt's immer dieselben Sorten. Außerdem geht auf diese Weise in Hollern die Ware nicht aus, weil jede Sorte zu einem anderen Zeitpunkt reif wird.«

In diesem Jahr gibt's folgende Kartoffeln: ›Ditta‹ (festkochend), im Öko-Landbau beliebt, da sie geschmacklich sehr gut und gesund ist; ›Agria‹ (mehlig- bis vorwiegend festkochend) wird sehr groß, das Laub muss frühzeitig »abgeschlegelt« werden, damit sich die Schale festigt; einige rotschalige Sorten, die der Optik am Marktstand guttun; die gelbfleischige, runde, auch sehr wohlschmeckende und gesunde ›Laura‹, die kaum jemand kennt. ›Quarta‹ wird in der Gärtnerei Hollern nicht angebaut, da es sie überall gibt.
In der Gärtnerei Hollern wird von September bis Oktober die Ernte eingebracht. Kartoffeln, Sellerie, Karotten, Knoblauch, Weiß- und Blaukraut kommen ins Lager. So können Mitarbeiter und Beschäftigte fast ganzjährig arbeiten.

»Nützlingsstreifen« bieten Futter für nützliche Insekten. Hier wird nicht gemäht, auch die Sonnenblumen bleiben »als Service für die Vögel« stehen. Im Gewächshaus werden manche Nützlinge wie die Raubmilbe oder die Schlupfwespe in Tüten an die Gemüsepflanzen gehängt. Nachdem sie geschlüpft sind, machen sie sich über die Schädlinge her, zum Beispiel über die rote Spinne. Ich bin erstaunt, wie viele Nützlinge man heute kennt, züchtet und einsetzt. Das ist teurer als Chemie, aber es bereitet ein gutes Gefühl. Hier wird wirklich durch und durch nachhaltig gehandelt!

Man kann kaum den ganzen Erfahrungsschatz erfassen, der sich hier im Laufe der Jahre angesammelt hat. Deshalb beschließen wir, ganz sicher noch einmal herzukommen.

159

Winter

Cremige Porree-Zitronensuppe mit Hühnerfleisch
Kohlsuppe mit Klippfisch, Chorizo und Koriander
Brotsalat
Schwarzwurzelsalat
Roher Rosenkohlsalat
Perlgraupen mit eingelegten Tomaten
Dänisches Roggenbrot
Naan-Brot
Glasierte Apfel-Zimt-Poularde mit Röstgemüse
Entenpastete mit Schwarzwurzeln
Koteletts mit Wacholderbeeren, Piment & Lorbeerblatt
Gekochte Rinderbrust mit sahnigem Kartoffel-Sellerie-Salat
Kartoffelpüree mit gebratenem Kohl und Bacon-Vinaigrette
In Apfelsaft glasierte Kartoffeln
Herrlich saure Kohlcreme
Topinambur-Joghurt-Püree mit Äpfeln
Selleriewaffeln mit Birnensirup & Crème fraîche
Buttermilchwaffeln mit Blutorangen-Birnen
Wintergrütze de luxe
Dänischer Honigkuchen

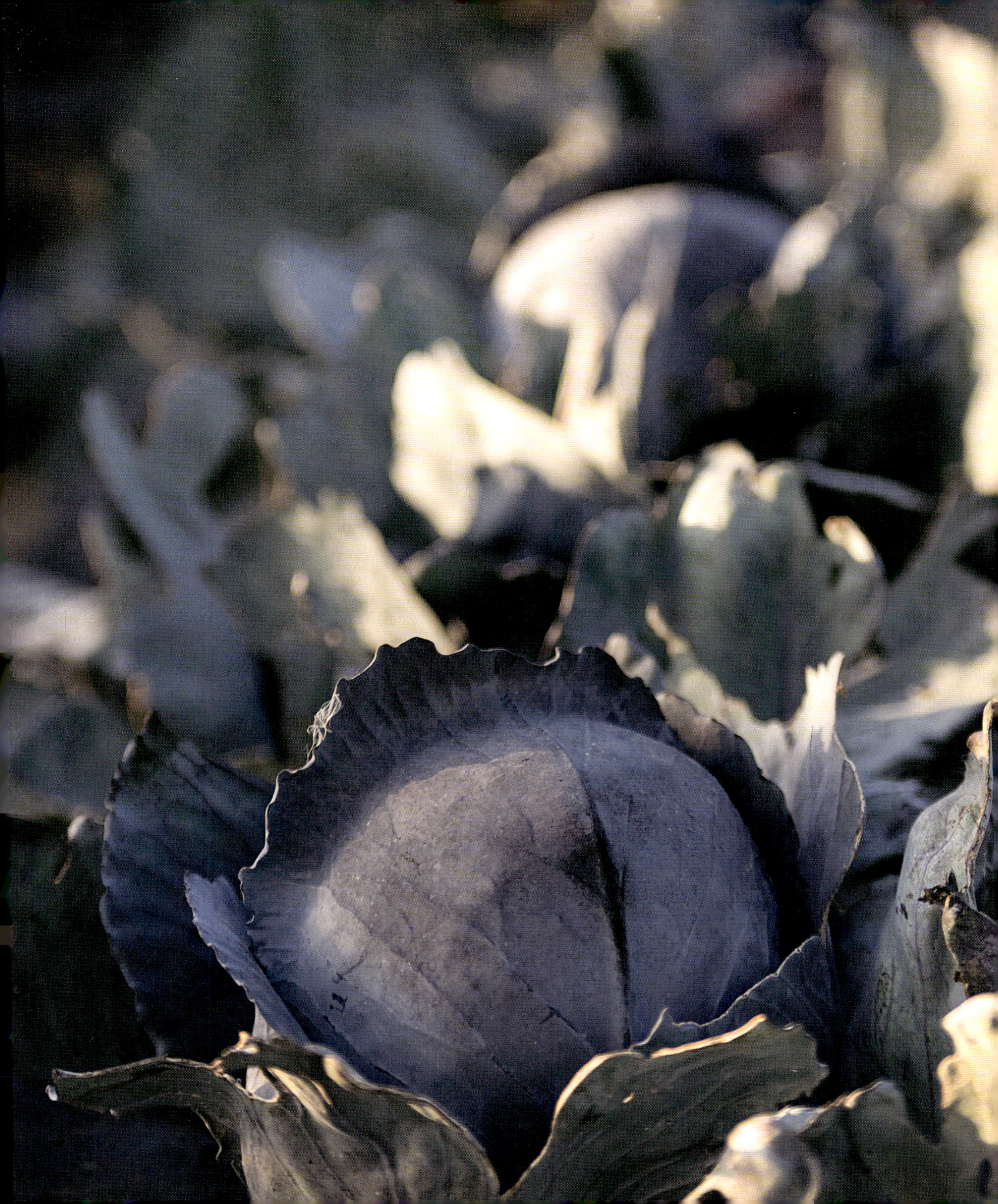

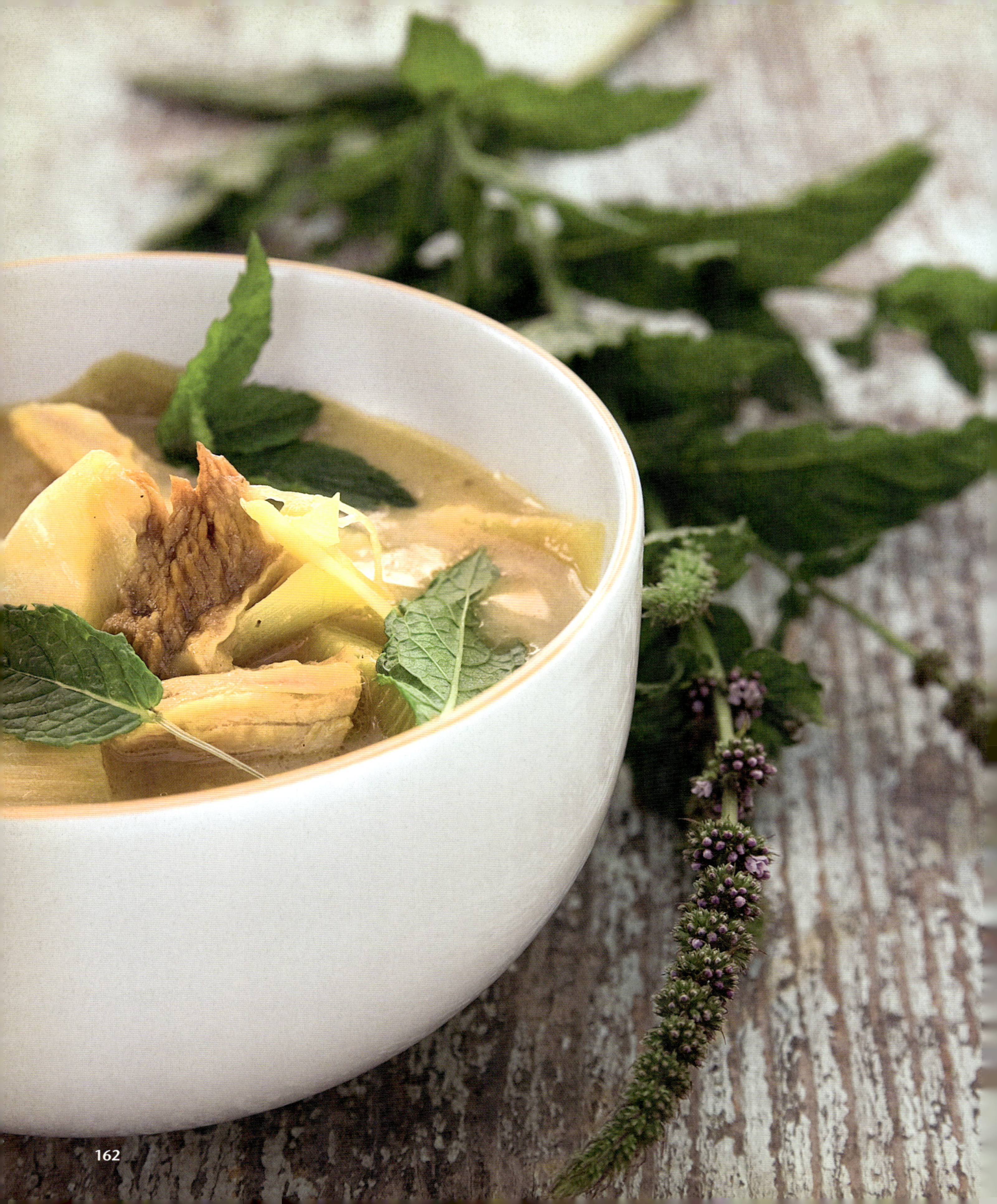

Cremige Porree-Zitronensuppe mit Hühnerfleisch

Diese leichte, erfrischende Suppe besticht durch ihre markante Zitrusnote.

1 Zwiebeln und Knoblauch schälen und in dünne Scheiben schneiden. Lorbeerblätter fein hacken.

2 Etwas Olivenöl in einem Topf erhitzen. Zwiebeln, Knoblauch, Lorbeerblätter, Zitronenschale, Jalapeños oder Chiliflocken, Meersalz und frisch gemahlenen Pfeffer darin 20 Minuten braten, ohne dass die Zutaten Farbe annehmen.

3 Das Fleisch hinzufügen und kochendes Wasser angießen. Die Suppe etwa 45 Minuten kochen, bis das Fleisch sehr zart ist. Das Fleisch aus der Suppe nehmen und in kleine Stücke teilen. Unterdessen Porree in der Suppe garen.

4 Die Hälfte der Suppe aus dem Topf nehmen, glatt pürieren und wieder zur restlichen Suppe geben. Das Hühnerfleisch kurz in der Suppe erwärmen und die Suppe mit fein gehackter Minze bestreut servieren.

Winter

Zutaten
Vorspeise für 6–8 Personen (ergibt etwa 2 l)

350 g Zwiebeln
2 Knoblauchzehen
4 frische Lorbeerblätter
Olivenöl zum Braten
50 g unbehandelte Zitronenschale, klein gewürfelt
1 TL fein gehackte Jalapeños oder 1 Prise Chiliflocken
Meersalz
frisch gemahlener schwarzer Pfeffer
350 g Hähnchenbrustfilet oder Hähnchenkeule ohne Haut, entbeint
2 l kochendes Wasser
500 g Porree (nur das Weiße), geputzt, gewaschen und in grobe Ringe geschnitten
frische Minzeblätter zum Bestreuen, abgespült und trocken getupft

Winter

Kohlsuppe mit Klippfisch, Chorizo und Koriander

Zutaten

Hauptspeise für
4–5 Personen
(ergibt etwa 2,3 l)

½ kg Klippfisch (beim
Fischhändler bestellen)
1 kg Kartoffeln
Olivenöl zum Braten
6 Knoblauchzehen
Meersalz
frisch gemahlener
schwarzer Pfeffer
4 frische Lorbeerblätter
etwa 1–1,2 l Wasser
300 g Grün- oder Palmkohlblätter ohne Stiele

Für die Einlage:
Olivenöl zum Braten
dünne Chorizo- oder
Mettwurstscheiben
etwa 3 EL Korianderkörner,
grob zerstoßen

1 Klippfisch mindestens 24 Stunden in kaltem Wasser einweichen. Das Wasser währenddessen vier- bis fünfmal wechseln. Klippfisch herausnehmen, entgräten und enthäuten. Dann in grobe Stücke schneiden. Kartoffeln schälen und grob würfeln.

2 Einen großen Topf erhitzen und etwas Olivenöl hineingeben. Knoblauch schälen, mit etwas Meersalz zerdrücken und ein paar Minuten im Topf braten, bis er ein klein wenig Farbe angenommen hat. Mit frisch gemahlenem Pfeffer würzen. Lorbeerblätter, Klippfisch, Kartoffeln und Wasser in den Topf geben. Alles zum Kochen bringen und etwa 20 Minuten köcheln lassen.

3 Kohlblätter putzen, waschen, aufrollen, zusammenpressen und in sehr dünne Streifen schneiden. Kohl in den Topf geben und weitere 10–15 Minuten köcheln, bis er schön weich ist. Diese Suppe sollte nicht püriert, sondern nur grob durch eine Flotte Lotte (den gröbsten Einsatz wählen) gedreht werden. Alternativ die Suppe grob mit einem Schneebesen zerkleinern.

4 Für die Einlage: Eine Pfanne erhitzen und reichlich Olivenöl hineingeben. Chorizo- oder Mettwurstscheiben darin mitsamt Korianderkörnern ein paar Minuten braten.

5 Die Suppe noch einmal aufwärmen und eventuell mit etwas Wasser verdünnen. Dann mit Wurstscheiben, Koriander und dem Öl aus der Pfanne krönen und mit Brot servieren.

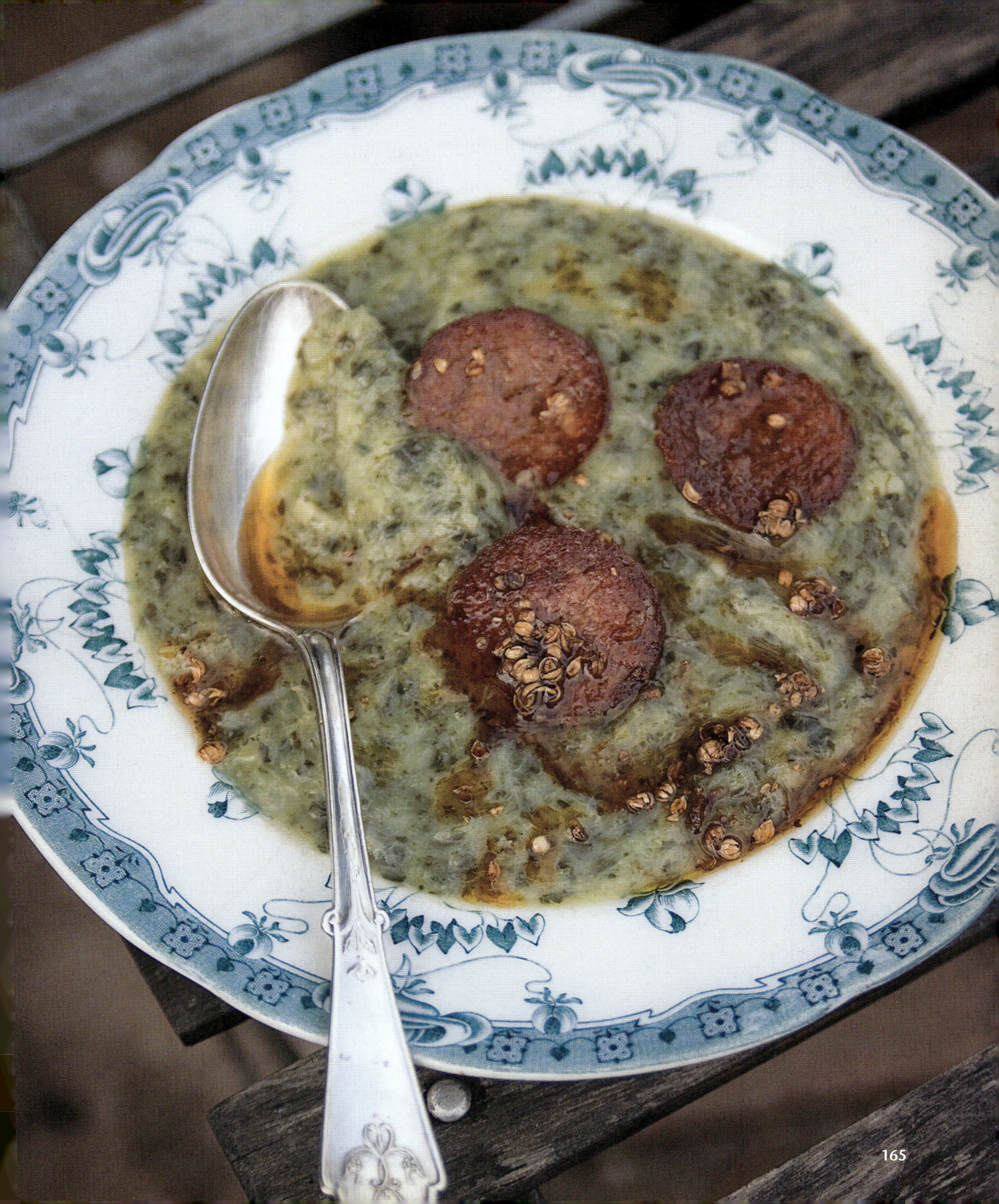

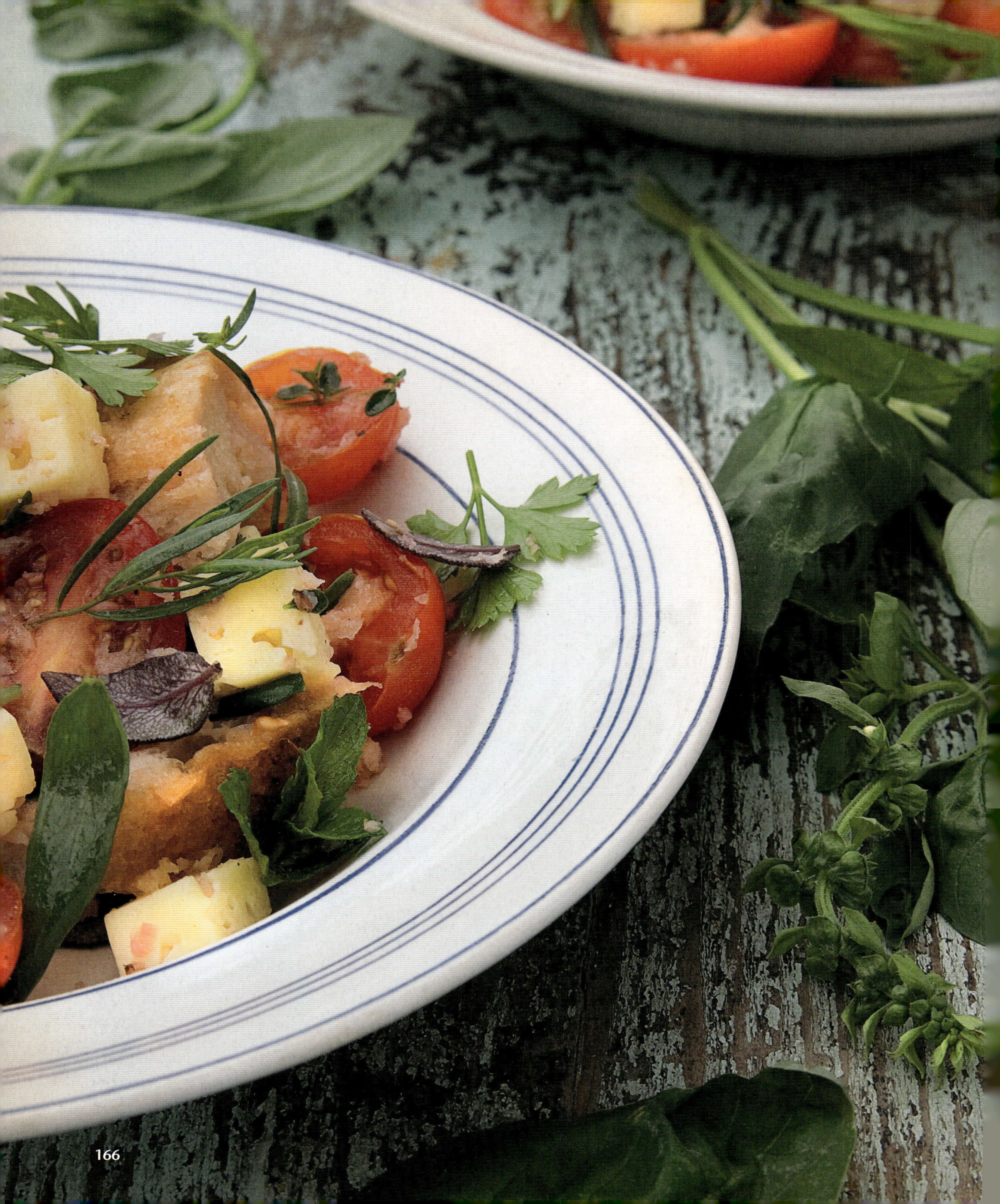

Brotsalat

Mit diesem Salat wird auch Brot vom Vortag wieder schön saftig und extrem schmackhaft.

1 Zunächst Knoblauch, rote Zwiebeln, Koriander, kalt gepresstes Olivenöl und Zitronensaft in einer großen Salatschüssel mischen. Mit Meersalz und frisch gemahlenem Pfeffer würzen.

2 Brot in Würfel von 2 × 2 Zentimetern schneiden. Tomaten putzen, waschen und halbieren. Käse klein würfeln. Alles in der Salatschüssel vermischen und mindestens 5 Minuten ziehen lassen, damit sich die Brotstücke schön vollsaugen können. Kräuter abspülen, trocken tupfen, unterheben und den Salat sofort servieren.

Zutaten
Vorspeise für 4 Personen

1 Knoblauchzehe, geschält und mit etwas Meersalz zerdrückt
1 EL fein gehackte rote Zwiebeln
etwa ½ TL grob zerstoßener Koriander
2 EL kalt gepresstes Olivenöl
2 EL frisch gepresster Zitronensaft
Meersalz
frisch gemahlener schwarzer Pfeffer
175 g Brot (frisch oder vom Vortag)
500 g vollreife Cocktail- oder Pflaumentomaten
etwa 150 g aromatischer Käse wie Bergkäse
40 g frisch gezupfte Kräuter wie Basilikum, Dill, Minze, Salbei, Thymian, Estragon und Petersilie

Winter

Schwarzwurzelsalat

Zutaten
Beilage oder Vorspeise
für 4 Personen

80–100 g Schwarzwurzeln
15 g rote Zwiebeln oder
Schalotten
1 Knoblauchzehe
1 TL frisch geriebener
Ingwer
1 TL Zitronen-Pickles
(siehe Seite 43)
3 EL frisch gepresster
Zitronensaft
2 EL kalt gepresstes
Walnuss- oder Erdnussöl
½ TL grob
gemahlener Koriander
½ TL grob gemahlener
Kreuzkümmel
4 Kardamomkapseln,
frisch gemahlen
1 Prise Chiliflocken
50 g Walnüsse oder
Erdnüsse, geröstet und
grob gehackt
20 g glatte Petersilie,
abgespült und
trocken getupft
Meersalz
frisch gemahlener
schwarzer Pfeffer

Servieren Sie diesen Salat als Beilage oder Vorspeise. Lecker schmeckt er auch auf einem Stück gebratenem Fisch oder Fleisch. Anstelle von Schwarzwurzeln können Sie auch Topinambur verwenden.

1 Schwarzwurzeln putzen, waschen, schälen und in dünne Scheiben schneiden. Zwiebeln oder Schalotten und Knoblauch schälen. Zwiebeln oder Schalotten in dünne Ringe schneiden und Knoblauch fein hacken.

2 Mit den übrigen Zutaten in einer großen Schüssel mischen und mit Meersalz und frisch gemahlenem Pfeffer würzen. Den Salat vor dem Servieren 10–15 Minuten durchziehen lassen.

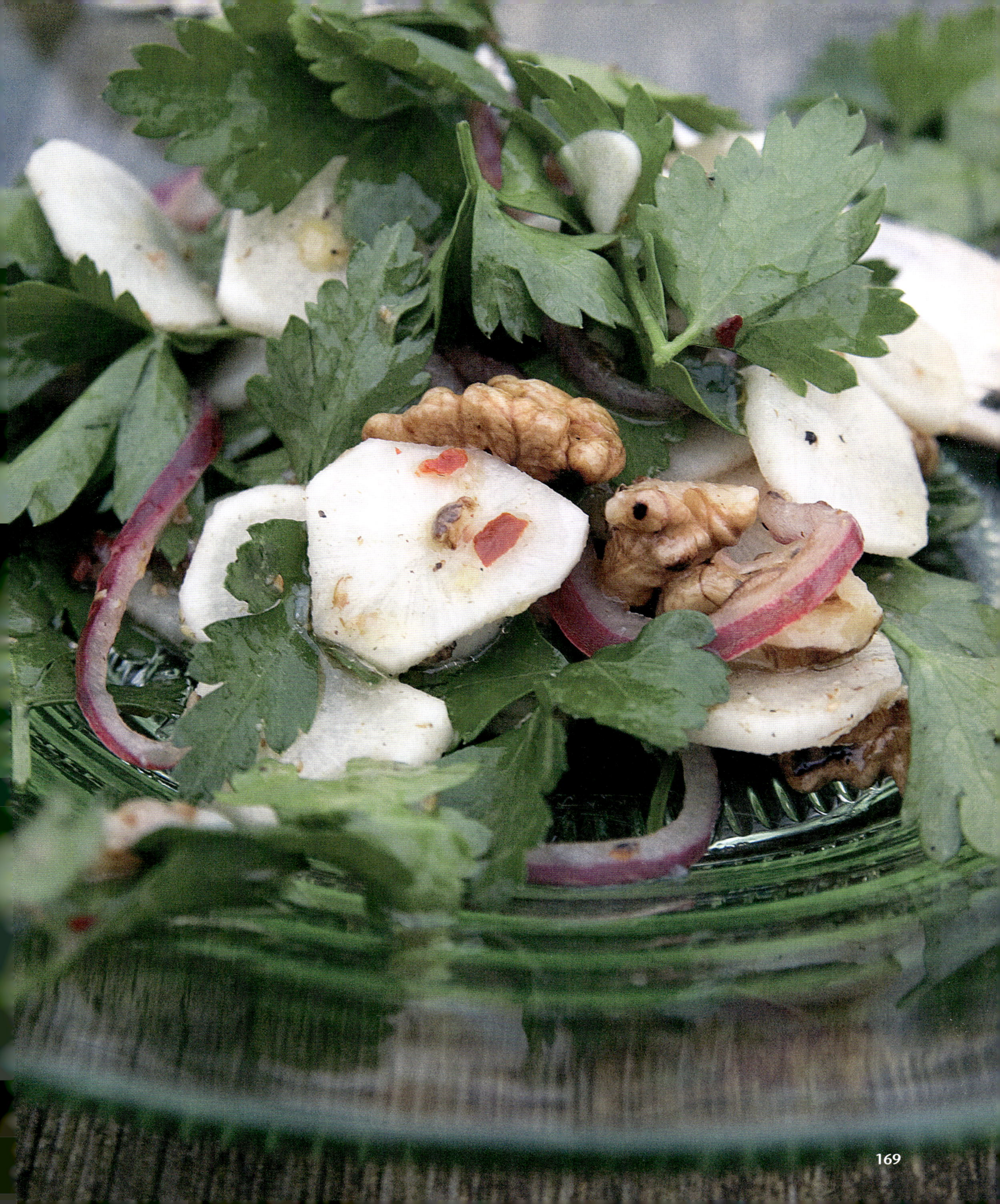

Winter

Roher Rosenkohlsalat

Zutaten
Vorspeise für 4 Personen

½ kg Rosenkohl
75 g Walnüsse

Für das Dressing:
2 EL hochwertiger Rotweinessig
2 EL kalt gepresstes Erdnuss- oder Olivenöl
1 EL dunkler Muscovado-Zucker oder Farinzucker
1 EL frisch geriebener Ingwer
eventuell 1 Prise Chiliflocken
Meersalz
frisch gemahlener schwarzer Pfeffer

Dies ist einer meiner Klassiker zu Weihnachten. Zu den leckeren, deftigen Festtagsessen schmeckt er einfach perfekt.

1 Für den Salat: Den Wurzelansatz des Rosenkohls abschneiden. Alle welken Blätter entfernen. Rosenkohl waschen und die Rosenkohlblättchen abzupfen. Eine Pfanne erhitzen und Walnüsse darin vorsichtig anrösten, bis sie Farbe annehmen. Nicht anbrennen lassen! Dann abkühlen lassen. Walnüsse grob hacken und beiseitestellen.

2 Für das Dressing: Rotweinessig, Erdnuss- oder Olivenöl, Zucker und Gewürze in einer großen Schüssel mischen. Großzügig mit Meersalz und frisch gemahlenem Pfeffer würzen.

3 Rosenkohl im Dressing wenden und bei Zimmertemperatur mindestens 1 Stunde ziehen lassen. Kurz vor dem Servieren Walnüsse unterheben.

171

Perlgraupen mit eingelegten Tomaten

Zutaten
Beilage oder Vorspeise
für 4 Personen

etwa 300 g
eingelegte Tomaten
(siehe Seite 130)
etwa 2 EL Einlegeflüssigkeit
von den eingelegten
Tomaten
500 g Perlgraupen, gekocht
(siehe unten)
Meersalz
frisch gemahlener
schwarzer Pfeffer
etwas Parmesan am Stück

Für die gekochten Perlgraupen:
300 g polierte Perlgraupen
½ l kochendes Wasser
reichlich Meersalz

Wenn Sie die sauerwürzig eingelegten Tomaten bereits auf Vorrat zubereitet haben, gelingt Ihnen dieses umwerfende Gericht im Handumdrehen. Die Säure der Tomaten ist der helle Wahnsinn und die Garzeit von polierten Perlgraupen beträgt weniger als 15 Minuten.

1 Für die gekochten Perlgraupen: Graupen mit kaltem Wasser abspülen, bis das ablaufende Wasser klar ist. Dann in einem Sieb gut abtropfen lassen. In einen kleinen Topf geben, mit kochendem Wasser bedecken und reichlich salzen.

2 Perlgraupen zugedeckt 10–15 Minuten kochen, bis das Wasser wirklich vollständig verdampft ist. Dabei in den ersten 10 Minuten immer wieder umrühren. In den letzten 5 Minuten nicht mehr umrühren. Den Topf vom Herd nehmen und die Graupen noch, weitere 5 Minuten ruhen lassen.

3 Eingelegte Tomaten grob hacken und mit der Einlegeflüssigkeit in einem Topf aufkochen. Gekochte Perlgraupen hinzufügen und ein paar Minuten kochen, bis alles eine dicklich-cremige Konsistenz hat. Das Ganze mit Salz und Pfeffer abschmecken, in kleine Schalen füllen, reichlich Parmesan darüberhobeln und sofort servieren.

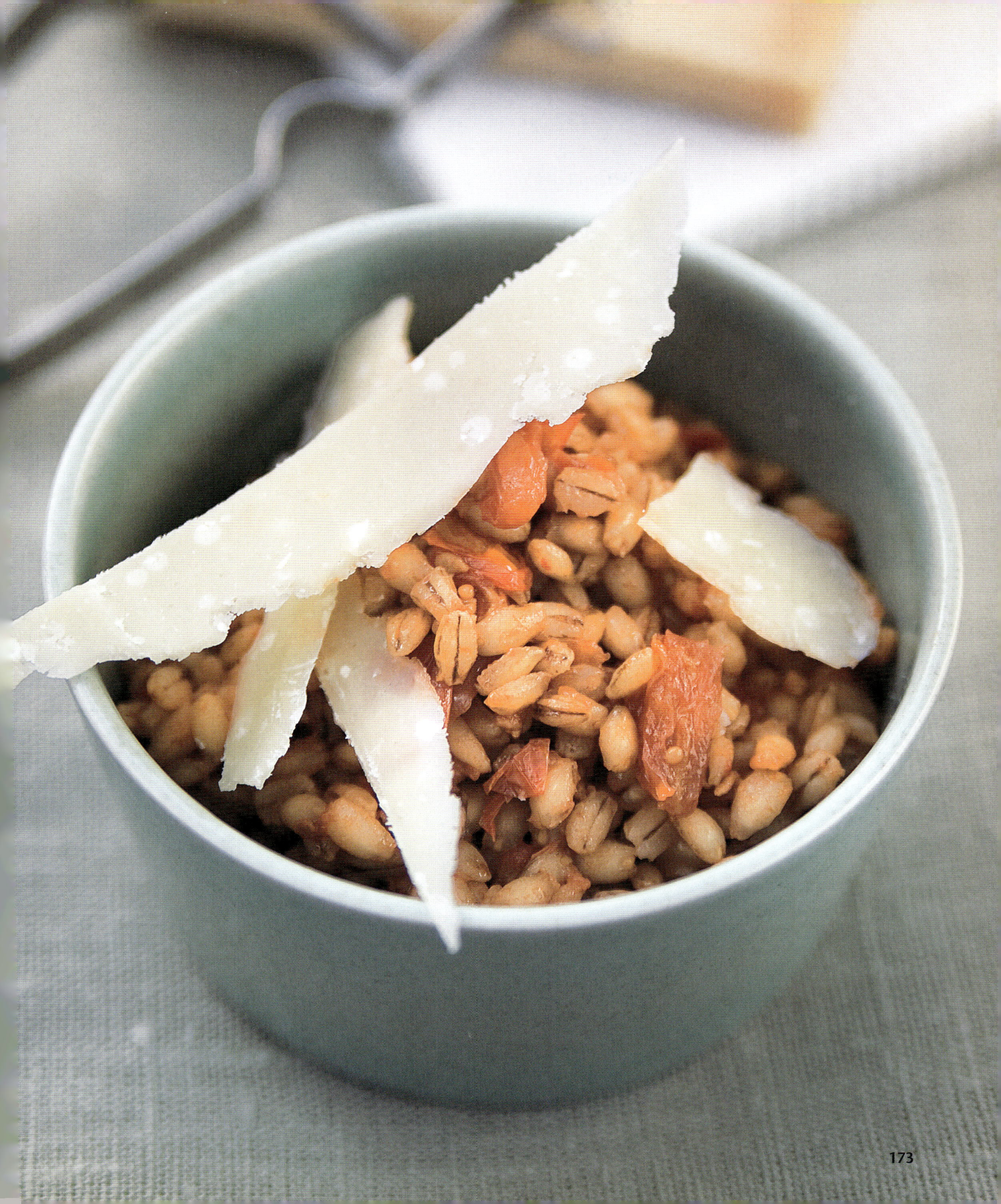

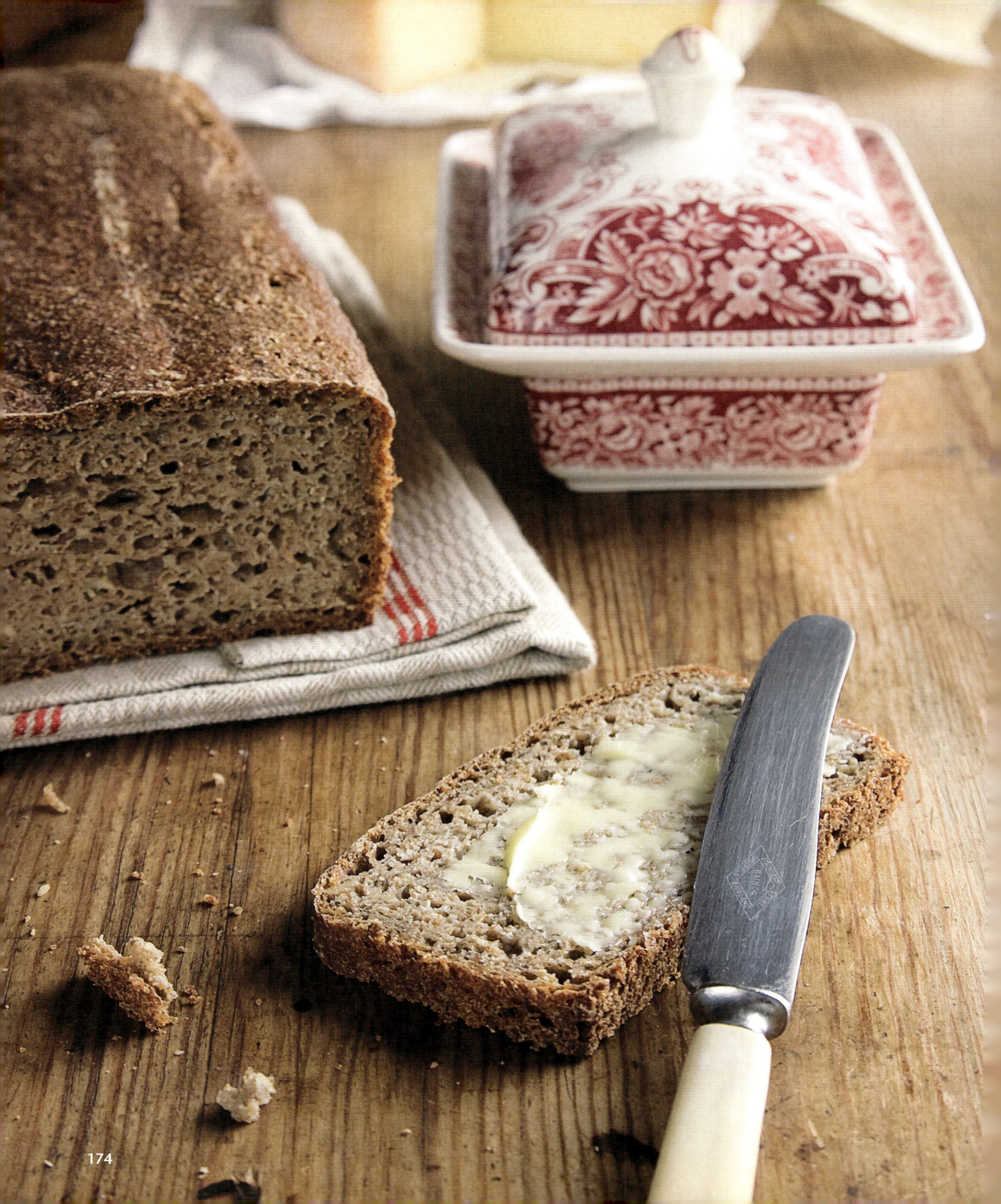

Dänisches Roggenbrot

Gut Ding will Weile haben. Das gilt besonders für dieses dänische Roggenbrot, das sich sogar ein paar Tage Zeit lässt, bevor Sie die erste Scheibe abschneiden und genießen können.

1 Zunächst Roggensauerteig, Wasser und Honig, Melasse oder Sirup in eine große Rührschüssel oder eine Küchenmaschine geben und 5 Minuten gehen lassen. Unterdessen Kümmel und Koriandersamen ein paar Sekunden in einer trockenen, heißen Pfanne rösten. Die Samen in einem Mörser oder einer Gewürzmühle fein mahlen, dann zum Sauerteig geben. Salz und beide Mehlsorten hinzufügen und 5 Minuten durchkneten. Den Teig in einen großen Plastikbehälter mit Deckel geben und zugedeckt 2 Tage bei 5–6 °C in den Kühlschrank stellen.

2 Den Sauerteig aus dem Kühlschrank nehmen und gut durchrühren. Etwa 180 Gramm des Teigs abnehmen und für das nächste Sauerteigbrot in ein Schraubglas füllen. Mit ein wenig Wasser beträufeln, den Deckel aufschrauben und das Glas im Kühlschrank aufbewahren. Bevor der Teig wieder verwendet werden kann, muss er 2–3 Tagen pausieren. Steht er allerdings mehr als 3–4 Wochen ungenutzt im Kühlschrank, wird er sauer und stirbt ab.

3 Den restlichen Sauerteig in zwei gefettete Kastenformen (30 × 10 Zentimeter Seitenlänge) verteilen, gut mit Frischhaltefolie abdecken und mindestens 4–8 Stunden bei Zimmertemperatur gehen lassen, bis sich sein Volumen verdoppelt hat.

4 Den Backofen auf 175 °C vorheizen und die Brote darin etwa 1¼ Stunden backen. Die Brote herausnehmen und an die Unterseiten klopfen. Klingen sie hohl, sind die Brote fertig. Dann auf Kuchengittern auskühlen lassen. Ansonsten weitere 10–15 Minuten backen. In einem Frischhaltebeutel verpackt hält sich dieses Brot im Kühlschrank bis zu 1 Woche.

Zutaten
Ergibt 2 Brote

180 g Roggensauerteig (aus dem Reformhaus oder dem Bioladen)
1,1 l lauwarmes Wasser (35 °C)
2 EL Honig, Melasse oder Zuckerrübensirup
2 EL Kümmel- oder Kreuzkümmelsamen
2 EL Koriandersamen
25 g feines Meersalz
etwa 600 g Svedje-Vollkornroggenmehl oder gewöhnliches Vollkornroggenmehl
etwa 500 g Dinkelvollkornmehl
etwas Butter für die Form

Winter

Naan-Brot

Zutaten
Ergibt 8–9 Fladenbrote

20 g frische Hefe
1 TL heller Rohrzucker
50 ml lauwarmes Wasser
150 ml lauwarme Milch
100 g lauwarmer Naturjoghurt (3,5 % Fett)
40 g zerlassene Butter (½ TL für die Form abnehmen)
425–450 g Weizenmehl
½ TL Weinstein oder Backpulver
1 TL feines Meersalz

Fladenbrot ist das älteste Brot der Welt und wird schon seit mehr als 6.000 Jahren gebacken. Zu würzigen Suppen und knackigen Salaten ist Brot ein unentbehrlicher Begleiter.

1 Hefe und Rohrzucker in einer Schale im lauwarmen Wasser auflösen und 5 Minuten gehen lassen. Dann in eine Rührschüssel oder Küchenmaschine geben. Die restlichen Zutaten unterrühren.

2 Den Teig 5–10 Minuten kneten, bis er glatt und elastisch ist. Er kann ruhig noch etwas klebrig sein, sollte sich aber leicht vom Knethaken lösen lassen. Eine Schüssel mit der abgenommenen zerlassenen Butter (½ Teelöffel) fetten, den Teig hineingeben und mit einem feuchten Küchentuch abdecken. Den Teig an einem warmen Ort etwa 1 Stunde gehen lassen, bis sich sein Volumen verdoppelt hat.

3 Einen Brotbackstein aus Keramik oder ein umgedrehtes Backblech unten in den Backofen legen und den Backofen auf 250 °C vorheizen.

4 Den Teig in 8–9 Portionen je etwa 90 Gramm teilen, nochmals durchkneten und zu Kugeln formen. Auf eine leicht bemehlte Arbeitsfläche oder ein leicht bemehltes Backblech legen, mit einem feuchten Küchentuch abdecken und nochmals 20–40 Minuten gehen lassen.

5 Die Teigkugeln auf einer gut bemehlten Arbeitsfläche mit den Fingern flach drücken und mehrfach mit den Fingerspitzen etwa einen Zentimeter tief eindrücken. Die Teigfladen von der Arbeitsplatte nehmen und vorsichtig auseinanderziehen (das alles geschieht in der Luft), bis etwa 15 Zentimeter im Durchmesser erreicht sind. Der Teig sollte dabei dünner werden, aber nicht auseinanderreißen und an den Kanten dicker sein als in der Mitte.

6 Die Fladen mit einem Holzbrettchen oder Ähnlichem auf den heißen Brotbackstein oder das heiße Backblech legen. Dann je nach Backofen 3–4 Minuten goldbraun backen. Die Naan-Brote sollten nicht zu dunkel werden.

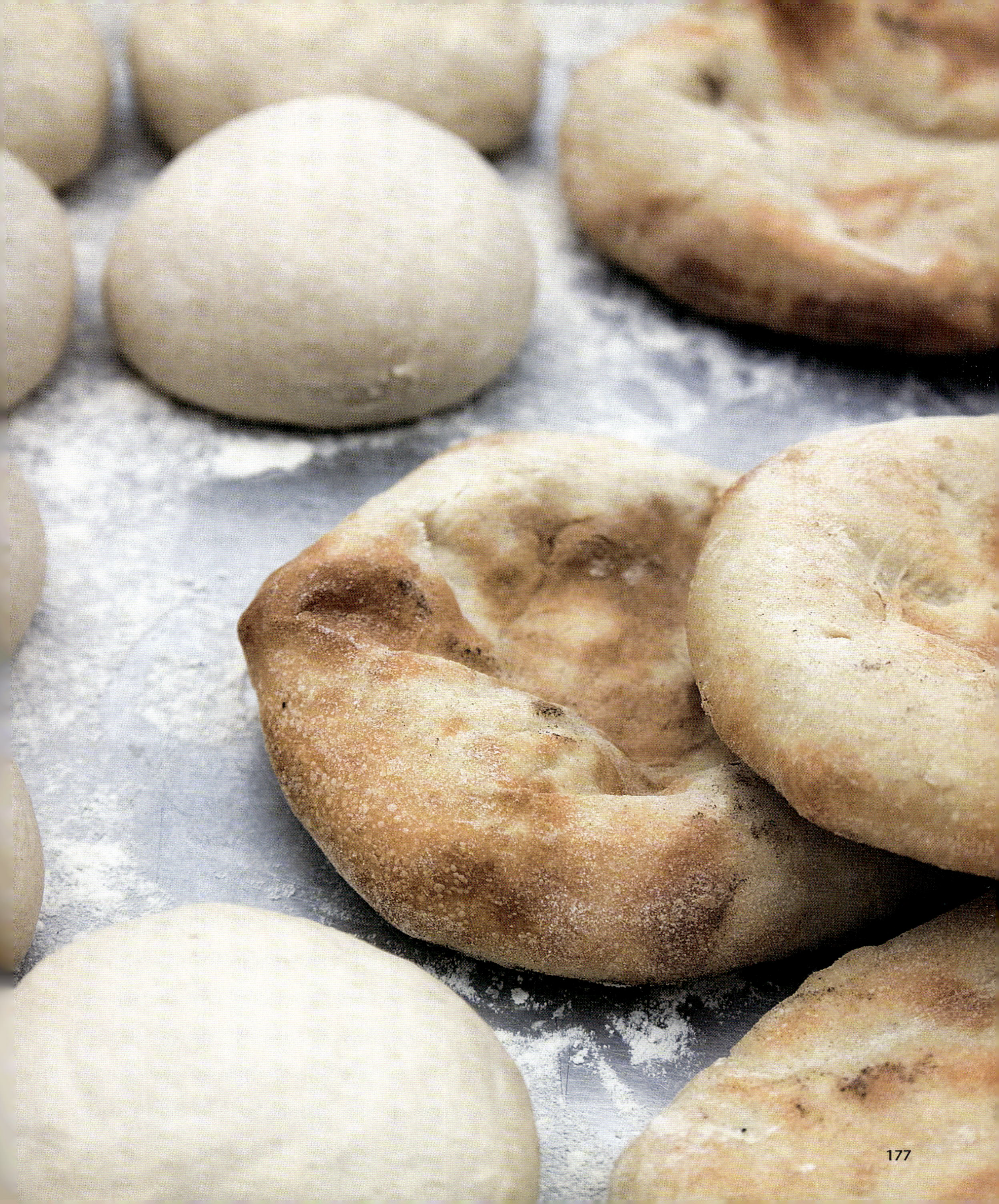

Winter

Glasierte Apfel-Zimt-Poularde mit Röstgemüse

Zutaten
Hauptspeise für 2 Personen

½ Poularde mit Brust, aber ohne Schenkel (etwa 700 g)

Für die Glasur:
Ergibt etwa 300 ml
400 ml naturtrüber Apfelsaft
25 g Butter
1 TL Kurkuma oder frisch geriebene Kurkumawurzel
1 TL frisch gemahlener Ceylon-Zimt
1 TL frisch gemahlener Kreuzkümmel
50 ml brauner Rum
2 EL heller Rohrzucker
1 Prise Chiliflocken
2 EL frisch gepresster Zitronensaft
1 EL fein gehackter frischer Ingwer
Meersalz
frisch gemahlener schwarzer Pfeffer

Für das Röstgemüse:
400 g Kürbisfleisch, geputzt
200 g Karotten, geschält

Für die Glasur: Apfelsaft in einem Topf auf die Hälfte einkochen lassen.

Die Glasurmenge ist hier zwar für eine ganze Poularde berechnet, die zweite Hälfte können Sie aber wunderbar am nächsten Tag zu frisch gekochtem Reis oder Gemüse genießen. Alternativ bereiten Sie eine ganze Poularde zu und verdoppeln die Gemüsemenge.

1 Für die Glasur: Apfelsaft in einem Topf auf die Hälfte einkochen lassen.

2 Butter in einem Topf erhitzen, bis sie zu schäumen beginnt. Dann Kurkuma, Zimt und Kreuzkümmel hinzufügen und ein paar Sekunden anrösten. Mit Rum ablöschen und Rohrzucker hinzugeben. Die Flüssigkeit entzünden und kurz flambieren. Dann den Topf vom Herd nehmen und den reduzierten Apfelsaft sowie Chiliflocken, Zitronensaft und Ingwer hinzufügen. Mit Meersalz und frisch gemahlenem Pfeffer würzen. Umrühren und abkühlen lassen.

3 Für das Röstgemüse: Kürbis und Karotten in grobe Stücke schneiden und in einem Bräter verteilen. Die halbe Poularde mit der Hautseite nach oben auf das Gemüse legen und alles mit der Hälfte der Glasur bestreichen. Die restliche Glasur hält sich 4–5 Tage im Kühlschrank.

4 Den Backofen auf 200 °C vorheizen und die Poularde darin etwa 45 Minuten schmoren, bis die Haut goldbraun und das Fleisch sehr zart geworden ist. Poularde herausnehmen und 5 Minuten ruhen lassen. Das Gemüse unterdessen weiterbacken, bis es rundum karamellisiert ist.

5 Mit gekochten Kartoffeln und grünem Salat servieren.

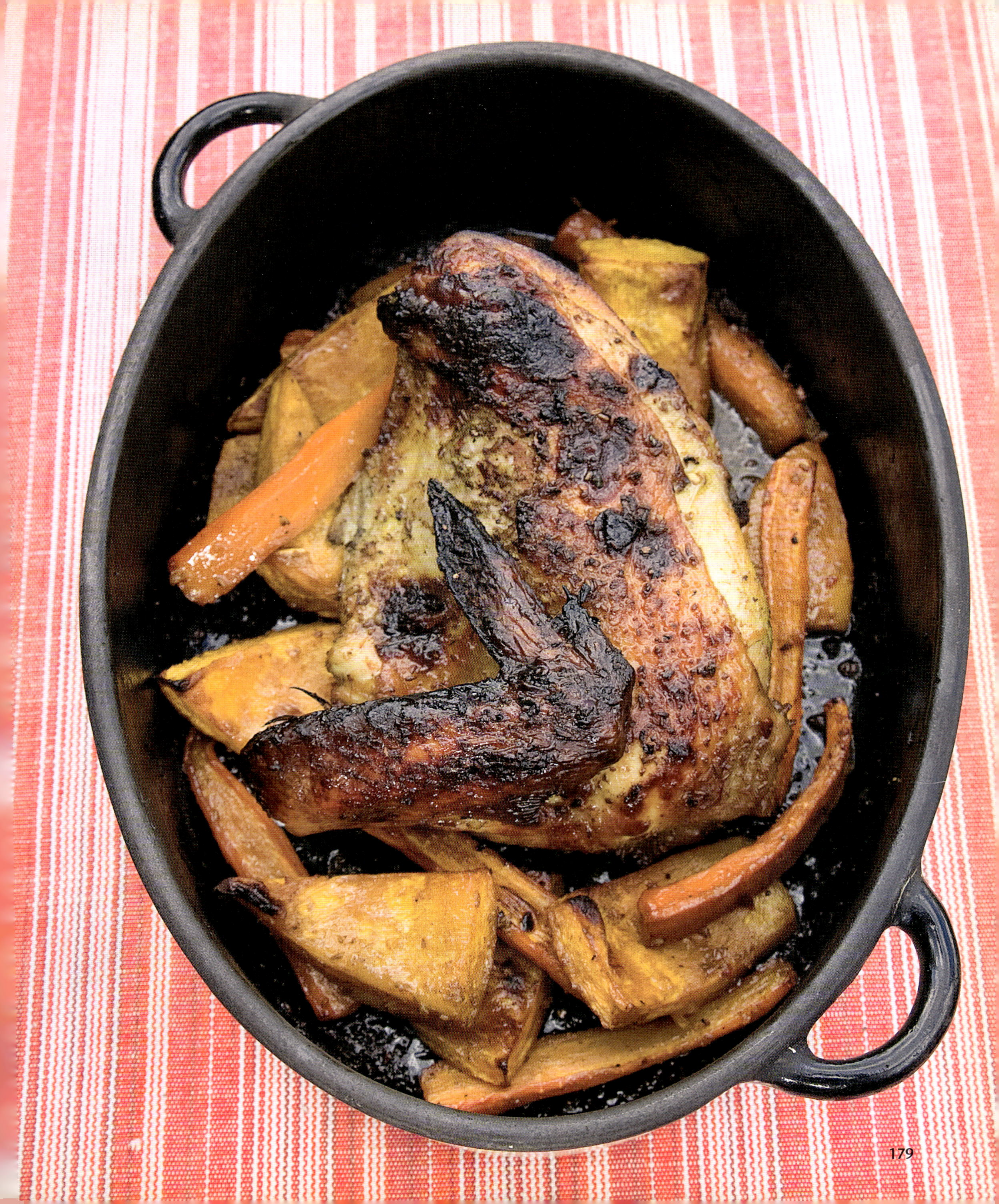

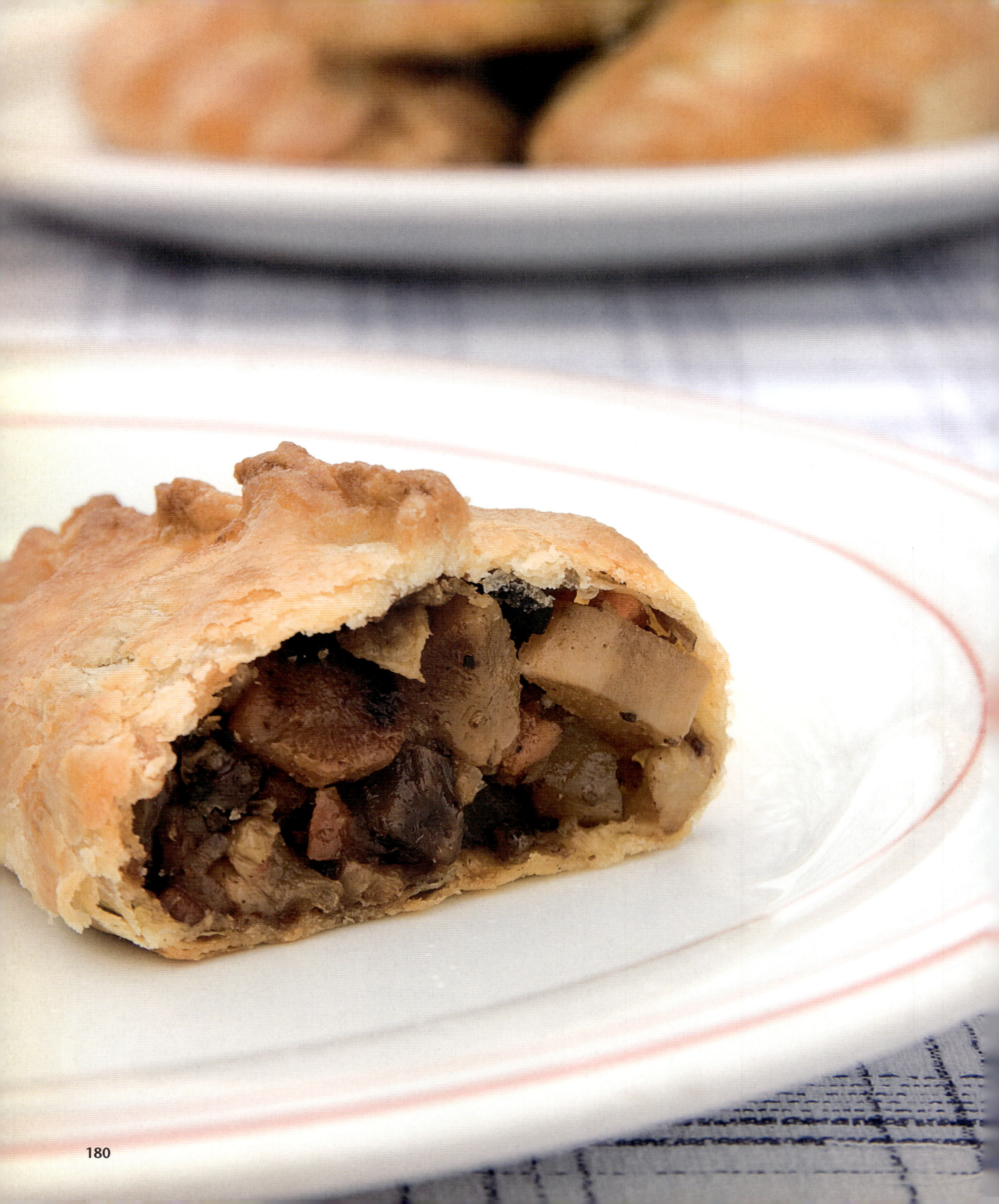

Entenpastete mit Schwarzwurzeln

Mmmm … ich liebe diese süßlich-aromatischen kleinen Teigpäckchen. Pasteten lassen sich auch gut aus den Resten eines Entenbratens oder Brathähnchens zubereiten. Eigentlich können Sie jede Art von gegartem Fleisch verwenden. Richtig toll schmecken die Pasteten auch noch am Tag darauf in der Lunchbox.

1 Für die Füllung: Schwarzwurzeln putzen, waschen und in 1 Zentimeter dicke Scheiben schneiden. Zwiebeln, Knoblauch und Karotten schälen und mit Rosinen fein hacken. Eine Pfanne erhitzen und etwas Butter oder Entenschmalz hineingeben. Alle Zutaten (bis auf Fleisch und Wasser) 5–8 Minuten bei hoher Temperatur in der Butter oder dem Entenschmalz bissfest braten. Entenfleisch und Wasser hinzufügen und ein paar Minuten mitköcheln. Großzügig mit Meersalz und frisch gemahlenem Pfeffer würzen. Dann ganz auskühlen lassen.

2 Für den Teig: Butter klein würfeln, in eine Schüssel geben und in das Mehl reiben. Fleur de Sel und Joghurt hinzufügen und alles rasch und behutsam zu einem glatten, elastischen Teig verarbeiten. Der Teig darf keinesfalls zu lange geknetet werden, da er nicht zu warm werden darf. Alternativ den Teig in einer Küchenmaschine verkneten – so mache ich das.

3 Den Teig in neun Portionen teilen. Ein Teigstück auf einer leicht bemehlten Arbeitsfläche zu einem Kreis von 16 Zentimeter Durchmesser ausrollen. Mehl mit einem Pinsel abbürsten und 75 Gramm der Füllung in die Mitte des Teigkreises geben. Den Rand gut mit verquirltem Ei bepinseln. Den Teigkreis zur Mitte falten und den Rand gut festdrücken. Das Ei wirkt hier wie ein Klebstoff. Haftet dem Teig zu viel Mehl an, hält der Eikleber aber nicht und die Pasteten reißen beim Backen auf. Auf dieselbe Weise mit allen Teigportionen verfahren. Die Päckchen auf ein mit Backpapier belegtes Backblech legen und mit verquirltem Ei bestreichen. Den Backofen auf 190 °C vorheizen und die Pasteten darin 25–30 Minuten goldbraun backen.

Hinweis:
Für eine große Pastete den Teig halbieren und zu zwei großen Kreisen ausrollen. Einen Teigkreis auf ein mit Backpapier belegtes Backblech legen. Die Füllung in die Mitte geben und verteilen. Dabei einen Rand von etwa 3,5 Zentimetern frei lassen. Das Mehl an den Rändern abbürsten und die Ränder dann mit etwas verquirltem Ei bepinseln. Den zweiten Teigkreis darüberlegen und die Ränder gut zusammendrücken. Alle Mehlreste abbürsten und die Teigoberseite mit dem restlichen Ei bestreichen. Den Backofen auf 190 °C vorheizen und die Pastete darin 25–30 Minuten schön goldgelb backen.

Zutaten
Ergibt 9 kleine Pasteten oder 1 große

Für die Füllung:
250–300 g Schwarzwurzeln
25 g Zwiebeln
2 Knoblauchzehen
100 g Karotten
50 g Rosinen
etwas Butter oder Entenschmalz zum Braten
60 g geräucherter Speck, gewürfelt
2 TL Zitronen-Pickles (siehe Seite 43)
1 Prise Chiliflocken
½ TL Ingwerpulver
6 Pimentkörner, frisch gemahlen
¼ Ceylon-Zimtstange, frisch gemahlen
350 g Entenfleisch, gekocht und kleingeschnitten
50 ml kochendes Wasser oder Brühe von dem gekochten Fleisch
reichlich Meersalz
frisch gemahlener schwarzer Pfeffer

Für den Teig:
160 g kalte Butter
etwa 280 g Weizenmehl
1 TL Fleur de Sel
100 g griechischer Joghurt
1 Ei zum Bestreichen, verquirlt

Koteletts mit Wacholderbeeren, Piment & Lorbeerblatt

Zutaten
Hauptspeise für
2–3 Personen

2 Schweinekoteletts ohne
Knochen (je 300 g)
Olivenöl zum Braten
reichlich Apfelbutter
(siehe Seite 141)

Für die Würze:
10 Wacholderbeeren
10 schwarze Pfefferkörner
10 Pimentkörner
2 frische Rosmarinzweige
6 frische Lorbeerblätter
1–2 TL Fleur de Sel

Schweinefleisch und Apfelbutter sind eine wahrhaft himmlische Kombination.

1 Für die Würze: Gewürze bis auf Rosmarin und Lorbeerblätter zerstoßen oder grob mahlen und mit dem Fleur de Sel in einer Schale mischen. Koteletts gründlich mit der Gewürzmischung einreiben.

2 Eine ofenfeste Pfanne erhitzen. Etwas Olivenöl hineingeben und die Koteletts darin bei mittlerer Temperatur von beiden Seiten und an den Rändern goldbraun anbraten. Das dauert höchstens 4–5 Minuten. Rosmarin abspülen und trocken tupfen. Rosmarin und Lorbeerblätter hinzufügen und unter die Koteletts legen.

3 Den Backofen auf 200 °C vorheizen und die Koteletts darin je nach Dicke in 8–10 Minuten fertig garen. Das Fleisch aus dem Backofen nehmen und ein paar Minuten ruhen lassen. Dann mit Apfelbutter servieren.

183

Winter

Gekochte Rinderbrust mit sahnigem Kartoffel-Sellerie-Salat

Zutaten
Hauptspeise für 4 Personen

¾–1 kg Rinderbrust, entbeint
2 Karotten
2 Stangen Porree
2 Zwiebeln
4 Knoblauchzehen, geschält
ein paar Petersilienzweige
1 Prise Chiliflocken
1 EL schwarze Pfefferkörner
5 frische Lorbeerblätter
2 EL grobes Meersalz

Für den Kartoffel-Sellerie-Salat:
500 g kleine Kartoffeln
450 g Knollensellerie
1 EL Butter
2 EL Kapern
50 g Gewürzgurken
Meersalz
frisch gemahlener schwarzer Pfeffer
etwa 200 ml heiße Rinderbrühe oder heißes Wasser
100 ml Sahne
50 g frischer Meerrettich, fein gerieben
eventuell 1 EL Zitronen-Pickles (siehe Seite 43)
glatte Petersilie zum Garnieren, grob gehackt

Ein himmlisch leckerer Salat, der mit kleinen Apfel- oder Quittenwürfeln noch interessanter wird. Auch ohne Rinderbrust schmeckt er wunderbar – dann die Brühe einfach durch Wasser ersetzen.

1 Für die gekochte Rinderbrust: Rinderbrust in einem großen Topf mit kaltem Wasser bedecken. Zum Kochen bringen und aufsteigenden Schaum abschöpfen. Karotten und Porree putzen, waschen und grob zerkleinern. Zwiebeln schälen und ebenfalls grob zerkleinern. Dann Gemüse zusammen mit Knoblauch, Petersilie und Gewürzen in den Topf geben. Die Hitze reduzieren und die Rinderbrust abgedeckt 2–2½ Stunden köcheln. Den Topf vom Herd nehmen und das Fleisch mindestens 30 Minuten ruhen lassen. Das Fleisch herausheben und in Scheiben schneiden. Die Brühe für den Kartoffel-Sellerie-Salat beiseite stellen

2 Für den Kartoffel-Sellerie-Salat: Kartoffeln in einem Topf mit kochendem Wasser bissfest garen, dann schälen und halbieren. Knollensellerie putzen, waschen, in Würfel von 2 × 2 Zentimeter schneiden und ebenfalls bissfest garen.

3 Einen Topf erwärmen und Butter darin zerlassen. Kartoffeln und Sellerie hineingeben. Kapern und Gewürzgurken fein hacken und unterrühren. Mit Meersalz und frisch gemahlenem Pfeffer würzen und 5 Minuten braten. Rinderbrühe oder Wasser angießen und alles zum Kochen bringen.

4 Sahne, Meerrettich und eventuell Zitronen-Pickles hinzufügen und kochen, bis der Salat eine cremige, sämige Konsistenz angenommen hat. Den warmen Kartoffelsalat mit Rinderbrust und reichlich grob gehackter Petersilie servieren.

185

Winter

Kartoffelpüree mit gebratenem Kohl und Bacon-Vinaigrette

Zutaten
Hauptspeise für
3–4 Personen

1 kg Kartoffeln
4–6 EL Meersalz
120 g Butter
100 ml Sahne
200 ml Milch

Für den Kohl:
400 g Grün- oder
Palmkohlblätter
etwas Olivenöl
zum Braten
50 g gelbe oder
grüne Rosinen

1 Portion Bacon-Vinaigrette
(siehe Seite 29)

Greifen Sie für dieses Gericht auf jeden Fall zu Kohlsorten, die krause Blätter tragen, und machen Sie einen Bogen um Rot- oder Weißkohl.

1 Für das Kartoffelpüree: Die Kartoffeln schälen und in einem Topf in gut gesalzenem Wasser kochen, bis sie so eben gar sind. Abgießen und überschüssiges Wasser abdampfen lassen. Dann durch eine Kartoffelpresse oder ein feinmaschiges Sieb drücken. Butter, Sahne und Milch in einem Topf zum Kochen bringen. Diese Flüssigkeit nach und nach über die Kartoffeln gießen und mit einem Holzlöffel umrühren. Das Püree sollte nicht zu flüssig sein, sondern fest und cremig.

2 Für den Kohl: Kohl putzen, waschen und sehr grob hacken. Eine Pfanne erhitzen und etwas Olivenöl hineingeben. Kohl in die Pfanne geben und braten, bis er gar, aber noch bissfest ist. Das dauert höchstens 5 Minuten. Die Rosinen fein hacken und hinzufügen.

3 Das Kartoffelpüree mit gebratenem Kohl und warmer Bacon-Vinaigrette servieren.

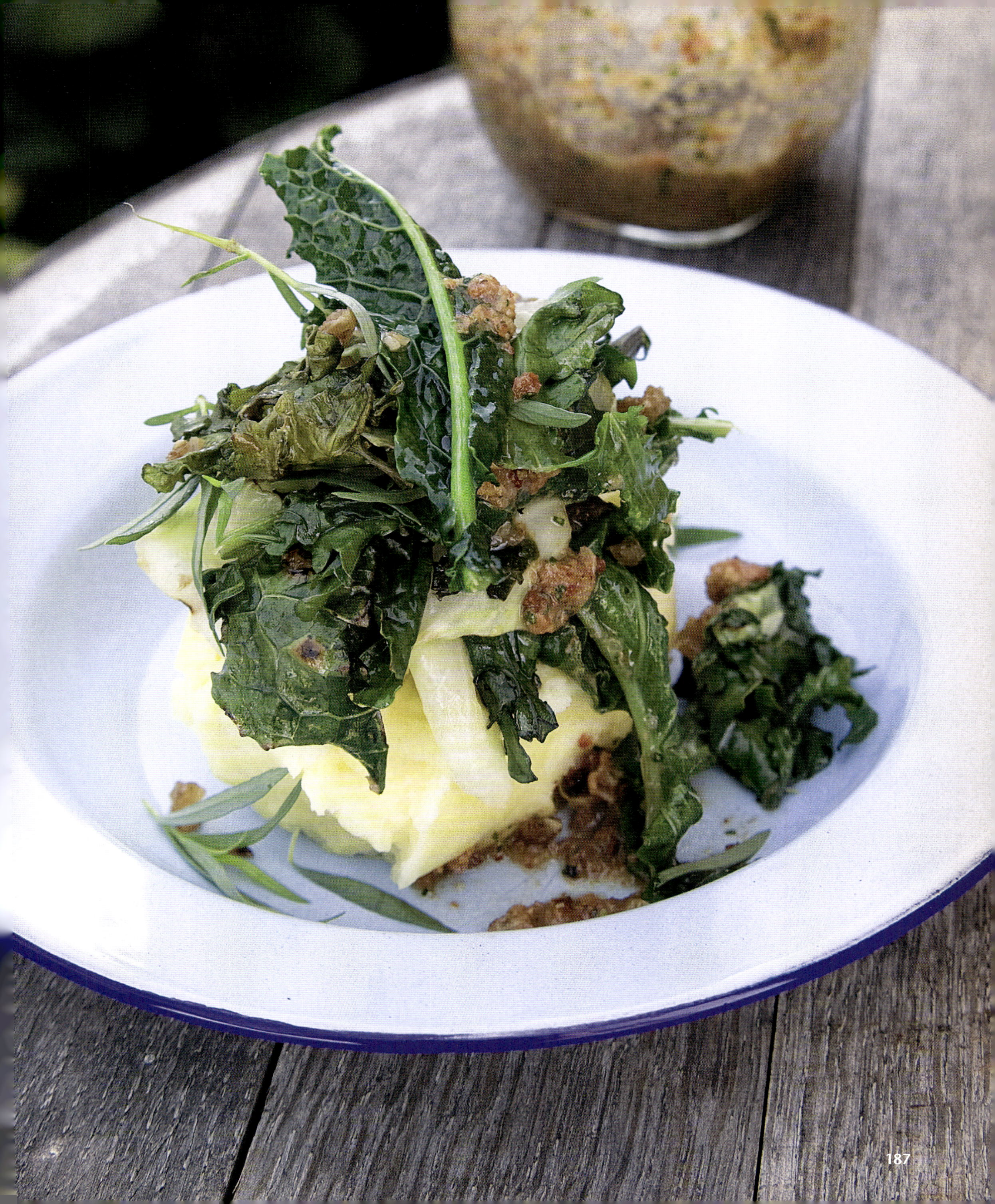

In Apfelsaft glasierte Kartoffeln

Zutaten
Beilage für 4 Personen

200 ml naturtrüber Apfelsaft
1,2 kg kleine Kartoffeln, Schale abgebürstet und halbiert
3 EL Balsam-Apfelessig
1 EL kalt gepresstes Olivenöl
10 frische Rosmarinzweige, abgespült und trocken getupft
Meersalz
frisch gemahlener schwarzer Pfeffer

Wegen der Säure im Sirup passt dieses Kartoffelgericht gut zu fetthaltigen Fleischgerichten. Sie können die Kartoffeln aber auch mit Blattsalaten mischen und mit Salzlakenkäse krönen. Aber Vorsicht bei der Zubereitung: Schauen Sie immer mal wieder in den Backofen und wenden Sie die Kartoffeln häufig, damit sie schön von dem säuerlichen Apfelsirup umzogen werden, der sich nach und nach bildet. Wenn nichts anbrennt, dürfen Sie sich auf knusprige, dunkel karamellisierte Kartoffeln freuen.

1 Apfelsaft in einem Topf auf die Hälfte einkochen lassen.

2 Saft mit den Kartoffeln und den übrigen Zutaten auf einem tiefen Backblech mischen. Darauf achten, dass der Rosmarin unter den Kartoffeln liegt. Den Backofen auf 200 °C vorheizen und die Kartoffeln darin 30–40 Minuten backen, bis sie gar, klebrig und schön goldbraun sind.

3 Zwischendurch immer wieder einen Blick in den Backofen werfen und die Kartoffeln drei- bis viermal wenden, damit sie gleichmäßig karamellisieren.

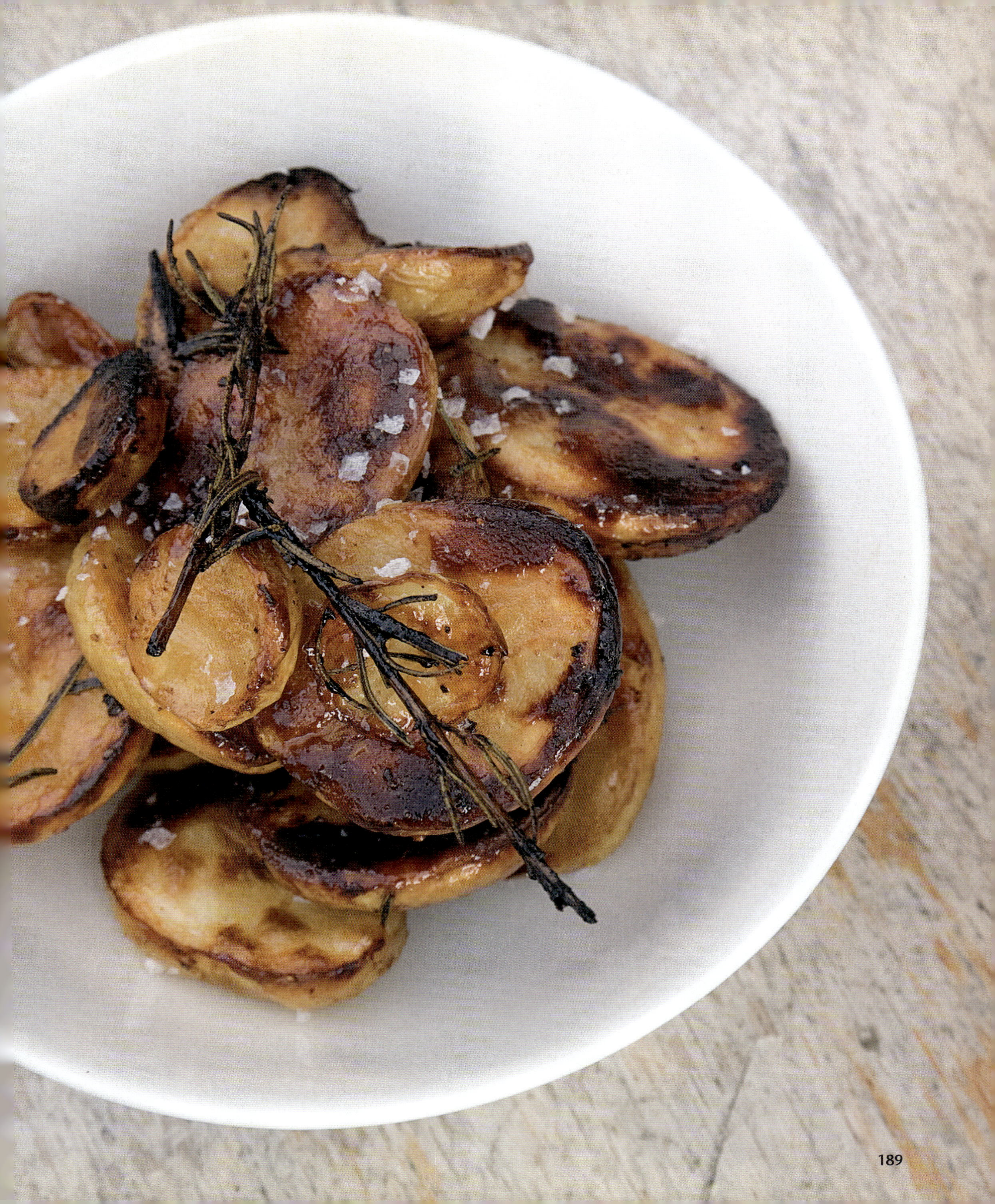

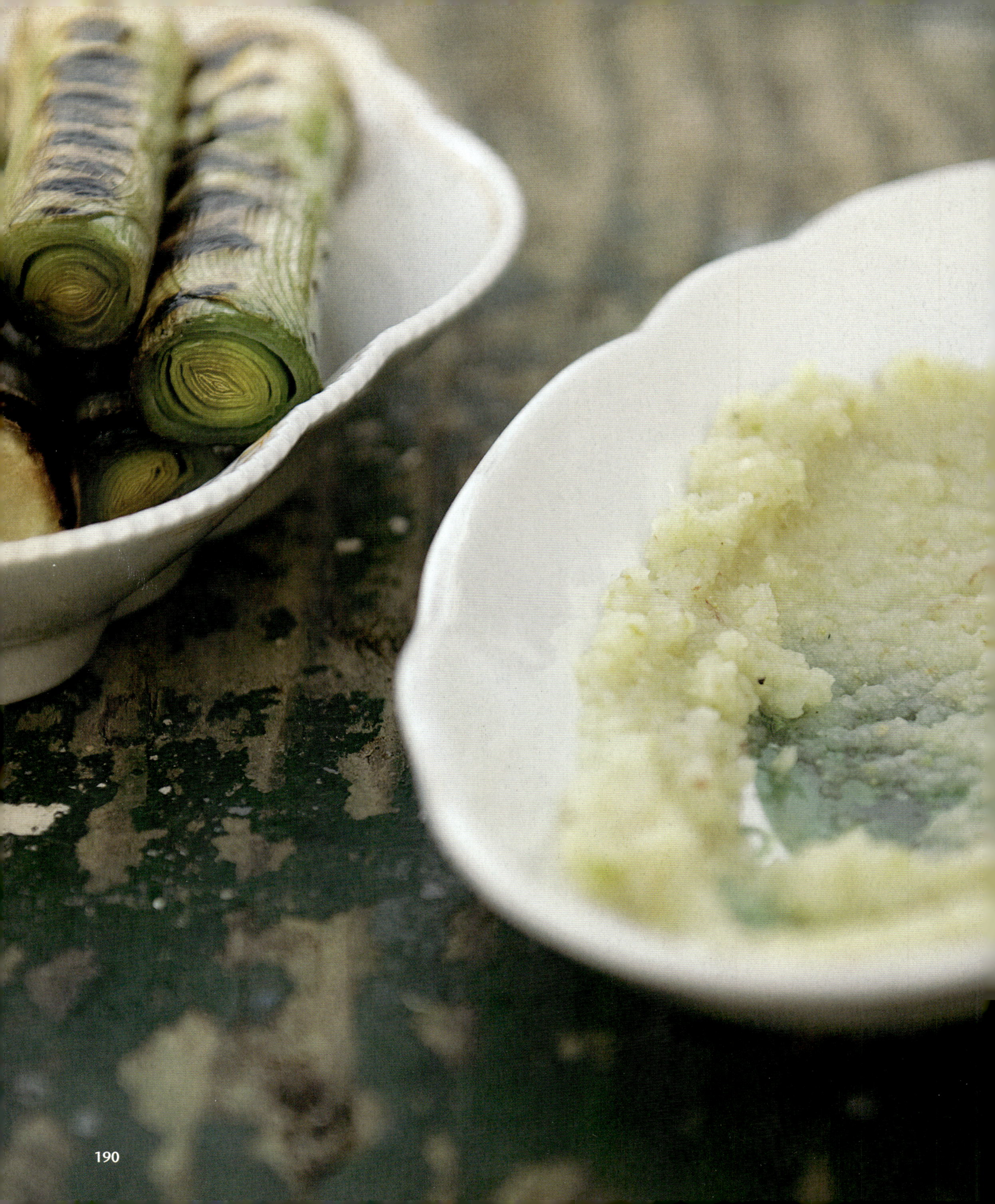

Winter

Herrlich saure Kohlcreme

Diese Kohlcreme ist einmalig, um im Winter Suppen, Salate und belegte Brote aufzupeppen. Aber auch zu gebratenem und geschmortem Fleisch oder Fisch schmeckt sie kalt ganz wunderbar.

Weißkohl, Äpfel und Birnen grob hacken und zusammen mit Apfelessig, Meerrettich und Fenchel in eine Küchenmaschine geben. Mit Meersalz und frisch gemahlenem Pfeffer würzen. In der Küchenmaschine zu einer glatten Creme pürieren. Diese Creme schmeckt frisch am besten. Rechnen Sie etwa 2–3 Esslöffel Kohlcreme pro Person.

Zutaten
Ergibt etwa 300 g

125 g Weißkohl, geputzt und gewaschen
75 g Äpfel, gewaschen und Kerngehäuse entfernt, aber mit Schale
50 g Birnen, gewaschen und Kerngehäuse entfernt, aber mit Schale
½–¾ EL Balsam-Apfelessig
etwa 10 g Meerrettich, frisch gerieben
⅛ TL frisch gemahlener Fenchel
Meersalz
frisch gemahlener schwarzer Pfeffer

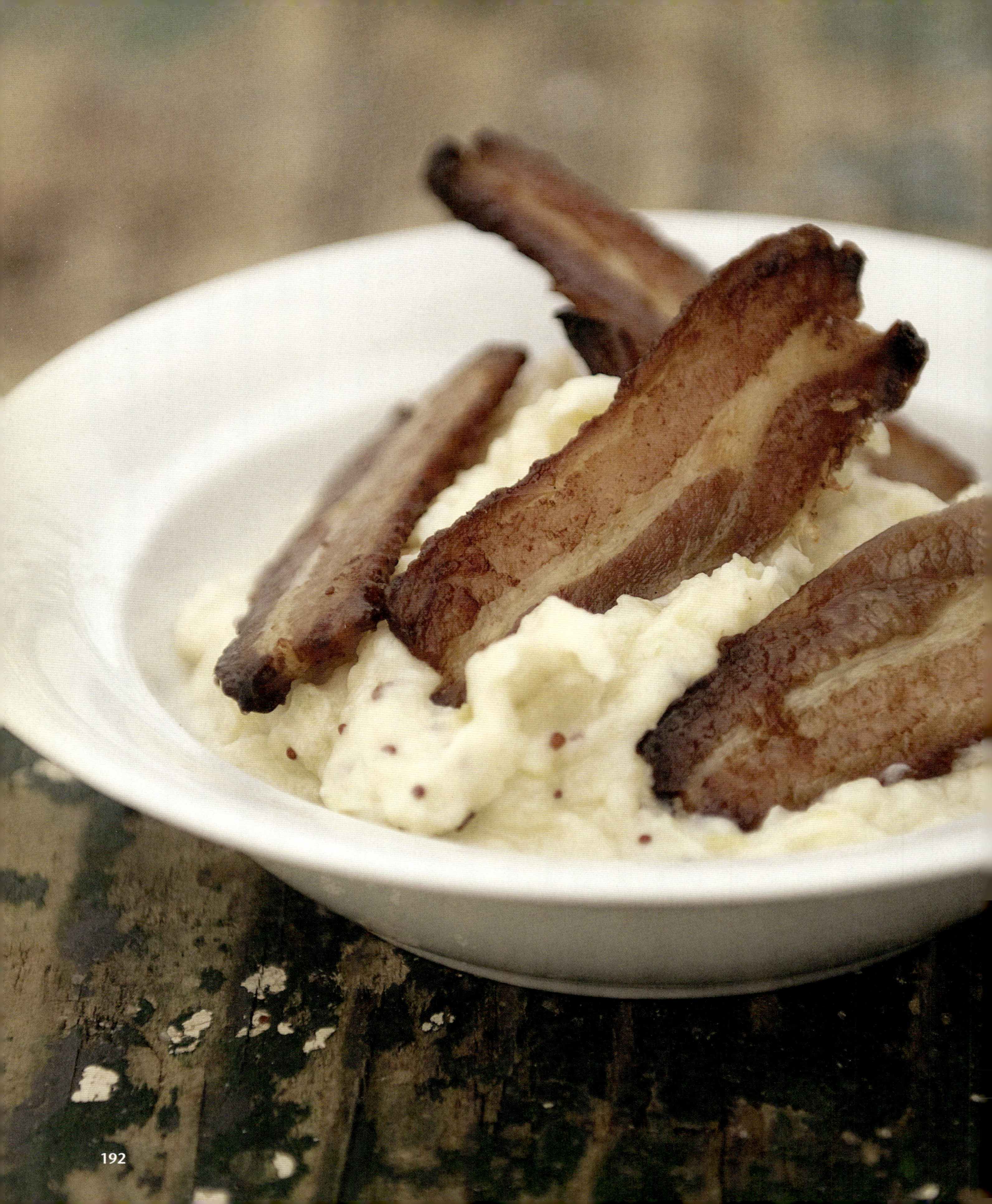

Topinambur-Joghurt-Püree mit Äpfeln

Dieses frische, cremige Püree kann durchaus als Hauptgericht serviert werden. Aber auch als Beilage zu gebratenem Fisch, Fleisch oder einer Bratwurst ist es lecker.

1 Für den Bacon: Baconscheiben auf ein mit Backpapier belegtes Backblech legen. Den Backofen auf 200 °C vorheizen und Baconscheiben darin 15–20 Minuten rösten. Alternativ in einer Pfanne braten. Das ausgelassene Fett aufbewahren.

2 Für das Topinambur-Joghurt-Püree: Topinambur putzen, waschen, schälen und im Ganzen in einem Topf mit leicht gesalzenem Wasser garen. Das Wasser abgießen. Eine Pfanne erhitzen und etwas Baconfett hineingeben. Senfkörner darin braten, bis sie aufpoppen und grau werden. Gekochten Topinambur in die Pfanne geben und mit einer Gabel zerdrücken. Äpfel grob reiben und mit Chiliflocken hinzufügen. Das Püree noch einmal erwärmen.

3 Die Pfanne vom Herd nehmen und griechischen Joghurt unterrühren. Das Topinamburpüree mit Pfeffer würzen und mit dem knusprigen Bacon servieren.

Zutaten
Beilage für 4 Personen

etwa 150 g dünn geschnittene Baconscheiben

Für das Topinambur-Joghurt-Püree:
500 g Topinambur
Meersalz
etwas ausgelassenes
Fett vom Bacon
1 TL braune Senfkörner
150 g Äpfel, gewaschen
und Kerngehäuse entfernt,
aber mit Schale
1 Prise Chiliflocken
175 g griechischer Joghurt
frisch gemahlener
schwarzer Pfeffer

Selleriewaffeln mit Birnensirup & Crème fraîche

Zutaten
Ergibt 4–5 Waffeln

250 g Knollensellerie
Meersalz
150 ml Buttermilch
3 Eier, verquirlt
150 g Weizenmehl
½ TL Weinstein oder Backpulver
1 EL fein abgeriebene Schale von 1 unbehandelten Zitrone
1 EL fein gehackter frischer Estragon
2 EL kalt gepresstes Olivenöl
etwas kalt gepresstes Olivenöl zum Einfetten

Als Beilagen:
reichlich Birnen- oder Apfelsirup (Seite 120) oder Ahornsirup
reichlich fettarme Crème fraîche

Mit Waffeln ist es wie mit Pfannkuchen: Die Erste gelingt nie. Diese sättigenden Waffeln können auch als Dessert serviert werden.

1 Für den Teig: Knollensellerie putzen, waschen, grob würfeln und in einem Topf mit leicht gesalzenem Wasser garen. Abkühlen lassen und in einer großen Schüssel mit einem Schneebesen fein zerdrücken. Buttermilch und Eier unterrühren. Mehl, Weinstein oder Backpulver, Zitronenschale und Estragon in einer kleinen Schüssel mischen und zum Selleriemus geben. Olivenöl hinzufügen, den Teig glatt rühren und mit Meersalz würzen. Bei Zimmertemperatur 20 Minuten ruhen lassen.

2 Ein Waffeleisen vorheizen und leicht mit Olivenöl einfetten. Etwas Teig in die Mitte des Waffeleisens geben (die Fläche zu drei Vierteln füllen) und den Deckel aufsetzen. Je nach Temperatur des Waffeleisens 2–3 Minuten backen, bis die Waffeln schön goldbraun und knusprig sind. Die heißen Waffeln sofort mit reichlich Sirup und Crème fraîche servieren.

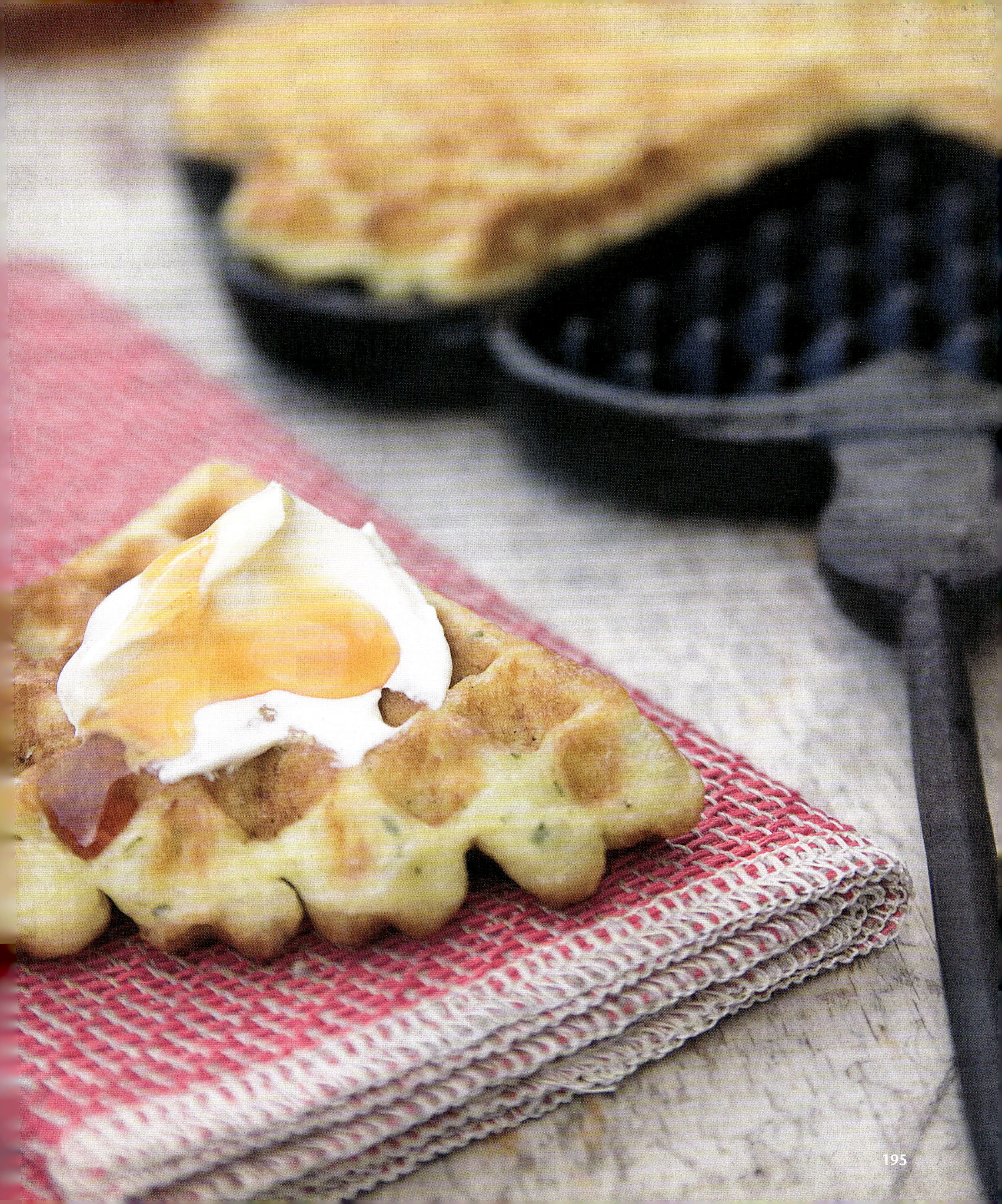

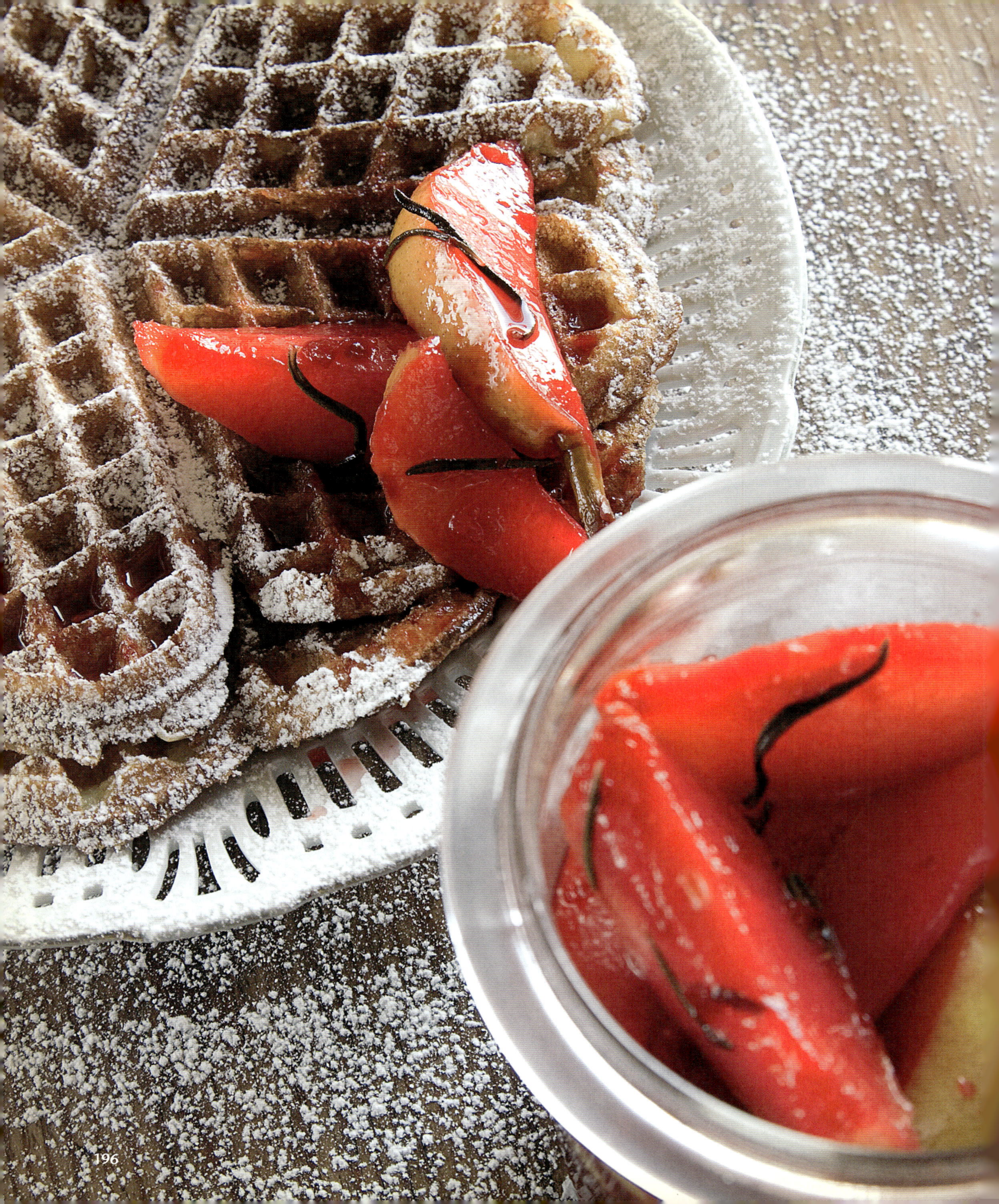

Buttermilchwaffeln mit Blutorangen-Birnen

Von Januar bis Anfang März haben die wunderbaren Zitrusfrüchte Saison.

1 Für die Buttermilchwaffeln: Mehl, Rohrzucker, Meersalz und Kardamom in einer Schüssel mischen und mit der Buttermilch zu einem glatten Teig verrühren.

2 Eier trennen. Eigelbe unter den Teig rühren und den Teig dann 20 Minuten ruhen lassen. Nun zerlassene Butter unterrühren. Eiweiße in einer Schüssel steif schlagen und behutsam, aber sorgfältig unter den Teig heben.

3 Das Waffeleisen vorheizen und leicht mit Butter fetten. 150 Milliliter Teig in die Mitte des Waffeleisens geben und den Deckel schließen. Je nach Temperatur des Waffeleisens die Waffeln 2–3 Minuten schön goldbraun und knusprig backen.

4 Für die Blutorangen-Birnen: Orangensaft, Rosmarin und Chiliflocken in einem Topf zum Kochen bringen und auf die Hälfte einkochen. Unterdessen Birnen putzen, waschen, schälen und das Kerngehäuse entfernen. Birnen in grobe Stücke oder breite Schnitze schneiden und mit Honig in den Topf geben. Alles zugedeckt zum Kochen bringen. Den Topf sofort vom Herd nehmen und vor dem Servieren mindestens 10 Minuten ziehen lassen.

5 Die Waffeln mit den lauwarmen Birnen servieren und natürlich noch etwas von dem roten Sirup über die Waffeln träufeln. Die Birnen halten sich im Kühlschrank bis zu 3 Tage.

Lecker schmecken die Birnen und der aromatische Sirup auch zu Haferflocken oder Müsli mit einem säuerlichen Milchprodukt als Grundlage.

Zutaten
Ergibt etwa 3 Waffeln

115 g Weizenmehl
1 EL heller Rohrzucker
½ TL Meersalz
4 Kardamomkapseln, frisch gemahlen
225 ml Buttermilch
2 Eier
50 g zerlassene Butter
etwas Butter für das Waffeleisen

Für die Blutorangen-Birnen:
350 ml frisch gepresster Blutorangen- oder Orangensaft
2 frische Rosmarinzweige (je 10 cm lang), abgespült und trocken getupft
1 Prise Chiliflocken
450 g vollreife Birnen
etwa 40 g Honig

Winter

Wintergrütze de luxe

Zutaten
Frühstück für 4–5 Personen

**Für die Grütze
(ergibt etwa 600 g
gekochte Grütze):**
140 g Haferschrot
1 Ceylon-Zimtstange
etwas Meersalz
600 ml kochendes Wasser

Als Beilagen:
800 g Dickmilch oder
Naturjoghurt (3,5 % Fett)
50 g Walnüsse,
grob gehackt
4 reife Birnen, mit Schale
grob zerkleinert
60 g Korinthen
100 g Backpflaumen,
grob gehackt
frisch gemahlener Ceylon-
Zimt zum Bestäuben

Diese Grütze können Sie als Frühstück, als Mittagessen oder auch als Dessert genießen.

1 Für die Grütze: Einen kleinen Topf erhitzen. Haferschrot und Zimtstange darin ein paar Minuten anrösten, bis sie zu duften beginnen. Meersalz und kochendes Wasser hinzufügen. Die Grütze zugedeckt etwa 10 Minuten weich kochen.

2 Den Topf vom Herd nehmen und die Grütze 5 Minuten ruhen lassen. Sie können auch gleich die doppelte Menge zubereiten und ein paar Tage im Kühlschrank aufbewahren.

3 Zum Servieren: Die warme Grütze auf vier bis fünf tiefe Schalen verteilen. Mit Dickmilch, Walnüssen, Birnenstücken, Korinthen und Backpflaumen krönen. Mit frisch gemahlenem Zimt bestäuben und genießen.

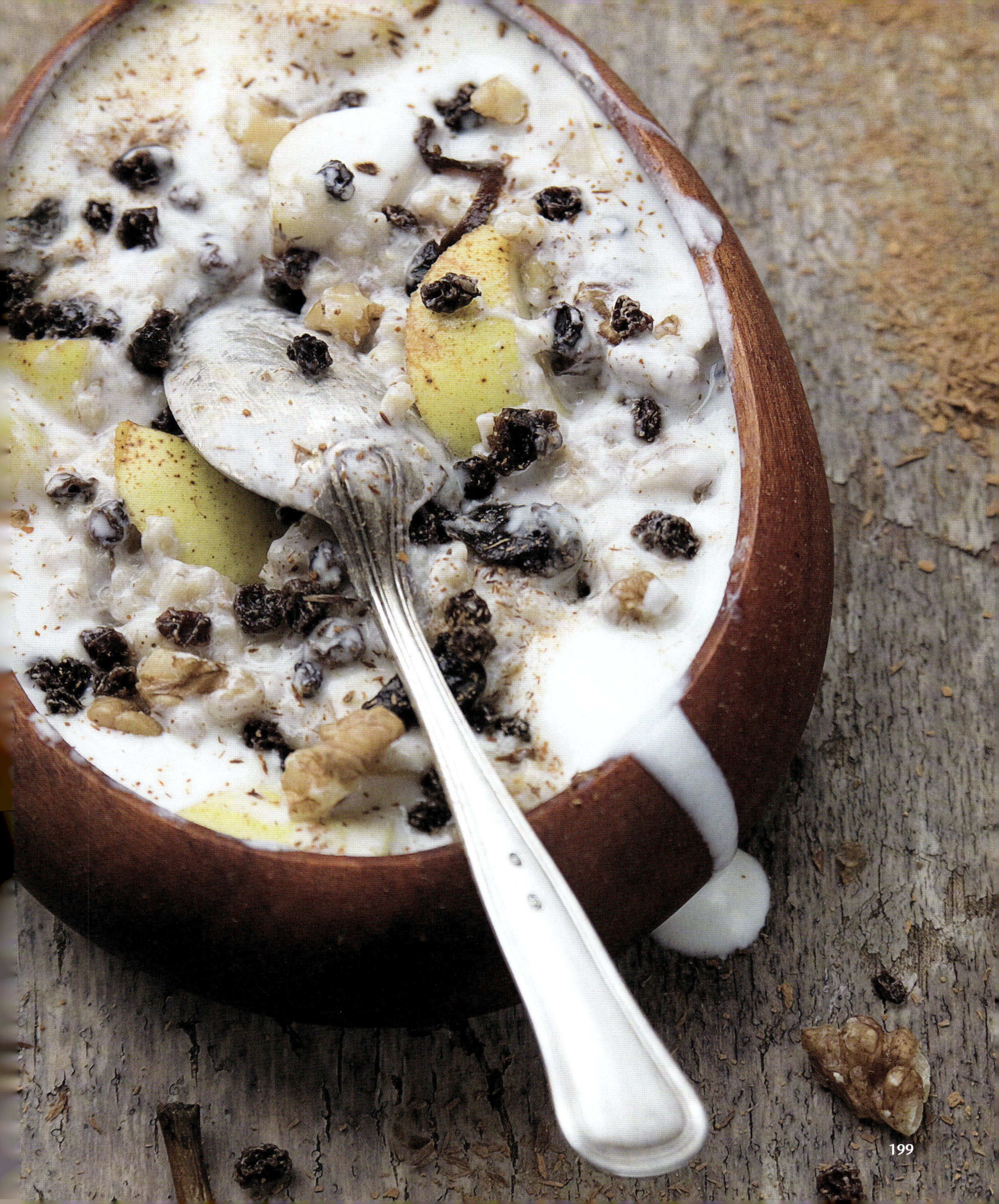

Dänischer Honigkuchen

Zutaten
Ergibt 1 Kuchen

Für die Füllung:
500 g Trockenfrüchte wie Rosinen, Sultaninen, Korinthen, Backpflaumen, Datteln, Feigen und kandierte Früchte
80 g Mandeln, geschält
etwa 150 ml brauner Rum

Für den Teig:
125 g heller Rohrzucker
125 g zimmerwarme Butter
70 g Honig, Melasse oder heller Sirup
3 Eier
¼ TL Natron
etwas warmes Wasser
1 TL frisch gemahlener Piment
1 TL frisch gemahlener Ceylon-Zimt
½ TL frisch gemahlene Muskatnuss
¼ TL frisch gemahlene Muskatblüte
125 g Weizenmehl
etwas zerlassene Butter für die Form
etwas heller Rohrzucker für die Form

Dieser Honigkuchen schmeckt zwar auch frisch gut, wirklich unwiderstehlich wird er aber erst nach ein paar Wochen Lagerung. Erst dann erhält er auch die typische Honigkuchenkonsistenz. Legen Sie die getrockneten Früchte ein paar Tage vor dem Backen in Rum ein und genießen Sie den Kuchen als süßen Snack oder mit Butter bestrichen zum Tee oder Kaffee.

1 Für die Füllung: Trockenfrüchte fein würfeln, in eine flache Schale geben, mit Rum übergießen und bei Zimmertemperatur ein paar Tage durchziehen lassen.

2 Für den Teig: Rohrzucker und Butter in einer großen Schüssel cremig rühren. Honig, Melasse oder Sirup hinzufügen und nach und nach Eier unterrühren. Eingelegte Früchte und Mandeln samt Rum in den Teig geben und alles gut vermischen. Natron in etwas warmem Wasser auflösen und ebenfalls unterrühren. Schließlich Gewürze und Mehl vorsichtig unterheben.

3 Den Backofen auf 130 °C vorheizen. Eine kleine, hohe Kastenform (18 Zentimeter Seitenlänge, 10 Zentimeter Höhe) mit etwas zerlassener Butter fetten und großzügig mit hellem Rohrzucker ausstreuen. Die Form umdrehen und alle Zuckerreste gut abklopfen (es ist wichtig, dass die Form rundum gut mit Zucker ausgestreut ist, sonst lässt sich der Honigkuchen nach dem Backen nicht so gut aus der Form lösen). Den Teig in die Form füllen und etwa 2 Stunden auf der mittleren Schiene im vorgeheizten Backofen backen, bis er goldbraun und von fester Konsistenz ist.

4 Den Kuchen aus der Form lösen und auf einem Kuchengitter auskühlen lassen. Den Honigkuchen möglichst bei 10–12 °C an einem trockenen, kühlen Ort aufbewahren.

201

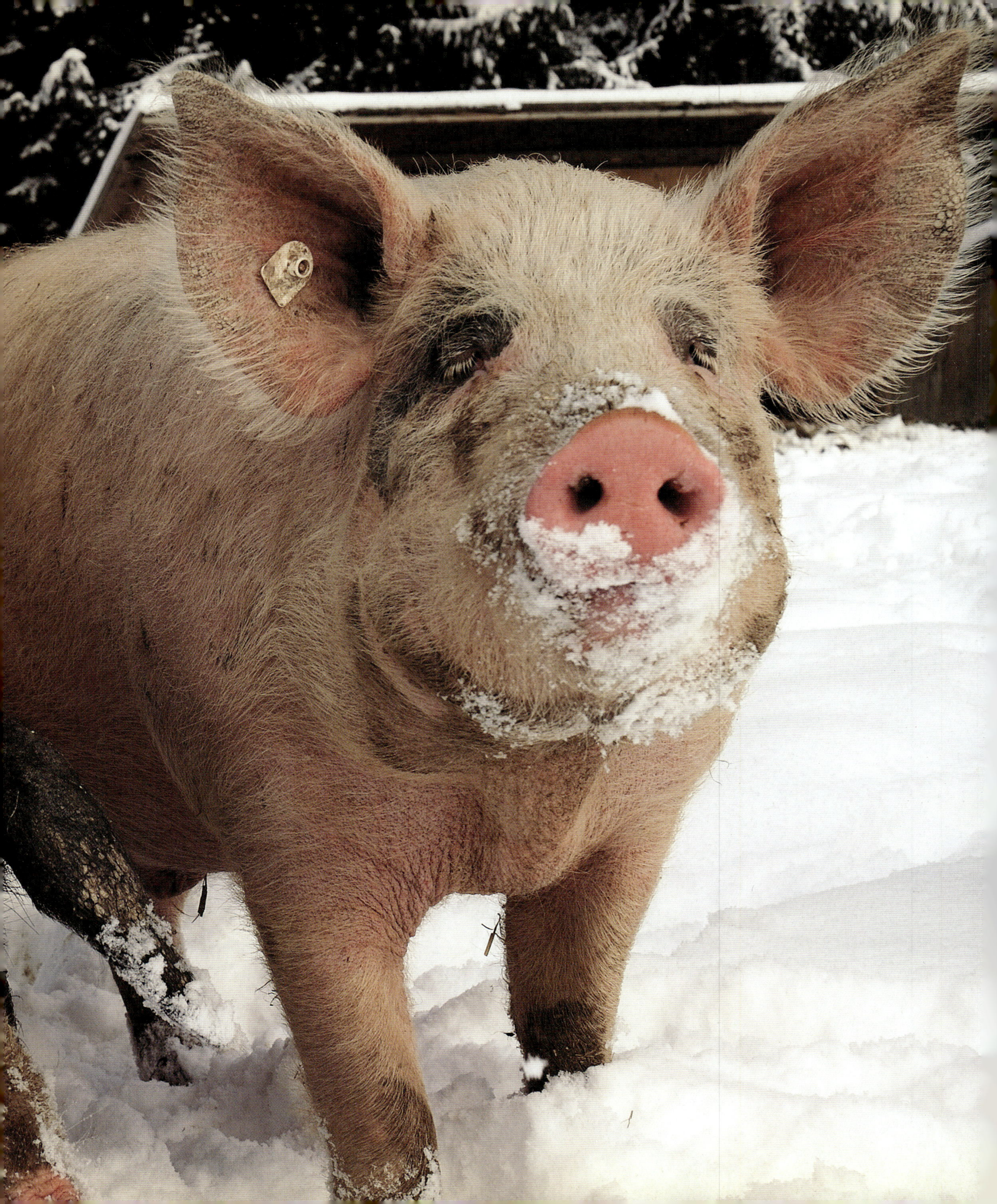

Porträt

Das gute Schwein von Herrmannsdorf

»In Herrmannsdorf ist alles so ganz anders …« war das Motto der ersten Jahre, nachdem meine Familie das Projekt Herrmannsdorfer Landwerkstätten in den 1980er-Jahren gestartet hatte. Es wurde wieder zusammengeführt, was zusammengehört: die Landwirtschaft, die Verarbeitung der Rohstoffe – und die Kundschaft! Deshalb sind die Warmfleischmetzgerei, die Rohmilchkäserei, die Vollkornbäckerei und die Brauerei auf dem Hof in Herrmannsdorf zu finden. Und das Restaurant, der Hofmarkt und die Filialen in München sind ganz in der Nähe. Auf dieser Basis haben wir in Herrmannsdorf geforscht, getestet, einiges verworfen und das Gute verfeinert. Heute, nach fast 25 Jahren kann man zu Recht vor allem von den Schweinen sagen, dass in Herrmannsdorf alles so ganz anders ist:

Das Schwäbisch-Hällische Schwein, das in den 1930er-Jahren nur knapp seiner Ausrottung entging, ist eine alte Haustierrasse, die nicht einseitig auf Magerfleischleistung gezüchtet wurde, sondern noch die robusten Eigenschaften eines mitteleuropäischen Tieres besitzt: Kälteunempfindlichkeit, Krankheitsresistenz und gute Muttereigenschaften, wie es der Fachmann ausdrückt. Ein gesundes und kräftiges Tier gibt auch gutes Fleisch. Das ist eine Binsenweisheit, die auch ohne Studium sofort einleuchtet. Und so haben Rudolf Senckenberg, der landwirtschaftliche Leiter und seine Mitarbeiter durch eine spezielle Fütterung und Haltung die Fleischqualität unserer Herrmannsdorfer Schwäbisch-Hällischen über die Jahre hinweg zu der heutigen veredelt: dunkles Magerfleisch und sehr heller harter Speck – echter Wohlgeschmack, absolut zart. Das Fleisch reift statt der üblichen 5 Tage bis zu 3 Wochen, ohne nur im Geringsten schmierig zu werden! Das ist normalerweise nur bei Rindfleisch möglich. Aber wie kommt das?

Porträt

Die Schweine von Herrmannsdorf genießen im Sommer wie im Winter absolute Freiheit. Sie sind nicht einmal mehr wie früher in Offenställen mit Auslauf untergebracht, sondern leben auf der großen Schweineweide mit mobilen Schlafunterkünften und können so ihren natürlichen Reinlichkeits- und Familientrieben folgen. Sie wühlen auf der Suche nach Essbarem in der Erde und nehmen dabei die wertvollen Mineralstoffe, Insekten und Würmer auf. Deshalb nennt mein Vater diese Schweine die www.schweine – das steht für »Weide Wühlen Würmer«.

Die Tiere sind jedem Wetter ausgesetzt, ob Sonne, Regen, Wind, Wärme oder Kälte. Sie lieben den Schnee. Wenn es ganz schlimm kommt, kuscheln sie sich Rücken an Bauch in das Strohbett in ihrer Unterkunft, das sie (im Gegensatz zu Rind und Schaf) absolut sauber halten. Man muss das Stroh selten erneuern. Während das »normale« Schwein in seinem eigenen Dreck stehen muss, kommt das Schwein von Herrmannsdorf damit nicht in Berührung. Es hat eine eigene Ecke dafür – und die wurde von ihm selbst gewählt.

Schweine werden normalerweise auf große Viehtransporter verladen, um zu den oft weit entfernten zentralen Schlachthöfen gefahren zu werden – keine schöne Reise. In Herrmannsdorf haben wir einen dezentralen Schlachthof. Und der ist auch wieder ganz anders: Unsere Tiere können hinüberlaufen, wenn sie von der Weide kommen. Die aus der näheren Umgebung zugekauften Tiere bringt der jeweilige Bauer am Abend vorher vertragsgemäß selbst auf kleinen Viehanhängern. Denn er kann seine Tiere am besten ruhig halten. Dann übernehmen Jürgen Körber und Alex Schuhbauer, die schon seit über 20 Jahren die Herrmannsdorfer Metzgerei leiten, mit ihren Mitarbeitern die Tiere. Das Schlachthaus ist klein und in drei durch Klappen voneinander getrennte Räume aufgeteilt. So bekommen die draußen wartenden Tiere weder den Betäubungsakt ihrer Artgenossen mit (erste Klappe), noch den Moment, wenn die Metzger zum ersten Mal einen Tierkörper öffnen (zweite Klappe), und bleiben auf diese Weise bis zum letzten Moment ihres Lebens ganz ruhig. Sie merken nichts. Und das ist gut so.

Porträt

Wir, die wir vom Fleisch getöteter Tiere leben, sind dafür verantwortlich, diesen Tieren ein würdevolles Leben zu geben – bis zu ihrem Tod. Das ist das Mindeste, was wir tun können. Und nach dieser Philosophie leben alle Herrmannsdorfer. Und noch etwas ist in Herrmannsdorf »so ganz anders«: die Warmfleischtechnik. Fleisch, das für die Produktion von Wurst und Schinken verwendet wird, muss nämlich nach dem Schlachten innerhalb von 2 Stunden fix und fertig eingesalzen (durchgesalzen) sein, um die geschmacksgebenden Stoffe zu binden und das körpereigene Phosphat verfügbar zu machen – zur Bindung (Schnittfestmachen) von Brühwurst. Also muss das Fleisch schlachtwarm verarbeitet werden, und alle Metzger stehen dann am Schneidetisch, damit es schnell genug geht. Durch diese nicht neue, sondern an die alten Hausschlachtungsprinzipien angelehnte Technik können wir auf chemische Zusatzstoffe verzichten. Der Fleischgeschmack tritt wieder hervor, was für manche erst einmal ungewohnt ist, doch nach kleinem Anlauf jeden überzeugt. Ein absolutes Naturprodukt.

Das Schweinefleisch, das über die Jahre nicht ganz zu Unrecht immer mehr als schmutziges Fleisch verpönt war, hat sich in Herrmannsdorf seinen guten Ruf zurückerobert. Schließlich dürfen der berühmte bayerische Schweinebraten und die Schweinshaxe nicht untergehen! Das Herrmannsdorfer Schwein springt garantiert nicht beleidigt aus der Pfanne. Rudolf, Jürgen und Alex können gemeinsam stolz darauf sein. Denn es braucht einen guten Bauern UND einen guten Metzger, um ein solches Ergebnis zu erzielen.

Eine Fahrt nach Herrmannsdorf an einem Wintertag führt uns an der schneebedeckten Schweineweide vorbei, auf der 100 Schweine durch den Schnee traben, und man kann nichts anderes sagen als: Mensch, das ist doch kein Schweineleben!

Register

A

Äpfel & Birnen
  Apfel- und Birnenbutter 141
  Äpfel- und Birnensirup 120
  Äpfel, Quitten und Käse 39
  Apfel-Knuspermüsli mit frischem Ingwer 151
  Apfel-Zimt-Poularde mit Röstgemüse, glasiert 178
  Brotkuchen mit Äpfeln & Birnen 144
  Karotten-Apfel-Relish, roh 128
  Kartoffeln, in Apfelsaft glasiert 188
  Radieschen-Apfel-Räucherkäse-Creme 30
  Tomaten-Apfel-Focaccia 75
  Tomaten, Äpfel und Gurken in Honig-Senf-Dressing 70

B

Bacon-Vinaigrette 29
Beerentorte, dreierlei 99
Blattsalate mit Petersilien-Joghurt-Dressing 22
Blattsalate mit Tomaten-Basilikum-Vinaigrette 24
Bohnen
  Bohnen mit Senf-Blauschimmelkäse-Creme 38
Brot / Brotaufstrich
  Apfel- und Birnenbutter 141
  Brot mit Radieschen-Apfel-Räucherkäse-Creme & Räucherschinken 30
  Brotsalat 167
  Erdbeer-Vanille-Rosen-Konfitüre 26
  Früchtetoast, gratiniert, mit Spinat 118
  Naan-Brot 176
  Quittenbrot 136
  Radieschen-Apfel-Räucherkäse-Creme 30
  Roggenbrot, dänisches 175
  Sauerteigbrot mit Einkorn und Dinkel 27
  Senf-Blauschimmelkäse-Creme 38
  Tomaten-Apfel-Focaccia 75
Buttermilchwaffeln mit Blutorangen-Birnen 197

C

Citronfromage mit Safran 50
Chutneys & Pickles
  Gemüse-Pickles 134
  Pflaumen-Tomaten-Chutney mit Ingwer 132
  Rhabarber-Pickles, süß 44
  Rhabarber-Pickles, süß-sauer 41
  Zitronen-Pickles 43
Cremige Porree-Zitronensuppe mit Hühnerfleisch 163

D

Dänischer Honigkuchen 200
Dänisches Roggenbrot 175
Dreierlei Beerentorte 99
Dressings, Toppings, Saucen
  Bacon-Vinaigrette 29
  Honig-Senf-Dressing 70
  Petersilien-Joghurt-Dressing 22
  Senfvinaigrette 125
  Stachelbeersauce für Fischgerichte 81
  Tomaten-Basilikum Vinaigrette 24

E

Eingelegte Tomaten 130
Einkornsalat, warm, mit Rosenblüten 68
Eis und Sorbets
  Erdbeer-Rhabarber-Sorbet mit Lavendel 47
  Erdbeer-Schwarze-Johannisbeeren-Sorbet mit Minze 90
  Himbeer-Rosmarin-Eis 88
  Johannisbeer-Zitronenverbene-Sorbet 86
  Schoko-Holunderblüten-Sorbet 47
  Stachelbeer-Estragon-Sorbet 92
Entenkeulen, geschmort, mit Quitten 120
Entenpastete mit Schwarzwurzeln 181
Erdbeer-Holunder-Saft 103
Erdbeer-Rhabarber-Sorbet mit Lavendel 47
Erdbeer-Schwarze-Johannisbeeren-Sorbet mit Minze 90
Erdbeer-Vanille-Rosen-Konfitüre 26

F

Fenchel
  Fenchel, gebraten, mit Zitrone und Roter Bete 72
Fisch
  Heringe, gebraten, mit Zitronen-Pickles, Senf & Dill 35
  Wildlachs, gebacken, mit würziger Kruste 78
Fleisch- und Geflügelgerichte
  Apfel-Zimt-Poularde mit Röstgemüse, glasiert 178
  Porree-Zitronensuppe mit Hühnerfleisch 163
  Entenkeulen, geschmort, mit Quitten 120
  Entenpastete mit Schwarzwurzeln 181
  Hühner-Kartoffel-Suppe mit Spinat 64
  Koteletts mit Wacholderbeeren, Piment & Lorbeerblatt 182
  Rinderbraten, geschmort, mit Tomaten & Äpfeln 123
  Rinderbrust, gekocht, mit sahnigem Kartoffel-Sellerie-Salat 184
  Schweinefleisch, gebraten, mit Gemüse 32
  Spareribs nach Louisiana Art 83
Früchtetoast, gratiniert, mit Spinat 118

G

Gelbe Sellerie-Quitten-Suppe 114
Gelbe-Tomaten-Quiche 76
Gemüse-Pickles 134
Getreide & Müsli
  Apfel-Knuspermüsli mit frischem Ingwer 151
  Perlgraupen mit sauerwürzig eingelegten Tomaten Wintergrütze de luxe 188
Glasierte Apfel-Zimt-Poularde mit Röstgemüse 178
Gratinierter Früchtetoast mit Spinat 118

H

Heringe, gebraten, mit Zitronen-Pickles, Senf & Dill 35
Himbeerbuttermilch mit Jasmintee 105
Himbeer-Rosmarin-Eis 88
Holunderbeer-Birnen-Toddy 93
Honigkuchen, dänischer 200
Honigpflaumen, gebacken 139
Honig-Pflaumen-Trifle mit Mandel-Orangen-Kuchen 153
Honig-Senf-Dressing 70
Hühner-Kartoffel-Suppe mit Spinat 64

I

In Apfelsaft glasierte Kartoffeln 188

J

Johannisbeer-Zitronenverbene-Sorbet 86

K

Karotten
  Karotten, geröstet, mit Senfvinaigrette 125
  Karotten-Apfel-Relish, roh 128
  Karotten-Kürbis-Tomaten-Suppe aus dem Römertopf 112
  Schokoladen-Karotten-Ingwer-Kuchen 142
Kartoffeln
  Hühner-Kartoffel-Suppe mit Spinat 64
  Kartoffel-Erbsen-Curry 85
  Kartoffeln, in Apfelsaft glasiert 188
  Kartoffelpüree mit gebratenem Kohl und Bacon-Vinaigrette 186
  Kartoffel-Sellerie-Salat 184
Käsekuchen mit schwarzen Johannisbeeren 100
Kirsch-Brioches 95
Kirschstreusel 96
Kohl
  Kohlcreme, saure 191
  Kohlsuppe mit Klippfisch, Chorizo und Koriander 164
  Roher Rosenkohlsalat 170
  Rotkohl-Rote-Bete-Salat, roh, mit Birnen 116
  Kartoffelpüree mit gebratenem Kohl und Bacon-Vinaigrette 186
Koteletts mit Wacholderbeeren, Piment & Lorbeerblatt 182
Kuchen und Gebäck
  Beerentorte, dreierlei 99
  Brotkuchen mit Äpfeln & Birnen 144
  Buttermilchwaffeln mit Blutorangen-Birnen 197

Register

Honigkuchen, dänischer 200
Honig-Pflaumen-Trifle mit Mandel-Orangen-Kuchen 153
Käsekuchen mit schwarzen Johannisbeeren 100
Kirsch-Brioches 95
Kirschstreuselkuchen 96
Rhabarber-Tartes 54
Schoko-Cookies mit Rhabarber und Minze 54
Schokoladen-Karotten-Ingwer-Kuchen 142
Schokoladen-Pastinaken-Muffins mit Rosenknospen und Kardamom 146

L

Löwenzahnsalat mit Vollkorn-Croûtons & Rhabarber-Pickles 21

M

Miesmuschel-Suppe mit gelben Tomaten 16
Minze-Pie mit Quitten 148

N

Naan-Brot 176

O

Ofengebackene Pflaumentomaten 127
Ofengetrockneter Rhabarber 45

P

Perlgraupen mit sauerwürzig eingelegten Tomaten 172
Petersilien-Joghurt-Dressing 22
Pflaumen
  Honigpflaumen, gebacken 139
  Honig-Pflaumen-Trifle mit Mandel-Orangen-Kuchen 153
  Pflaumentomaten, ofengebacken 127
  Pflaumen-Tomaten-Chutney mit Ingwer 132
Porree
  Porree-Zitronensuppe mit Hühnerfleisch, cremige 163

Q

Quitten
  Äpfel, Quitten und Käse 39
  Quittentee mit Vanille und Chili 154

Minze-Pie mit Quitten 148
Sellerie-Quitten-Suppe, gelbe 114
Entenkeulen, geschmort, mit Quitten 120
Quittenbrot 136

R

Radieschen-Apfel-Räucherkäse-Creme 30
Rhabarber
  Rhabarber, ofengetrocknet 45
  Rhabarber-Kardamom-Saft 56
  Rhabarber-Pickles, knackige, süßsauer 41
  Rhabarber-Pickles, süß 44
  Rhabarber-Tartes 54
  Schoko-Cookies mit Rhabarber und Minze 53
Rinderbraten, geschmort, mit Tomaten & Äpfeln 123
Rinderbrust, gekocht, mit sahnigem Kartoffel-Sellerie-Salat 184
Roggenbrot, dänisch 175
Roher Rosenkohlsalat 170
Roher Rotkohl-Rote-Bete-Salat mit Birnen 116
Rohes Karotten-Apfel-Relish 128
Rosenkohlsalat, roh 170
Rosensirup 107
Rotkohl-Rote-Bete-Salat, roh, mit Birnen 116

S

Saftiger Brotkuchen mit Äpfeln & Birnen 144
Säfte und Getränke
  Erdbeer-Holunder-Saft 103
  Himbeerbuttermilch mit Jasmintee 105
  Holunderbeer-Birnen-Toddy 93
  Quittentee mit Vanille und Chili 154
  Rhabarber-Kardamom-Saft 56
  Rosensirup 107
Salate
  Blattsalate mit Petersilien-Joghurt-Dressing 22
  Blattsalate mit Tomaten-Basilikum-Vinaigrette 24
  Brotsalat 167
  Einkornsalat, warm, mit Rosenblüten 68

Löwenzahnsalat mit Vollkorn-Croûtons & Rhabarber-Pickles 21
Roher Rosenkohlsalat 170
Rotkohl-Rote-Bete-Salat, roh, mit Birnen 116
Schwarzwurzelsalat 168
Sommersalat mit Erbsen, Roten Beten & Stachelbeeren 67

S

Salatsuppe 18
Sauerteigbrot mit Einkorn und Dinkel 27
Saure Kohlcreme 191
Schoko-Cookies mit Rhabarber und Minze 53
Schoko-Holunderblüten-Sorbet 47
Schokoladen-Karotten-Ingwer-Kuchen 142
Schokoladen-Pastinaken-Muffins mit Rosenknospen und Kardamom 146
Schwarzwurzeln
  Entenpastete mit Schwarzwurzeln 181
  Schwarzwurzelsalat 168
Schweinefleisch, gebraten, mit Gemüse 32
Sellerie
  Kartoffel-Sellerie-Salat 184
  Sellerie-Quitten-Suppe, gelbe 114
  Selleriewaffeln mit Birnensirup & Crème fraîche 194
Senf-Blauschimmelkäse-Creme 38
Senfvinaigrette 125
Sommersalat mit Erbsen, Roten Beten & Stachelbeeren 67
Spareribs nach Louisiana Art 83
Stachelbeer-Estragon-Sorbet 92
Stachelbeersauce für Fischgerichte 81
Süße Rhabarber-Pickles 43
Süßsaure Rhabarber-Pickles 41
Suppen und Curries
  Hühner-Kartoffel-Suppe mit Spinat 64
  Karotten-Kürbis-Tomaten-Suppe aus dem Römertopf 112
  Kartoffel-Erbsen-Curry 8
  Kohlcreme, saure 191

Kohlsuppe mit Klippfisch, Chorizo und Koriander 164
Miesmuschel-Suppe mit gelben Tomaten 16
Porree-Zitronensuppe mit Hühnerfleisch 163
Salatsuppe 18
Sellerie-Quitten-Suppe, gelbe 114
Zwiebelsuppe, gebackene, aus jungen Zwiebeln 63

T

Tomaten
  Gelbe-Tomaten-Quiche 76
  Miesmuschel-Suppe mit gelben Tomaten 16
  Pflaumentomaten, ofengebacken 127
  Pflaumen-Tomaten-Chutney mit Ingwer 132
  Tomaten, Äpfel und Gurken in Honig-Senf-Dressing 70
  Tomaten, eingelegt 130
  Tomaten-Apfel-Focaccia 75
  Tomaten-Basilikum Vinaigrette 24
Topinambur
  Topinambur-Joghurt-Püree mit Äpfeln 193

W

Waffeln
  Buttermilchwaffeln mit Blutorangen-Birnen 197
  Selleriewaffeln mit Birnensirup & Crème fraîche 194
Warmer Einkornsalat mit Rosenblüten 68
Wildlachs, gebacken, mit würziger Kruste 78
Wintergrütze de luxe 198

Z

Zitronen
  Citronfromage mit Safran 50
  Zitronen-Pickles 43
Zwiebeln
  Junge Zwiebeln, gebraten, und rohe Radieschen mit warmer Bacon-Vinaigrette 29
  Zwiebeln, süßsauer eingelegt 37
  Zwiebelsuppe, gebackene, aus jungen Zwiebeln 63

Über die Autoren

Kille Enna Kille Enna gehört zu den interessantesten Rezept-Designern der Gegenwart. Schon mit 21 Jahren wurde die ausgebildete Köchin Küchenchefin in England – in einem der Restaurants des BBC-Fernsehkochs Antony Worrall Thompson. Danach zog es sie nach San Francisco und schließlich wieder zurück nach Dänemark. Heute lebt und arbeitet sie in Südschweden auf dem Land, wo sie sich einen lebendigen Garten voller Bio-Gemüse, Obst, Blumen und Kräutern angelegt hat, die sie für ihre Bücher und Rezepte verwendet. In ihrer Küchenwerkstatt kombiniert sie deshalb am liebsten selbst gezogene Gemüse und Kräuter mit Gewürzen aus aller Welt zu den intensiv aromatischen Gerichten, mit denen sie als Kochbuchautorin weit über die Grenzen ihrer dänischen Heimat hinaus bekannt geworden ist. Kille Enna ist ein Multitalent: Sie ist diejenige, die das Foodstyling und alle Fotos – Rezepte, Produkte und Ambiente – selbst macht; die einzige Kulisse, die sie braucht, ist die Natur.

Georg Schweisfurth wurde 1959 in München geboren. Seine Jugend verbrachte er in Herten in Westfalen, wo die Wurstfabrik seiner Vorväter steht, und wo auch zuhause viel Fleisch auf den Tisch kam. Trotzdem hat er später auch die übrigen Lebensmittel lieben gelernt, hat Wirtschaft studiert und Metzger gelernt, wie in seiner Familie üblich. Nach dem Studium war er am Aufbau der Herrmannsdorfer Landwerkstätten bei München beteiligt, einem integrierten Bio-Projekt mit Landwirtschaft, Gartenbau, Metzgerei, Käserei, Bäckerei, Brauerei, Wirtshaus und direkter Vermarktung. Georg Schweisfurth ist zudem Mitbegründer und -inhaber der basic-Bio-Supermärkte und war lange Jahre deren Vorstand. Heute ist er Geschäftsführer des familieneigenen ökologischen Tagungshofes »Gut Sonnenhausen« bei München, wo er auch lebt, und Kurator der »Schweisfurth-Stiftung« in München, die sich u.a. für den Erhalt des echten Lebensmittelhandwerks einsetzt. Außerdem ist er Mitglied des Aufsichtsrats von greenpeace Deutschland in Hamburg. Er kocht gern, metzgert zuweilen noch und ist am liebsten draußen in die Natur.

Dank

Vielen Dank an unsere Lektorin Frau Florentine Schwabbauer. Sie hatte die Idee zu diesem Buch, die Flexibilität, unsere beiden Charaktere unter einen Hut zu bringen und Geduld, in der Zeit, in der sich das Buch Schritt für Schritt entwickelte. Uns hat die Arbeit uns großen Spaß gemacht, weil wir viele Dinge gleich beurteilen und gleich empfinden. Ich möchte Kille für ihre tiefe Auseinandersetzung mit dem »richtigen« Geschmack und ihre Liebe zum ihrem Handwerk danken, außerdem für die exquisite Fotoarbeit. Ihr lebendiger Spirit und ihre Lebensfreude sind in dieses Buch hineingeflossen. Last but not least danke ich meiner Kirsten dafür, dass sie immer so lecker und liebevoll für mich kocht und dass sie so den Sinn in meine Arbeit bringt.

Georg Schweisfurth

Mein besonderer Dank geht an Georg Schweisfurth, der sich mit Begeisterung an die Erarbeitung dieses Buchs gemacht hat. Sein Respekt vor der Natur und die Wertschätzung der Menschen, die hinter der biologischen Lebensmittelproduktion stehen, standen bei allen Gesprächen, die wir während der Arbeit an unserem Buch geführt haben, im Vordergrund. Dass es beim »echten Geschmack« immer auch und vor allem um die Freude am Genießen und das sinnliche Erlebnis geht, dafür steht Kille Enna, die Georg Schweisfurth mit ins Boot geholt hat. Ein dickes Dankeschön an Kille Enna, die mit ihren Rezepten zeigt, wie raffiniert unsere täglichen Lebensmittel schmecken (können) und die alle Gerichte so wunderbar fotografiert hat.

Und ich möchte mich bei allen Mitwirkenden bedanken, die unsere Reportagen zu ausnahmslos positiven Erlebnissen gemacht haben: unserem Fotografen Oswald Baumeister, Inge und Pe Knauer, Olga und Eugen, Helmut Reschenhofer und Werner Schmeil sowie Christina Mamblona Fischer und Peter Horke von der Bio-Gärtnerei Hollern und last but not least Karl Schweisfurth.

**Florentine Schwabbauer,
Programmleiterin des Christian Verlags**

Impressum

Unser Verlagsprogramm finden Sie unter
www.christian-verlag.de

Produktmanagement: Florentine Schwabbauer
und Verena Zemme
Übersetzung der Rezepte aus dem Dänischen:
Melanie Schirdewahn, Tatort Tekst, Köln
Textredaktion: no:vum, Susanne Noll,
Leinfelden-Echterdingen
Korrektur: Petra Tröger
Layout, Satz und Umschlaggestaltung:
griesbeckdesign, München

Rezepte und Einführung: Kille Enna
Porträt-Texte und Vorwort: Georg Schweisfurth
Fotografie und Styling: Kille Enna
Mit Ausnahme der Fotos auf Seite 58-59, 108-109, 158-161,
204-207: Oswald Baumeister
Foto von Georg Schweisfurth Seite 210: Kirsten Walter;
Fotos von Kille Enna: Seite 2 und 210: Columbus Leth

Druck und Bindung: Printer Trento
Printed in Italy

Die Deutsche Nationalbibliothek verzeichnet diese Publikation in der Deutschen Nationalbibliografie; detaillierte bibliografische Daten sind im Internet über http://dnb.d-nb.de abrufbar.

© 2011, Christian Verlag GmbH, München
1. Auflage 2011
Alle Rechte vorbehalten.

ISBN 978-3-88472-891-8

Alle Angaben in diesem Werk wurden von den Autoren sorgfältig recherchiert und auf den aktuellen Stand gebracht sowie vom Verlag geprüft. Für die Richtigkeit der Angaben kann jedoch keinerlei Haftung übernommen werden. Für Hinweise und Anregungen sind wir jederzeit dankbar. Bitte richten Sie diese an:

Christian Verlag
Postfach 400209
80702 München
E-Mail: lektorat@verlagshaus.de

So leb ich gern!

denn's BIOMARKT

Den denn's Biomarkt in Ihrer Nähe finden Sie unter:

www.denns-biomarkt.de

> hmmm ... schmeckt gut!

ÖQ
HERRMANNSDORFER
Landwerkstätten

Handgemachte Lebens-Mittel in Ökologischer Qualität

www.herrmannsdorfer.de